Agatha Christie Mallowan
ERINNERUNG AN GLÜCKLICHE TAGE

Aus dem Englischen übersetzt
von Claudia Mertz-Rychner

BASTEI-LÜBBE-TASCHENBUCH
Band 10 104

Meinem Mann, Max Mallowan, dem Obristen, Buckel,
Mac und Guilford ist dieser eigenstrebige Bericht
voll Zuneigung gewidmet

Die revidierte englische Originalausgabe
erschien 1975 bei William Collins unter dem
Titel: COME, TELL ME HOW YOU LIVE
© 1946 und 1975 William Collins Sons Ltd., London
© 1977 für die deutsche Ausgabe:
Gustav Lübbe Verlag GmbH, Bergisch Gladbach
Printed in Western Germany 1980
Einbandgestaltung: Ratschinski & Ratschinski
Gesamtherstellung: Ebner Ulm
ISBN 3-404-01288-7

Der Preis dieses Bandes versteht sich einschließlich
der gesetzlichen Mehrwertsteuer

Inhaltsverzeichnis

Vorwort	8
1. Aufbruch nach Syrien	10
2. Das Gelände wird erkundet	26
3. »Das nächste Wadi wird noch schlimmer«	52
4. Idylle in Tchârher Bâzâr	78
5. Die Saison geht zu Ende	103
6. Das neue Team	117
7. Alltag	128
8. Allahs unendliche Güte	149
9. Mac ist wieder da	175
10. Abstecher nach Raqqa	190
11. »Nie mehr wird Jusuf Daoud seinen Bauch füllen«	200
12. Abschied von Syrien	212
Epilog	222

Verzeichnis der Abbildungen

(1) Mit der Fähre über den Euphrat bei Raqqa
(2) Wasserrad in Hama
(3) Ein Esel transportiert Wasser
(4) Beduinenfrauen, mit Gestrüpp unterwegs
(5) Freigelegtes Grab
(6) Tchârher Bâzâr – der tiefe Grabungsplatz
(7) Tchârher Bâzâr –
   Abstieg zur untersten Grabungsschicht
(8) Tchârher Bâzâr –
   die Fundamente des Expeditionshauses
(9) Tchârher Bâzâr – das Expeditionshaus: Kuppel und Gewölbe mit stufenweise ausgekragten Steinen
(10) Tchârher Bâzâr – die Kuppel im Bau
(11) Tchârher Bâzâr – das Expeditionshaus von Südwesten
(12) Tchârher Bâzâr –
   Expeditionshaus: Bogengang und Eingang
(13) Tchârher Bâzâr –
   der Gewölbezwickel ist beinahe fertig

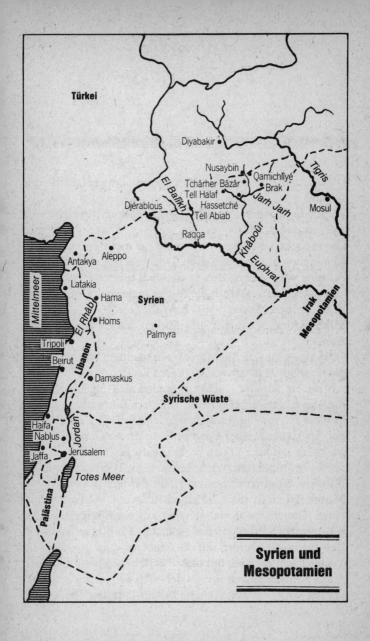

Vorwort

Dieses Buch gibt Antwort, Antwort auf eine Frage, die mir sehr oft gestellt wird.
»Ach, Sie graben in Syrien? Erzählen Sie doch. Wie leben Sie dort, in einem Zelt?« etc. etc.
Die meisten Leute wollen es wohl gar nicht genau wissen, sie machen nur Konversation. Doch hie und da findet sich der eine oder andere, den es wirklich interessiert.
Und dieselbe Frage stellt die Archäologie an die Vergangenheit mit ihren Toten: »Wie habt ihr gelebt?«
Mit Hacken, Schaufeln und Körben finden wir die Antwort.
»Das waren unsere Kochtöpfe!« »In so einem Silo haben wir das Getreide gelagert.« »Mit diesen Knochennadeln nähten wir unsere Kleider.« »Hier befanden sich unsere Häuser, hier das Badezimmer und die sanitären Einrichtungen. Da, in diesem Topf, liegen die goldenen Ohrringe, sie gehören zur Aussteuer meiner Tochter.« »In jenem Gefäß ist mein Make-up.« »Diese Kochtöpfe sind ganz gewöhnlich. Ihr findet sie zu Hunderten. Wir holen sie beim Töpfer an der Ecke. Habt ihr Woolworth gesagt? Heißt das jetzt so?«
Manchmal stößt man auf einen Palast, nicht allzu oft auf einen Tempel, sehr viel seltener auf ein Königsgrab. Das sind natürlich Prunkstücke, sie machen Schlagzeilen in den Zeitungen, sie werden auf die Kinoleinwand projiziert, in Vorlesungen abgehandelt und überall herumposaunt. Doch meiner Ansicht nach interessiert sich der echte Ausgräber vorzugsweise für das tägliche Leben – für den Töpfer, den

Bauern, den geschickten Siegel- und Amulettschneider, kurz und gut für Schuster, Schneider, Leinenweber – Doktor, Kaufmann, Totengräber.

Zum Schluß noch eine Warnung, um keine Enttäuschung aufkommen zu lassen. Dies hier ist kein tiefschürfendes Buch. Es vermittelt keine aufregenden Einsichten in die Archäologie, es fehlen auch wunderschöne Landschaftsbeschreibungen, die Lösung der ökonomischen Probleme, der Rassenfrage sowie ein historischer Abriß.

Genau besehen ist es ein Leichtgewicht, dieses Büchlein, es erzählt vom alltäglichen Leben und Treiben.

1 Aufbruch nach Syrien

In wenigen Wochen fahren wir nach Syrien!
Wer sich im Herbst oder Winter für das heiße Klima ausrüsten will, stößt auf gewisse Schwierigkeiten. Die optimistische Hoffnung, daß die Sommerkleider vom letzten Jahr »es noch tun«, trügt, sie »tun« es nicht mehr im entscheidenden Augenblick. Erstens wirken sie – an die bedrückenden Vermerke in den Aufstellungen von Transportfirmen erinnernd – »abgestoßen«, »zerkratzt«, »reparaturbedürftig« (zudem noch »eingelaufen, verblichen, absonderlich«). Und zweitens – leider, leider muß es gesagt sein – sind sie an allen Ecken und Enden zu eng.
Drum: auf in die Läden und Warenhäuser.
»Ja, gnä' Frau, das ist *jetzt* nicht gefragt. Aber wir haben hier ein paar sehr hübsche Kostümchen – in gedeckten Farben –, für große Größen.«
Ach, diese gräßlichen großen Größen. Wie erniedrigend, eine große Größe zu sein. Wie viel schlimmer noch, sofort als große Größe erkannt zu werden. (Es gibt zwar auch glücklichere Tage, an denen ich, in einen gerade geschnittenen langen und schwarzen Mantel mit dem berühmten üppigen Pelzkragen gekleidet, die Verkäuferin aufmunternd flöten höre: »Gewiß ist gnä' Frau nur mollig – Größe 44?«)
Ich sehe mir die Kostümchen an mit ihren unerwarteten Pelzbesätzen und den Faltenröcken. Niedergeschlagen erkläre ich, daß mir ein Kleid aus Waschseide oder Baumwolle vorschwebt.
»Gnä' Frau, suchen Sie doch unsere Segelabteilung auf.«

Sie sucht unsere Segelabteilung auf – ohne allzu große Zuversicht. Segeln umweht auch heute noch ein Hauch von Romantik, ein arkadisches Lüftlein. Junge Mädchen gehen segeln, sie sind schlank und frisch und tragen knitterfreie Leinenhosen, die enorm weit um die Fesseln schlabbern und hauteng um die Hüften sitzen. Junge Mädchen sind entzückend, wenn sie im Bikini baden. Und junge Mädchen sind die Kundinnen, die man für achtzehn verschiedene Modelle von Shorts im Auge hat.

Das elfenhafte Geschöpf von unserer Segelabteilung zeigt wenig Wohlwollen: »Aber nein, gnä' Frau, wir führen keine großen Größen.« (Leises Entsetzen: große Größen – und Segeln? Wo bleibt da die Stimmung?) Es fügt noch hinzu: »Das paßt wohl nicht zusammen, oder?« Betrübt gebe ich ihr recht.

Mir bleibt die eine Hoffnung: unsere Tropenabteilung.

Unsere Tropenabteilung bietet vor allem Tropenhelme an: braune Helme, weiße Helme, Patenthelme. Die zweispitzige Variante mit ihrem kecken Einschlag wird eine Spur schief getragen, sie leuchtet in den diversen Schattierungen von Rosa, Blau und Gelb wie fremde Dschungelblüten. Überdies finde ich ein riesiges Holzpferd im Angebot und eine Auswahl Reithosen.

Doch da gibt's auch noch anderes, zum Beispiel die passende Garderobe für die Gattinnen der Gouverneure des Britischen Weltreichs. Schantungseide! Schlicht geschnittene Röcke mit langem Jackett aus Schantung, ohne jedes jugendliche Kinkerlitzchen, kleiden die voluminöse Figur ebenso gut wie die hagere. Ich verschwinde mit verschiedenen Modellen und Größen in einer Umkleidekabine, und nur wenige Minuten später bin ich in eine Memsahib verwandelt. Ich unterdrücke meine Zweifel – schließlich sind diese Sachen luftig und praktisch, und ich passe erst noch hinein.

So wende ich mich mit gesammelter Aufmerksamkeit der Wahl der richtigen Kopfbedeckung zu. Der gewünschte Hut

ist im Augenblick nicht aufzutreiben, ich muß ihn machen lassen. Das ist keineswegs so einfach, wie es klingt.
Was mir vorschwebt und was ich haben möchte und was ich mit an Gewißheit grenzender Wahrscheinlichkeit nicht erhalten werde, ist ein gut sitzender Filzhut in vernünftigen Proportionen. Solche Hüte trug man vor zwanzig Jahren beim Golf oder beim Spazierengehen mit den Hunden. Jetzt gibt es nur diese Dingerchen, welche die Frauen auf den Kopf kleben, übers Auge, übers Ohr oder in den Nacken, wie es die Mode gerade diktiert – oder eben jenen Zweispitz mit mindestens einem Meter Durchmesser. Ich lege dar, daß ich einen Hut möchte wie den Zweispitz, doch soll der Rand bloß ein Viertel so breit sein. »Aber nur der breite Rand schützt Sie vor der Sonne, gnä' Frau!«
»Gewiß, aber ich fahre in eine schrecklich windige Gegend, da hält ein Hut mit einem solchen Rand keine Minute auf meinem Kopf.«
»Wir könnten ein Gummiband annähen . . .«
»Ich möchte einen Hut, dessen Rand Sie an diesem Hut hier abmessen können.«
»Natürlich, gnä' Frau, mit einem flachen Kopf wird das ein entzückendes Modell.«
»Keinen flachen Kopf! Der Hut muß sitzen!!«
Sieg! Wir suchen die Farbe aus, eine dieser neuen Kreationen mit den hübschen Namen wie Staub, Rost, Schlamm, Asphalt, Asche etc.
Noch ein paar kleinere Einkäufe, von denen ich jetzt schon instinktiv weiß, wie nutzlos oder beschwerlich sie mir sein werden. Eine Reisetasche mit Reißverschluß, zum Beispiel. Das moderne Leben mit all seinen Komplikationen wird von dem grausamen Reißverschluß beherrscht. Er öffnet Blusen, er schließt Röcke, er hält Skianzüge zusammen. Und die »kleinen Kleidchen« haben, aus Jux, die überflüssigsten Reißverschlüsse.
Warum bloß? Nichts kann einen mehr entnerven als ein widerspenstiger Reißverschluß. Er bringt uns in eine mißli-

chere Lage als jeder Knopf, Straps, Haken, jede Öse oder Spange.
In der Frühzeit des Reißverschlusses ließ sich meine Mutter aus lauter Begeisterung ein Korsett mit dieser wunderbaren Neuerung anfertigen – es hatte die unglücklichsten Konsequenzen. Das erste Schließen des Reißverschlusses war bereits ein Akt äußerster Pein, doch später verweigerte das Korsett eigensinnig das Hinabgleiten des Schiebers. Es bedurfte geradezu eines chirurgischen Eingriffs, um meine Mutter zu befreien. Und angesichts ihrer köstlichen viktorianischen Prüderie schien es zunächst durchaus möglich, daß die Gute den Rest ihres Lebens in dieser modernen Form des Keuschheitsgürtels ausharren müßte.
Deshalb habe ich Reißverschlüsse seit jeher mit Vorsicht betrachtet. Offenbar sind nur Reisetaschen mit Reißverschluß auf dem Markt.
»Die altmodischen Schlösser werden nicht mehr hergestellt, gnä' Frau«, bemerkt der Verkäufer mit einem mitleidigen Blick. »Übrigens ist es ganz einfach, sehen Sie nur.« Er macht es mir vor. Ohne Zweifel, es ist wirklich ganz einfach – aber jetzt ist die Tasche auch leer.
»Nun gut.« Ich gebe seufzend nach. »Man muß mit der Zeit gehen.« Und voll böser Ahnungen kaufe ich die Reisetasche.
Damit bin ich die stolze Besitzerin einer Reisetasche mit Reißverschluß, des Jacketts und des Rocks einer Memsahib sowie eines möglicherweise befriedigenden Hutes.
Allerdings gibt es noch einiges andere zu erledigen.
Ich begebe mich in die Schreibwarenabteilung hinüber und erstehe mehrere Füllfederhalter und Biros. Nach meiner Erfahrung kann sich nämlich ein Füllfederhalter in England vorbildlich aufführen, um in gottverlassenen Gegenden auf sein Streikrecht zu pochen und sich dementsprechend zu benehmen, indem er entweder wahllos über mich, meine Kleider, meinen Notizblock und alle erreichbaren Gegenstände Tinte spuckt oder mit spröder Zurückhaltung un-

sichtbare Krackel auf das Papier setzt. Ich nehme noch Bleistifte, bescheidene zwei Stück. Bleistifte haben zum Glück kein Temperament, sondern nur eine Neigung zu stillem Verschwinden, doch da werde ich eine sichere Quelle anzapfen. Wozu ist denn ein Architekt nütze, wenn er nicht Bleistifte ausleiht?
Der nächste Einkauf besteht aus vier Armbanduhren. Die Wüste ist nicht uhrenfreundlich. Schon nach wenigen Wochen hört dort das regelmäßige Ticken auf. Zeit, findet unsere Uhr, ist nur eine Dimension menschlicher Vorstellung, und je nach Laune bleibt sie acht-, neunmal am Tag für zwanzig Minuten stehen oder geht im Eilschritt vor. Gelegentlich wechselt sie zwischen beiden Spielarten ab. Schließlich bleibt sie stehen, und man holt Armbanduhr Nr. 2 hervor, usw. Überdies versorge ich mich noch mit zwei, vier oder auch sechs Taschenuhren, um für den Augenblick gerüstet zu sein, in dem mein Mann an mich herantritt: »Ach, leih mir doch eine Uhr für den Aufseher, ja?«
Unsere arabischen Vorarbeiter haben allesamt, so tüchtig sie auch sein mögen, eine schwere Hand für einen Zeitmesser. Das Ablesen der Zeit erfordert von ihnen eine nicht geringe geistige Anstrengung. Häufig halten sie ein großes, mondgesichtiges Zifferblatt verkehrt herum und starren mit geradezu schmerzlicher Konzentration darauf, um zu einem völlig falschen Ergebnis zu kommen. Auch ziehen sie ihren kostbaren Schatz mit so viel Energie und Gründlichkeit auf, daß nur wenige Federn diesem Kraftakt gewachsen sind.
Zum Schluß haben alle Teilnehmer der Expedition ihre Uhren geopfert, eine nach der anderen – meine zwei, vier oder auch sechs Taschenuhren sollen eben diesen scheußlichen Zeitpunkt hinausschieben.
Packen! Packen – da gibt es die verschiedensten Schulen und Richtungen. Eine Kategorie von Reisenden fängt mindestens eine Woche oder vierzehn Tage vorher an, alles

Notwendige bereitzulegen. Eine zweite Kategorie rafft eine halbe Stunde vor Abfahrt alles zusammen. Die sorgsamen Packer haben einen ungeheuren Verbrauch von Seidenpapier, die Verächter des Seidenpapiers werfen voller Optimismus ihre Sachen kreuz und quer in den Koffer. Wieder andere Packer vergessen sozusagen alles, was sie brauchen, und die letzte Kategorie schleppt ganze Berge von Zeug mit, das sie nie braucht.
Eins aber steht fest: Den Mittelpunkt archäologischen Pakkens bilden Bücher. Welche Bücher soll man mitnehmen, welche Bücher kann man mitnehmen, welche Bücher haben Platz und welche Bücher müssen – ein schmerzlicher Entschluß! – zu Hause bleiben? Ich bin felsenfest überzeugt, daß alle Archäologen nach folgendem System packen: Sie bestimmen die Höchstzahl der Koffer, die eine schwergeprüfte Schlafwagengesellschaft gerade noch zuläßt. Dann füllen sie diese Koffer randvoll mit Büchern, um am Schluß widerstrebend ein paar Bände herauszuangeln und die frei gekämpften Lücken mit Hemden, Schlafanzügen, Socken etc. aufzufüllen.
Als ich bei Max ins Zimmer schaue, gewinne ich den Eindruck, daß die Bücher bis zur Decke gestapelt sind. Durch eine Ritze zwischen den Büchertürmen erspähe ich Maxens umwölktes Gesicht. »Was meinst du«, fragt er, »bringe ich die wohl alle bei mir unter?«
Die Antwort ist so offenkundig ein klares Nein, daß es schiere Grausamkeit wäre, dies auch noch auszusprechen. Um halb fünf stürzt er mit der hoffnungsvollen Frage in mein Zimmer: »Hast du bei dir Platz?« Lange Erfahrung hätte mich lehren sollen, bestimmt abzulehnen, doch ich zögere, und schon ereilt mich mein Schicksal.
»Wenn du vielleicht ein oder zwei Kleinigkeiten . . .?«
»Etwa Bücher?«
Max sieht leicht überrascht drein. »Aber natürlich sind es Bücher, was sonst?«
Und mit einem Schritt nach vorn schmettert er zwei Rie-

senbände auf das Memsahibgewand, das proper gefaltet zuoberst auf dem Koffer liegt.
Ich erhebe lauthals Einspruch, doch zu spät.
»Unsinn«, erklärt Max, »Platz zum Verschwenden.« Und er drückt den Deckel zu, der sich mutig dagegenstemmt.
»Der Koffer ist ja immer noch nicht voll«, sagt Max mit unverwüstlicher Zuversicht. Zum Glück lenkt ihn jetzt ein buntes Leinenkleid ab, das in einem anderen Koffer liegt.
»Was ist das?«
»Ein Kleid«, sage ich.
»Sehr interessant«, erwidert Max, »mit diesen Fruchtbarkeitssymbolen auf dem Vorderteil.«
Zu den schwerwiegenden Unannehmlichkeiten, welche die Ehefrau eines Archäologen zu ertragen hat, gehören die fachkundigen Kenntnisse ihres Mannes, woher sich dieses oder jenes völlig harmlose Muster ableitet. Um halb sechs teilt Max mir beiläufig mit, daß er sich noch Hemden, Sokken und ein paar andere Kleinigkeiten in der Stadt besorgen will. Dreiviertel Stunden später ist er verdrossen wieder da, weil alle Läden um sechs Uhr schließen. Auf meinen Hinweis, das sei schon immer so gewesen, erklärt er, daß ihm das bislang nicht aufgefallen sei.
Jetzt, meint er, bleibe ihm nur noch eines zu erledigen: seine Papiere zu ordnen.
Um elf Uhr gehe ich zu Bett, Max sitzt an seinem Schreibtisch (den schauerliche Strafen vor dem Aufräumen und Abstauben retten), begraben unter Briefen, Rechnungen, Broschüren, Zeichnungen von Töpfen, Scherben und vielen, vielen Streichholzschachteln, die kein einziges Streichholz enthalten, sondern seltsame, uralte Halbedelsteine.
Um vier Uhr früh tritt er hochgemut mit einer Tasse Tee ins Schlafzimmer und meldet, daß endlich jener hervorragende Artikel über die Ausgrabungen in Anatolien, den er letztes Jahr im Juli verloren habe, wieder zum Vorschein gekommen sei. Er sagt auch: »Hoffentlich habe ich dich nicht geweckt.«

Ich entgegne, natürlich habe er mich geweckt und er könne mir ruhig ebenfalls eine Tasse Tee bringen.
Als Max mit dem Tee wieder da ist, erzählt er, daß er überdies einen ganzen Stoß Rechnungen entdeckt habe, die seiner Meinung nach von ihm bezahlt gewesen wären. Diese Erfahrung ist auch mir nicht neu. Einmütig stellen wir fest, daß sie uns bedrückt.
Um neun Uhr morgens werde ich gerufen, um mich als Schwergewicht auf Maxens überquellende Koffer zu setzen.
»Wenn *du* sie nicht zubringst«, sagt Max wenig ritterlich, »schafft es niemand.«
Die übermenschliche Aufgabe wird schließlich mit Hilfe der reinen Masse gelöst, und ich wende mich wieder meinem eigenen Problem zu, der Reisetasche mit Reißverschluß, wie ich visionär vorausgesehen hatte.
Als die Tasche noch leer bei Gooch stand, wirkte sie unkompliziert, hübsch und arbeitsparend. Wie fröhlich schnurrte dort der Reißverschluß auf und zu! Jetzt hingegen verlangt das Zumachen ein Wunder an Stimmigkeit. Da die Tasche randvoll ist, müssen die beiden Seiten mit mathematischer Genauigkeit zusammenpassen. Kaum rückt der Schieber langsam vor, erlebe ich neue Qualen wegen der Ecke eines Kulturbeutels. Zuguterletzt ist es erreicht, und ich gelobe, die Tasche erst in Syrien wieder zu öffnen.
Bei genauer gedanklicher Prüfung ist das jedoch schlecht durchführbar – Grund: jener eben erwähnte Kulturbeutel. Soll ich mich auf der Reise etwa fünf Tage lang nicht waschen? Im Augenblick scheint mir das weit verlockender, als mich an das Öffnen der Tasche heranzuwagen.
Ja, jetzt ist es soweit, wir brechen wahrhaftig auf – und zahllose wichtige Punkte sind unerledigt geblieben: die Wäscherei versagte, wie gewohnt, auch die Reinigung hat zu Maxens Kummer ihr Versprechen nicht eingehalten ...
Aber was macht das schon? Wir brechen auf.
Das heißt, für ein bis zwei kritische Minuten sieht es so aus,

als ob wir keineswegs aufbrechen würden. Maxens Koffer, nur dem Schein nach harmlos, überfordern die Kräfte des Taxifahrers. Er und Max mühen sich zusammen ab, und erst mit Hilfe eines Passanten läßt sich das Gepäck in den Wagen hieven.
Wir fahren zur Victoria Station.
Du lieber Bahnhof, die Pforte zur Welt jenseits von England, wie sehr liebe ich deine Bahnsteige, wo die Züge zum Kontinent stehen. Wie sehr liebe ich überhaupt Züge! Begeistert schnuppere ich ihren schwefligen Mief – was für ein Unterschied zu dem diskreten, distanzierten, leicht öligen Geruch eines Schiffes, der mich stets melancholisch stimmt, da er mir Tage der Seekrankheit prophezeit. Nur ein Zug, ein mächtiger, schnaufender, hastender, geselliger Zug ist ein Freund, wenn seine schwer stampfende Maschine Rauchwolken ausstößt und ungeduldig die Melodie rattert »Weiter geht's, weiter geht's, weiter geht's, es geht weiter.« Er empfindet wie ich: »Weiter geht's, weiter geht's, es geht weiter.«
Bei der Türe unseres komfortablen Pullmanwagens wartet ein Häuflein Freunde auf uns. Wir führen die üblichen albernen Gespräche. Bedeutende letzte Worte fallen von meinen Lippen – Verfügungen über Hunde und Kinder, über das Nachsenden von Briefen und Bücherpaketen sowie von vergessenen Kleinigkeiten – »ich glaube, das liegt auf dem Klavier, aber vielleicht findest du es auch im Badezimmer auf dem Schränkchen.« Alles ist schon längst gesagt worden, es gibt nichts Nutzloseres als diese Wiederholungen.
Max steht umringt von seinen Verwandten, ich von den meinen.
Meine Schwester schluchzt, überzeugt, mich nie wiederzusehen. Das beeindruckt mich wenig, weil meine Orientreisen sie immer davon überzeugt haben. Und wie, fragt sie, soll sie sich verhalten, wenn Rosalind eine Blinddarmentzündung bekommt? Mir scheint kein triftiger Grund dafür vorzuliegen, daß sich der Blinddarm meiner vierzehnjähri-

gen Tochter entzündet, weshalb mir als Antwort bloß einfällt: »Operiere ja nicht selber!« Meine Schwester ist nämlich weiterum berühmt für ihre hitzigen Aktionen mit der Schere, die sie Furunkeln, langen Haaren und Kleidern gleichermaßen angedeihen läßt – mit großem Erfolg, wie ich zugeben muß. Max und ich tauschen die Verwandten und meine gute Schwiegermutter empfiehlt mir nachdrücklich äußerste Vorsicht, da ich mich, wie sie durchblicken läßt, mit Heldenmut großer persönlicher Gefahr aussetze. Schrilles Pfeifen veranlaßt mich, meiner Freundin und Sekretärin letzte Aufträge zu geben. Sie soll alles erledigen, was bei mir liegengeblieben ist: Sie soll Wäscherei und Reinigung in Trab setzen, der Köchin ein gutes Zeugnis schreiben, alle Bücher, die ich nicht mehr packen konnte, zur Post tragen, meinen Schirm bei Scotland Yard abholen und jenem Pfarrer höflich antworten, der in meinem letzten Buch 43 Grammatikfehler entdeckt hat. Und sie soll den Samenkatalog für den Garten durchsehen und Kürbis und Pastinake anstreichen. Ja, sie wird alles erledigen, und falls die häusliche oder literarische Welt untergeht, will sie mir telegrafieren. Wozu auch, sage ich, sie hat doch jede Vollmacht und kann nach Belieben entscheiden. Sie schaut mich entgeistert an und verspricht, bedächtig vorzugehen. Wieder schrilles Pfeifen. Ich umarme meine Schwester und lasse mich zu der Bemerkung hinreißen, auch ich sei überzeugt, sie nie wiederzusehen, und mit einer Blinddarmentzündung bei Rosalind könne man durchaus rechnen. Unsinn, sagt meine Schwester, warum denn? Wir steigen in den Pullmanwagen, der Zug ächzt, fährt an – wir sind weg.
Ungefähr 45 Sekunden lang ist mir scheußlich zumute, doch sobald der Bahnhof hinter uns liegt, erfüllt mich helles Jauchzen. Wir haben die so herrlich aufregende Reise nach Syrien begonnen.
Ein Pullmanwagen besitzt ein großartiges und einschüchterndes Air, obwohl er nicht halb so bequem ist wie ein gewöhnliches Abteil Erster Klasse. Doch wir fahren immer in

einem Pullman, allein Maxens Gepäck zuliebe, das ein normales Eisenbahnabteil sprengen würde. Seit aufgegebene Koffer einmal verlorengegangen sind, läßt Max sich mit seinen kostbaren Büchern auf kein Risiko mehr ein.
In Dover finden wir ein verhältnismäßig ruhiges Meer vor. Dennoch verschwinde ich im Salon des Dames, um auf einer Liege zu meditieren mit all dem Pessimismus, den das Schaukeln der Wellen noch jedesmal in mir züchtet. Schnell sind wir in Calais, und der französische Steward schleppt einen breitschultrigen Mann in blauer Bluse an, der sich um mein Gepäck kümmern soll. »Madame wird ihn am Zoll treffen«, sagt er dazu.
»Was hat er für eine Nummer?« erkundige ich mich.
Der Steward strahlt sogleich Mißbilligung aus: »*Madame! Mais c'est le charpentier du bâteau!*«
Ich werde entsprechend verlegen – um kurz darauf zu bedenken, daß diese Antwort nicht weiterhilft. Warum sollte die Tatsache, daß es sich um den Schiffszimmermann handelt, mir erleichtern, diesen Mann nachher unter mehreren hundert anderen in blauer Bluse zu erkennen, die alle »*Quatre-vingt treize*« usw. brüllen? Sein Schweigen allein reicht zur Identifizierung kaum aus. Und umgekehrt: Verleiht ihm die Tatsache, daß es sich um den *charpentier du bâteau* handelt, die unumstößliche Sicherheit, eine ältere Engländerin aus einem ganzen Haufen älterer Engländerinnen herauszufinden?
An diesem Punkt meiner Überlegungen unterbricht mich Max mit der frohen Botschaft, er habe für mein Gepäck einen Gepäckträger aufgetrieben. Ich erkläre ihm, daß sich darum bereits der *charpentier du bâteau* bemühe, und Max möchte wissen, warum. Das ganze Gepäck sollte doch beisammen bleiben. Ich bin völlig seiner Meinung und kann zu meiner Verteidigung nur anführen, daß Seereisen mich jedesmal geistig strapazieren. Max sagt: »Dann sammeln wir eben alles beim Zoll ein.« Und wir begeben uns zu jenem Inferno schreiender Gepäckträger sowie dem unvermeidli-

chen Zwischenspiel mit der einzigen Gattung durchdringend unangenehmer Französinnen, der Zollbeamtin, einem Geschöpf ohne Charme, Chic und Grazie. Sie schnüffelt, sie späht, sie fragt ungläubig: »*Pas de cigarettes?*« und kritzelt schließlich mit widerstrebendem Knurren die mystischen Kreidehieroglyphen auf unsere Koffer – dann gehen wir durch die Absperrung zum Bahnsteig hinüber, hinüber zum Simplon-Orientexpreß, der uns quer durch Europa fahren wird.

Wenn ich vor vielen, vielen Jahren die Riviera oder Paris besuchte, wurde mir in Calais beim Anblick des Orientexpreß' jedesmal warm ums Herz und ich wünschte sehnlich, einsteigen zu dürfen. Jetzt verbindet uns eine alte Freundschaft, aber eine Spur Erregung ist geblieben. Diesen Zug nehme ich – ich stehe schon drin – ich sitze wahrhaftig in dem blauen Wagen, an dem außen das schlichte Schild hängt: Calais – Istanbul. Der Orientexpreß ist mir ohne Zweifel der liebste von allen. Ich liebe sein Tempo *Allegro con fuoco* zu Anfang, das Schütteln und Rattern in der wilden Hast, Calais und den Okzident hinter sich zu lassen; es vermindert sich auf dem Weg nach Osten zu einem *rallentando*, bis es in einem unverkennbaren *lento* endet.

Am nächsten Morgen ziehe ich in aller Frühe das Rouleau hoch und schaue mir die schattenhaften Umrisse der Schweizer Alpen an. Wir fahren in die oberitalienische Ebene hinunter, am Gardasee und dem lieblichen Stresa vorbei. Später braust der Zug in den schmucken Bahnhof von Venedig – mehr bekommen wir von dieser Stadt nicht zu sehen – und wieder heraus und dem Meer entlang nach Triest und durch Jugoslawien. Seine Geschwindigkeit nimmt stetig ab, die Aufenthalte dehnen sich mehr und mehr, die Bahnhofsuhren zeigen die widersprüchlichsten Zeiten. Auf westeuropäische folgt zentraleuropäische, dann osteuropäische Zeit. Die Namen der Stationen sind in unwahrscheinlichen und merkwürdigen Lettern angeschrieben. Die Lokomotiven, dick und gemütlich, stoßen einen besonders üblen schwarzen Rauch aus. Im Speisewagen werden die Rechnungen in erstaunlichen Währungen präsentiert, dazu die sonderbarsten Mineralwasser. Uns gegenüber sitzt ein kleiner Franzose am Tisch, schweigend in das Studium seiner Rechnung versunken. Nach mehreren Minuten hebt er den Kopf, sucht Maxens Blick und äußert mit erregt klagender Stimme: »*Le change des Wagons Lits, c'est incroyable.*« Auf der anderen Seite des Ganges bittet ein dunkelhäutiger Mann mit gebogener Nase um Auskunft, was seine Rechnung a) in Francs, b) in Lire, c) in Dinar, d) in Türkischen Pfund und e) in Dollar betrage. Als der langgestreckt leidende Speisewagenkellner das endlich ermittelt hat, holt unser Mitreisender nach kurzem Kopfrechnen – offensichtlich ein Finanzgenie – die für ihn günstigste Valuta aus der Tasche. Wie er uns erklärt, hat er damit fünf englische Pence gespart.

Am Morgen tauchen türkische Zollbeamte im Zug auf. Sie haben Zeit und großes Interesse für unser Gepäck. Warum, fragen sie mich, nehme ich so viele Schuhe mit? Es sind viel zu viele. »Aber ich als Nichtraucherin habe keine Zigaretten bei mir, erlauben Sie mir statt dessen nicht ein paar zusätzliche Schuhe?« Der Zöllner läßt das Argument gelten, es leuchtet ihm ein. Und was ist das für ein Puder in dem Döschen hier, fragt er dann.

»Puder gegen Wanzen.« Das kapiert der Mann nicht. Stirnrunzelnd mustert er mich, voller Mißtrauen, er hält mich für einen Drogenschmuggler. »Dieser Puder ist weder für das Gesicht noch für die Zähne, für was ist er dann?«, will er vorwurfsgeladen wissen. Beschwingte Pantomime meinerseits. Ich kratze mich ganz realistisch, fange den Eindringling, bestäube das Holz. Ah, jetzt ist alles klar. Mit zurückgeworfenem Kopf lacht er schallend und wiederholt mehrmals ein türkisches Wort. *Dagegen* ist der Puder! Er erzählt diesen guten Witz einem Kollegen, und von Lachen geschüttelt gehen sie weiter. Der Schlafwagenschaffner erscheint, um uns zu drillen. Bei der Paßkontrolle würden wir gefragt, welchen Geldbetrag wir mit uns führen – »*effectif, vous comprenez?*« Ich liebe das Wort *effectif* – es beschreibt so genau das Gefühl von Bargeld in der Hand. »Sie werden«, fährt der Schaffner fort, »*effectif* genau so viel angeben.« Er nennt die Summe. Max widerspricht, weil wir mehr bei uns haben. »Was macht das schon! Die Wahrheit bringt Sie in Verlegenheit, sagen Sie, Sie hätten Kreditbriefe oder Reiseschecks und *effectif* genau so viel.« Als Erklärung fügt er noch an: »Was Sie haben, spielt keine Rolle, doch Ihre Angabe muß *en règle* sein, verstehen Sie, sagen Sie also genau so viel.«

Und schon kommt der Herr Finanzverwalter. Er notiert unsere Antwort, fast bevor wir den Mund öffnen. Alles ist *en règle*. Eben erreichen wir Istanbul, wir schlängeln uns zwischen merkwürdigen Holzhäusern mit Schieferdächern hindurch und heraus und erhaschen flüchtige Ausblicke auf die Theodosianische Mauer und das Meer zu unserer Rechten.

Istanbul macht mich verrückt – wenn man in dieser Stadt drin ist, sieht man sie nicht. Erst müssen wir Europa verlassen und über den Bosporus auf die asiatische Seite fahren, um Istanbul auch wirklich zu sehen. Wunderschön liegt es da an diesem Morgen, in einem klaren, bleichen Licht ohne Dunst, und die minarettenreichen Moscheen zeichnen sich vom Himmel ab.

»*La Sainte Sophie* ist herrlich«, schwärmt ein Franzose. Jedermann stimmt ein, bis auf eine unrühmliche Ausnahme, und die bin ich. Ich Unglücksrabe habe der Hagia Sophia nie etwas abgewinnen können. Ein bedauerlicher Mangel an Kunstverstand, aber so ist es. Schon immer war ich der Ansicht, daß diese Moschee einfach falsche Maße aufweist. Voller Scham über meinen perversen Geschmack halte ich den Mund.

In Haidar Pascha geht's rein in den wartenden Zug und heißhungrig zum Frühstück – sobald der Zug endlich fährt. Dann folgt die liebliche Reise eines langen Tages dem Mar-

marameer entlang, in dessen Buchten es von zartumrissenen bezaubernden Inseln wimmelt. Zum hundertsten Mal wünsche ich mir, eine dieser Inseln zu besitzen. Welch merkwürdige Sehnsucht, eine Insel ganz für sich zu haben. Fast alle packt es früher oder später, sie erhoffen sich dort Freiheit, Unbeschwertheit, Alleinsein. Doch die Wirklichkeit brächte, wie ich vermute, nicht Freiheit, sondern Gefangenschaft. Die Versorgung wäre doch völlig vom Festland abhängig. Pausenlos würde ich für den Kolonialwarenhändler lange Listen verfassen, mich um Fleisch- und Brotsendungen kümmern, und dazu hätte ich noch den Haushalt am Hals, da kaum ein Dienstmädchen auf einer Insel leben wollte, weit weg von ihren Freunden und dem Kino, ja sogar ohne Busverbindung zu ihresgleichen. Da ist eine Südseeinsel doch ganz was anderes, jedenfalls in meiner Vorstellung. Dort könnte man geruhsam die besten Früchte schmausen, ohne sich um Teller, Messer, Gabel, den Abwasch und das Fett im Ausguß zu scheren. Allerdings haben die einzigen Südseeinsulaner, die ich je essen sah, fetttriefenden Schmorbraten von ihren Tellern geschaufelt, die auf einem rabenschwarzen Tischtuch gedeckt waren.
Nein, eine Insel ist – und sollte es auch bleiben – ein Traum. Auf jener Trauminsel kennt man weder Kehren, Abstauben, Bettenmachen noch schmutzige Wäsche, Spülen, Fett, Vorratsplanung, Einkaufslisten, Lampenputzen, Kartoffelschälen, Mülltonnen – dort gibt es nur weißen Sand und blaues Meer, vielleicht noch ein zwischen Sonnenaufgang und Sonnenuntergang gelegenes Märchenhaus, einen Apfelbaum, das Zwitschern und die goldenen ...
Da schreckt Max mich auf mit der Frage, woran ich denke. Ich antworte schlicht: »Ans Paradies.«
Max sagt: »Warte nur, bis du vor dem Jarh Jarh stehst.«
»Ist er schön?«
Max hat keine Ahnung, aber jene Gegend sei hochinteressant und im Grunde auch unerforscht.
Der Zug schlängelt sich eine Schlucht empor, und wir ver-

lassen das Meer. Am nächsten Morgen schauen wir überwältigt von den Cilicischen Toren herab. Uns ist, als ob wir am Rande der Welt stünden und auf das Gelobte Land herabblickten – so muß es Moses zumute gewesen sein. Auch hier gibt es kein Herabsteigen. Der sanfte, dunkelblau verschwommene Zauber gehört zu einem Land, das man nie betreten wird. Die echten Städte und Dörfer verwandeln sich beim Betreten in die graue Alltagswelt – verflogen ist die verführerische Schönheit, die dich herabzieht.

Der Zug pfeift, wir klettern in unser Abteil, und auf in Richtung Aleppo. Und von Aleppo nach Beirut. Dort sind wir mit unserem Architekten verabredet und dort treffen wir unsere Vorbereitungen, um nach einem ersten Überblick über die Region von Khâboûr und Jarh Jarh einen für die Ausgrabung geeigneten Hügel zu bestimmen.

Denn dies ist, laut Mrs. Beeton, das A des Anfangs. »Erst mußt du den Hasen jagen«, bemerkte jene schätzenswerte Dame in Großmutters Kochbuch. Das heißt für uns: Erst mußt du den Hügel finden. Und das haben wir vor.

2 Das Gelände wird erkundet

~~~~~~

Beirut! Blaues Meer, eine geschwungene Bucht, der Küste entlang streckt sich eine dunstig blaue Gebirgskette. Das ist die Aussicht von der Hotelterrasse. Von meinem landeinwärts gelegenen Schlafzimmer schaue ich auf einen Garten mit dunkelroten Poinsettias. Das Zimmer ist hoch, schmutzig weiß und erinnert vage an ein Gefängnis. Ein modernes Waschbecken mit Wasserhähnen und einem Ablaufrohr blinkt als verwegene zivilisatorische Neuerung. Darüber hängt ein großer, viereckiger Kasten mit abnehmbarem Deckel, randvoll mit schalem Wasser, das in den Kaltwasserhahn abfließt. (Seit der Niederschrift dieses Manuskripts ist ein modernes Hotel, das St. George, eröffnet worden.)

Im Osten hat die Klempnerei so ihre Tücken. Wie oft kommt ein warmes Getröpfel aus dem Kaltwasserhahn und umgekehrt. Und nie vergesse ich jenes nach westlichem Vorbild neueingerichtete Badezimmer, wo ein einschüchterndes Röhrensystem ungeheure Massen kochenden Wassers produzierte, doch absolut kein kaltes Wasser liefern wollte. Auch klemmte der Hahn und der Türriegel dazu.

Als ich begeistert die Poinsettias betrachte und angewidert die Waschgelegenheit, klopft es an die Tür und ein kleiner, untersetzter Armenier tritt herein. Er lächelt gewinnend, öffnet den Mund, zeigt mit dem Finger in seinen Schlund und stößt ein aufmunterndes »*Manger!*« hervor. Mit diesem schlichten Kunstgriff macht er auch dem Dümmsten klar, daß im Speisesaal serviert wird.

Unten erwartet mich Max mit unserem neuen Architekten, Mac, mir noch so gut wie unbekannt. In ein paar Tagen brechen wir zusammen auf, um drei Monate lang mit dem Zelt umherzuziehen auf der Suche nach möglicherweise ergiebigen Grabungsorten. Als Führer und philosophischer Freund soll uns in diesem Herbst Hamoudi begleiten, seit vielen Jahren Aufseher in Ur. Von dort stammt die alte Beziehung zu meinem Mann.
Mac erhebt sich, um mich formvollendet zu begrüßen, und wir verzehren ein gutes, allerdings eine Spur zu fettes Essen. Ich äußere einige liebenswürdige Sätze zu Mac, der sie erfolgreich abblockt mit einem »Ja?«, »So?«, »Gewiß!«
Das dämpft erheblich. Das unbehagliche Gefühl überschwemmt mich, daß unser junger Architekt zu den Leuten gehört, bei denen mir immer wieder vor lauter Hemmungen der Geist ausgeht. Gott sei Dank sind jene Zeiten längst vorbei, da mich vor jedermann Hemmungen plagten. Im mittleren Alter habe ich das nötige gelassene *Savoir-faire* erlangt, und ab und an beglückwünsche ich mich, daß all diese Dummheiten endgültig hinter mir liegen. »Ich bin sie los!«, bestätige ich mir heiter. Und so sicher wie das Amen in der Kirche taucht unverhofft ein Individuum auf, das mich aufs neue in einen nervösen Trottel verwandelt.
Mir hilft auch nicht die Vermutung, der junge Mac sei selber übertrieben gehemmt und gebe sich eben darum dermaßen abwehrend. Es bleibt dabei: Vor seiner kühlen Herablassung, seinen nachsichtig hochgezogenen Brauen, vor seiner höflichen Aufmerksamkeit gegenüber all den Bemerkungen, von denen ich weiß, daß sie unmöglich solcher Mühe wert sind, verwelke ich zusehends und höre mich mit klarem Verstande schieren Unsinn daherschwatzen. Gegen Ende dieser Mahlzeit erteilt mir Mac einen Verweis. »Hören Sie«, meint er freundlich zu meinen verwegenen Tiraden über das Waldhorn, »das kann doch gar nicht sein.«
Natürlich hat er recht, es kann gar nicht sein.
Nach dem Essen will Max wissen, wie mir Mac gefällt. Ich

antworte vorsichtig, er wirke nicht sehr gesprächig. Das findet Max einen unbezahlbaren Vorzug. »Ist dir klar«, sagt er, »was das heißt, in der Wüste an einen unermüdlichen Quaßler gefesselt zu sein? Ich habe ihn genommen, weil er so gut schweigt.«
Das leuchtet mir ein, ich gebe es zu. Max sagt mir überdies zum Trost: »Wahrscheinlich ist er noch gehemmt, aber nicht mehr lange. Du jagst ihm eben Angst ein.«
Ich erwäge diese herzerquickende Deutung, ohne daß sie mich zu überzeugen vermag. So versuche ich mich geistig etwas aufzurüsten. Erstens, hämmere ich mir ein, bist du alt genug, um Macs Mutter sein zu können. Zweitens, bist du eine Schriftstellerin, eine berühmte sogar. Eine deiner Personen kam im Kreuzworträtsel der *Times* vor – wenn das keine Anerkennung ist! Und was am meisten ins Gewicht fällt: Du bist die Frau des Expeditionsleiters. Nimm dich also zusammen; wenn einer hier die Nase hoch trägt, dann bist du es und nicht dieser junge Mann: Laß dir nichts gefallen!
Später wollen wir unten Tee trinken, und ich mache mich auf, um Mac dazu zu bitten. Ich bin entschlossen, mich ungekünstelt und freundlich zu geben. Sein Zimmer ist unglaublich aufgeräumt, Mac sitzt auf einer zusammengefalteten karierten Wolldecke, sein Tagebuch auf den Knien. Er schaut mich höflich fragend an. »Haben Sie nicht Lust, mit uns Tee zu trinken?«
Mac erhebt sich. »Gerne.«
»Nachher möchten Sie bestimmt die Stadt kennenlernen«, rege ich an, »es macht doch Spaß, ein bißchen herumzuschnüffeln.«
Mac zieht milde die Augenbrauen hoch und erwidert kühl: »So?«
Das nimmt mir den Wind aus den Segeln. Ich führe den jungen Mann in die Halle zu Max, der in glücklichem Schweigen größere Mengen Kekse verzehrt. Max trinkt wohl Tee in der Gegenwart, doch sein Geist weilt in den Gefilden von

ca. 4000 Jahren v. Chr. Sobald der letzte Keks gegessen ist, fährt Max mit einem Ruck aus seiner Träumerei auf und schlägt vor, wir könnten uns einmal unseren Kombi anschauen, welche Fortschritte er wohl mache.

Also schauen wir uns unseren Kombi an, ein Ford-Chassis, das einen syrischen Aufbau erhält – wir mußten uns mit dieser Lösung begnügen, da kein Gebrauchtwagen in gutem Zustand aufzutreiben gewesen war. Der Aufbau besitzt eine äußerst optimistische »Wenn-Allah-will«-Ausstrahlung, sozusagen ein »Inschallah«-Air, und wirkt geradezu argwohnerregend wichtig und tüchtig. Max regt sich etwas auf, weil Hamoudi immer noch nicht da ist, der uns in Beirut treffen sollte. Mac verschwendet keinen Blick an die Stadt, voll Verachtung kehrt er in sein Zimmer zurück, um auf seiner Wolldecke das Tagebuch weiterzuführen. Interessiert sinne ich darüber nach, was er wohl hineinschreibt.

Frühes Wecken: Schon um fünf Uhr öffnet sich unsere Zimmertüre und eine Stimme meldet auf arabisch: »Ihre Aufseher sind eingetroffen.«

Hamoudi stürzt samt seinen beiden Söhnen herein mit der ihnen eigenen charmanten Lebhaftigkeit, sie packen unsere Hände, drücken sie an ihre Stirn. »*Schlon kefek!*« (Wie ist Ihr Befinden?) »*Kullisch zen.*« (Sehr gut.) »*El hamdu lillah! El hamdu lillah!*« (Gelobt sei Gott!)

Wir rappeln uns aus unserer dumpfen Schläfrigkeit auf und bestellen Tee, während Hamoudi samt seinen Söhnen sich bequem auf den Boden hockt, um mit Max weiterhin das Neueste zu beschwatzen. Die Sprachschranke schließt mich von dieser Unterhaltung aus – ich habe meine arabischen Kenntnisse bereits ausgebreitet. Für mein Leben gern würde ich wieder schlafen. Warum nur hat die Hamoudifamilie ihre Begrüßung nicht auf eine vernünftigere Stunde verschoben? Doch ich sehe ein, daß dieser Überfall für sie die natürlichste Sache der Welt ist.

Der Tee vertreibt die Schläfrigkeit, und Hamoudi teilt mir verschiedenes mit, worauf ich auch antworte, alles mit Max als Dolmetscher. Die drei strahlen vor Glück, so daß ich sie erneut ganz reizend finde.

Unsere Vorbereitungen sind in vollem Gange: Wir kaufen Vorräte ein, suchen einen Fahrer und einen Koch, wir nehmen Kontakt mit dem *Service des Antiquités* auf, dessen Direktor, M. Seyrig, uns zum Essen einlädt. Seine Frau ist entzückend, und niemand könnte uns netter aufnehmen als die beiden – das Essen ist übrigens hervorragend.
Im Widerspruch zu dem türkischen Zöllner, der meine allzu vielen Schuhe mißbilligte, kaufe ich noch mehrere Paar dazu. In Beirut macht das Spaß. Wenn die passende Größe fehlt, werden die Schuhe in wenigen Tagen extra angefertigt, aus gutem Leder und nach Maß. Ich muß gestehen: Schuhe sind mein Faible, ich werde mich auf dem Rückweg nicht mehr durch die Türkei trauen.
Wir wandern durch die einheimischen Viertel und erstehen Stoff in ansehnlichen Längen, eine Art weißer Seide, dunkelblau oder mit Goldfaden bestickt. Wir kaufen auch seidene *abayat* als Geschenke für die Daheimgebliebenen. Max faszinieren die vielen Brotsorten, denn wer nur einen Tropfen französischen Blutes in sich hat, liebt gutes Brot. So hörte ich, wie ein Offizier der *Services Spéciaux* voll Mitgefühl von seinem in einem gottverlassenen Grenzposten stationierten Kameraden sagte: »*Le pauvre garçon. Il n'a même pas de pain là-bas, seulement la galette Kurde!*«
Wir lassen uns auch in langwierige und komplizierte Geschäfte mit der Bank ein. Wie immer bin ich erstaunt, mit welchem Widerwillen die Banken im Osten eine Transaktion angehen. Die Leute sind höflich und nett und vor allem besorgt, sich aus jeder Aktivität herauszuhalten. »*Oui, oui*«, murmeln sie wohlwollend, »*écrivez une lettre.*« Und mit einem Seufzer der Erleichterung setzen sie sich wieder zur Ruhe.

Hat man sie aber wider ihren Willen zur Aktivität gezwungen, so rächen sie sich durch ein umständliches Markensystem. Jedes Dokument, jeder Scheck, jeder Vorgang wird kompliziert verzögert durch den Markenzwang. Ständig werden kleine Summen verlangt, und als nach unserer Meinung alles erledigt ist, kommt noch eine letzte Hürde: »*Et deux francs cinquante centimes pour les timbres, s'il vous plaît.*«

Endlich sind unsere Geschäfte abgewickelt, zahllose Briefe geschrieben, eine astronomische Zahl von Marken geklebt worden. Aufseufzend sieht der Bankangestellte den Silberstreif am Horizont, daß er uns endgültig los wird. Beim Verlassen der Bank schnappen wir noch auf, wie er den nächsten unerwünschten Kunden entschlossen abweist: »Schreiben Sie bitte einen Brief!«

Wir suchen weiter unser Personal. Das Fahrerproblem ist zuerst gelöst. Triumphierend kommt Hamoudi an und teilt uns mit, das Glück sei uns gewogen, soeben habe er einen ausgezeichneten Fahrer gefunden.

Wie er uns einen solchen Schatz beschafft habe, will Max wissen.

Auf die einfachste Art der Welt. Dieser Mann stand am Meer, und da er seit einiger Zeit arbeitslos und daher auch mittellos ist, verlangt er sehr wenig. So haben wir zugleich gespart! Und woraus läßt sich denn schließen, daß er vom Autofahren etwas versteht? Mit einer Handbewegung wedelt Hamoudi die Frage beiseite. Ein Bäcker ist ein Mann, der Brot in den Ofen schiebt und es backt. Ein Fahrer ist ein Mann, der in ein Auto steigt und losfährt.

Ohne unangebrachten Überschwang erklärt sich Max bereit, Abdullah einzustellen, falls sich kein besserer Kandidat anbiete, und Abdullah wird zur Vorstellung herbeigeholt. Er gleicht auffällig einem Kamel, und Max meint melancholisch, der Mann wirke immerhin strohdumm, was auf jeden Fall ein Vorteil sei. Wieso, frage ich. Weil ihm die Intelligenz zum Betrügen fehlt.

Unseren letzten Nachmittag in Beirut nutzen wir zu einem Ausflug ans Hundeflüßchen, den Nahr el Kelb. Dort, in einem bewaldeten Tal, das ins Landesinnere führt, kann man in einem Lokal Kaffee trinken und dann bequem einen schattigen Weg entlangwandern.
Wirklich faszinierend sind am Nahr el Kelb die in den Felsen geritzten Inschriften, wo ein Fußpfad zu dem Paß über den Libanon hinaufführt. Hier sind in zahllosen Kriegen ganze Armeen entlangmarschiert und hinterließen historische Spuren. So stehen hier ägyptische Hieroglyphen von Ramses II. neben Prahlereien der assyrischen und babylonischen Heere und dem Zeichen von Tiglatpilesar I. Sanherib schrieb sich 701 v. Chr. hier ein und Alexander, als er vorüberzog. Assarhadon und Nebukadnezar vermerkten ihre Siege, und als letzte haben 1917 in der Fortsetzung der Antike Allenbys Soldaten sich mit Namen und Initialen verewigt. Ich werde nie müde, diesen verkerbten Felsen zu betrachten, hier tut sich Geschichte kund.
Ich bin so bewegt, daß ich mich begeistert an Mac wende: »Das ist doch ungeheuer aufregend, finden Sie nicht auch?« Mac zieht höflich die Augenbrauen hoch und bemerkt, es sei in der Tat recht interessant . . .
Ankunft und Beladen unseres Kombis machen das nächste Abenteuer aus. Der Aufbau wirkt einwandfrei kopflastig, er schwankt und schaukelt, aber mit solcher Würde, ja Majestät, daß der Wagen gleich seinen Spitznamen weg hat: Queen Mary.
Zusätzlich mieten wir noch ein »Taxi«, einen Citroën, mit einem liebenswürdigen Armenier, Aristide, als Fahrer. Wir stellen auch einen leicht melancholisch dreinblickenden Koch ('Isa) ein, dessen Zeugnisse wieder argwohnerregend gut sind. Und endlich kommt der große Tag, an dem wir aufbrechen – Max, Hamoudi, ich, Mac, Abdullah, Aristide und 'Isa –, um im nächsten Vierteljahr in Freud und Leid zusammenzuhalten.
Als erstes entdecken wir, daß Abdullah unvorstellbar

schlecht fährt, als zweites, daß der Koch miserabel kocht, als drittes, daß Aristide glänzend chauffiert – in einem schrottreifen Wagen.
Wir verlassen Beirut auf der großen Uferstraße, überqueren den Nahr el Kelb und fahren, das Meer zu unserer Linken, vorbei an aneinander gekuschelten weißen Häuschen, an bezaubernden kleinen Sandbuchten und harmlosen Felsriffen. Am liebsten würde ich aussteigen und baden, doch jetzt hat für uns der Ernst des Lebens begonnen. Bald, viel zu bald, werden wir vom Meer abbiegen und es monatelang nicht mehr zu Gesicht bekommen. Aristide hupt nach syrischem Brauch pausenlos. Uns folgt Queen Mary, mit ihrem kopflastigen Aufbau schwankt sie wie ein Schiff auf hoher See. Hinter dem alten Byblos stehen die weißen Häuschen in immer kleineren Gruppen, und die Abstände werden weit und weiter; zu unserer Rechten erhebt sich ein felsiger Gebirgszug. Und schließlich wenden wir uns landeinwärts Richtung Homs.
In Homs gibt es ein gutes, ja ein ausgezeichnetes Hotel – sagt Hamoudi. Die Vornehmheit des Etablissements drückt sich vor allem in seiner Weitläufigkeit und seinen endlosen Steinfluren aus. Die sanitären Einrichtungen funktionieren – Gott sei's geklagt – so gut wie gar nicht, und die Zimmer – die reinsten Säle – bieten wenig Komfort. Wir messen das unsere mit einem respektvollen Blick und machen uns zu einem Stadtbummel bereit. Mac finden wir wieder auf der Bettkante vor; neben der gefalteten Wolldecke sitzend schreibt er mit ernstem Eifer in sein Tagebuch. (Aber *was* denn nur? Für die Besichtigung von Homs bringt er kein Gran Enthusiasmus auf.)
Vielleicht hat er recht, denn es gibt nicht viel zu sehen in Homs.
Wir überstehen ein schlechtes, pseudo-europäisches Hotelessen und gehen schlafen.

Gestern reisten wir noch innerhalb der Zivilisation, heute verlassen wir sie jäh. Nach ein, zwei Stunden ist kein grünes Hälmchen mehr zu sehen, nur braune, sandige Wüste um uns her. Die Wege verwirren sich. Nur selten begegnen wir einem Lastwagen, der plötzlich aus dem Nichts auftaucht. Es ist sehr heiß. Die Hitze, die holprigen Wege, die ausgeleierte Federung des Taxis, dazu der Staub, der sich im Hals und auch auf dem Gesicht festsetzt, bis es sich hart und steif anfühlt, kurz: alles trägt dazu bei, daß eine scheußliche Migräne mich überwältigt.
Die ungeheuere Einöde ohne jede Vegetation ist schrecklich und zugleich faszinierend. Sie streckt sich nicht flach hin wie die Wüste zwischen Damaskus und Bagdad, wir krabbeln hinauf und hinunter, und ich komme mir fast wie ein Sandkorn vor zwischen jenen Burgen, die ich als Kind am Strand gebaut habe.
Und dann, nach sieben Stunden eintöniger Glut und Einsamkeit – Palmyra.
Wie zauberhaft ist Palmyra, wenn es in seiner zarten, milchigen Schönheit sich wie ein Gebilde unserer Phantasie aus dem heißen Sand erhebt. Es ist lieblich und unwirklich und märchenhaft – der ungreifbare Traum auf einer Bühne mit Höfen, Tempeln, zerfallenen Säulen.
Ich habe mich nie zu einer Meinung über das wirkliche Palmyra entschließen können. Es behält für mich stets das Wundersame seines ersten Auftauchens. Der Schmerz in meinem Kopf und in meinen Augen läßt die Stadt mehr als je einem Fieberwahn gleichen. Sie ist nicht real, sie kann einfach nicht echt sein.
Doch plötzlich stecken wir mitten im Trubel, umgeben von einem Häuflein fröhlicher Touristen aus Frankreich, das lacht, schwatzt und mit der Kamera klickt. Wir halten vor einem ansehnlichen Gebäude, dem Hotel.
In aller Eile warnt mich Max: »Mach dir nichts aus dem Mief. Man muß sich etwas daran gewöhnen.«
Und ob! Das Hotel ist innen ganz reizend und sehr ge-

schmackvoll eingerichtet. Aber in den Zimmern stinkt es grauenhaft nach faulem Wasser.
»Ein außerordentlich gesunder Geruch«, tröstet mich Max.
Und der nette ältere Herr, offensichtlich der Hotelbesitzer, versichert mit Nachdruck: »*Mauvaise odeur, oui! Malsaine, non!*«
Damit ist das Problem erledigt. Und es ist mir auch völlig egal. Ich schlucke Aspirintabletten, erfrische mich mit Tee und lege mich hin. Später kann ich ja noch die Stadt ansehen, aber im Moment sehne ich mich nur nach Dunkelheit und Ruhe.
Im geheimen bin ich ziemlich bedrückt. Sollte mir das Reisen zu beschwerlich werden – mir, mit meiner alten Begeisterung fürs Autofahren?
Doch nach einer Stunde erwache ich taufrisch und entdeckungsfroh. Sogar Mac läßt sich für einmal von seinem Tagebuch weglocken.
Wir sehen uns die Stadt an und genießen einen herrlichen Nachmittag. Als wir uns am weitesten vom Hotel entfernt haben, treffen wir wieder das Häuflein französischer Touristen. Sie sind verzweifelt. Eine Dame, die, wie alle anderen, Schuhe mit hohen Hacken trägt, hat einen Absatz verloren und kann unmöglich die Strecke zum Hotel zu Fuß zurücklegen. Offenbar sind die Leute in einem Taxi herausgefahren, das unversehens zusammengebrochen ist. Wir werfen einen Blick darauf. In diesem Land gibt es offenbar nur eine Sorte Taxis: Dieses Vehikel ist von unserem nicht zu unterscheiden – die gleichen abgenutzten Polster, die gleiche Hinfälligkeit, als ob eine Schnur das ganze zusammenhielte. Der Fahrer, ein langer und dünner Syrer, stochert lustlos unter der Haube herum, schüttelt den Kopf.
Die Franzosen erklären die tragische Situation: Gestern sind sie mit dem Flugzeug angekommen, morgen wollen sie weiterfliegen. Dieses Taxi haben sie für einen Nachmittag im Hotel gemietet, jetzt hat es sie im Stich gelassen. Was

soll die bedauernswerte Madame nur machen? »*Impossible de marcher, n'est-ce pas, avec un soulier seulement.*«
Wir stürzen uns in weitschweifige Beileidsbezeugungen, und Max, der Kavalier, bietet unser Taxi an. Er werde zum Hotel zurückkehren und es herbringen. Mit zwei Fahrten könne es uns alle heimfahren.
Der Vorschlag wird mit Beifall und überschwenglichem Dank angenommen, Max bricht auf.
Ich gebe mich unterdessen mit den französischen Damen ab, während Mac sich hinter seiner undurchdringlichen Reserve verschanzt. Mit einem knappen *Oui* oder *Non* wehrt er alle Versuche ab, ihn in das Gespräch zu ziehen, so daß man ihn bald in Frieden läßt. Die Französinnen bezeugen ein charmantes Interesse an unserer Reise. »*Ah, Madame, vous faites le camping!*« Dieser Ausdruck begeistert mich. *Le camping!* Er weist unser Abenteuer fraglos den sportlichen Leistungen zu.
»Wie angenehm ist doch *le camping*«, wirft eine andere Französin ein.
»Ja«, stimme ich zu, »es wird sicher angenehm sein.«
Die Zeit vergeht, wir schwatzen und lachen, bis zu meiner Überraschung plötzlich Queen Mary heranschlingert mit einem zornigen Max am Lenkrad. »Warum hast du nicht das Taxi gebracht?«
Wutbebend klärt mich Max auf: »Weil das Taxi schon hier ist.« Und mit einem dramatischen Finger deutet er auf das verstockte Vehikel, dessen Inneres der schlanke Syrer mit unversiegtem Optimismus betrachtet. Es ertönt ein Chor erstaunter Ausrufe, und mir wird klar, weshalb mir der Wagen so bekannt vorkam. »Aber nein«, protestiert eine der französischen Damen, »dies ist das Auto, das wir im Hotel gemietet haben!« Trotzdem ist es, wie Max feststellt, *unser* Taxi.
Die Auseinandersetzung mit Aristide ist äußerst mühselig, denn keiner vermag den Standpunkt des anderen zu würdigen. »Habe ich nicht dich und dieses Taxi für volle drei Mo-

nate angeheuert?« will Max wissen, »und muß es dann derart schimpflich hinter meinem Rücken weitervermietet werden?«

Aristide ist ganz gekränkte Unschuld. »Haben Sie mir nicht selbst gesagt, daß Sie den Wagen heute nachmittag nicht brauchen? Das ist doch *die* Gelegenheit zu einem kleinen Extraverdienst. Ich arrangiere also alles mit einem Freund und er fährt diese Gruppe durch Palmyra. Warum beleidigt Sie das? Wenn Sie nicht selber im Wagen sitzen wollen?«

»Es beleidigt mich, weil es erstens gegen unsere Abmachung geht und zweitens der Wagen repariert werden muß. Wahrscheinlich können wir morgen gar nicht fahren.«

»Dies«, sagt Aristide, »braucht Sie nicht zu beunruhigen. Mein Freund und ich werden nötigenfalls die Nacht daran wenden.«

Das wolle er ihnen auch geraten haben, bemerkt Max kurz.

Selbstverständlich erwartet uns das treue Taxi am nächsten Morgen vor dem Eingang mit einem breit lächelnden Aristide am Steuer, den noch immer kein Fünkchen Schuldbewußtsein plagt.

Heute erreichen wir Deïr-Ez-Zor am Euphrat. Es ist sehr heiß, und die reizlose Stadt stinkt. Die Services Spéciaux stellen uns freundlicherweise Zimmer zur Verfügung, da es hier kein europäisches Hotel gibt. Wir haben eine hübsche Aussicht auf den breit und braun dahinfließenden Strom. Der französische Offizier erkundigt sich besorgt nach meinem Wohlergehen und gibt seinem Wunsch Ausdruck, daß mich das Autofahren in der Hitze nicht zu sehr angestrengt habe. »Madame Jacquot, die Frau unseres Generals, war bei ihrer Ankunft *complètement knock out*.«

In diesen Ausdruck verliebe ich mich sofort. Hoffentlich werde ich durch die Suche nach archäologischen Überresten nicht auch *complètement knock out* sein!

Wir kaufen Gemüse und eine größere Anzahl Eier, und mit

der berstend vollen Queen Mary, deren Federung zusammenzubrechen droht, starten wir diesmal unserem eigentlichen Reiseziel entgegen.

Bseïra. Hier gibt es einen Polizeiposten. An diesen Flecken knüpft Max hohe Erwartungen, da er an dem Zusammenfluß von Euphrat und Khâboûr liegt. Das römische Circesium wurde auf dem anderen Ufer erbaut. Bseïra ist eine Enttäuschung. Wir finden keine Siedlungsspuren, die älter sind als die römischen – die strafen wir mit Verachtung. »*Min Ziman er Rum*«, sagt Hamoudi und schüttelt angewidert den Kopf. Ich wiederhole es pflichtschuldig.
Für unsere Begriffe sind die Römer hoffnungslos modern – eine Generation von gestern. Unser Interesse erwacht beim Jahre 2000 v. Chr. und dem wechselvollen Schicksal der Hethiter; insbesondere möchten wir mehr über das Reich der Mitanni erfahren, fremden, bisher noch wenig erforschten Abenteurern, die in diesen Gebieten sich erfolgreich durchsetzten und deren Hauptstadt Wassukkanni noch nicht lokalisiert worden ist. Die herrschende Kriegerkaste hielt das Land in festen Händen, sie heiratete in das ägyptische Königshaus ein und verstand anscheinend viel von Pferden. So wird ein Lehrbuch über Pferdepflege und -dressur einem Mitanni namens Kikkuli zugeschrieben.
Und natürlich interessieren uns auch die noch früheren Zeiten bis zurück zur dunklen Prähistorie, von der keine schriftlichen Zeugnisse existieren. Nur Gefäße, Grundrisse von Häusern, Amulette, Ornamente und Teile von Schmuckstücken erhellen stumm das Leben jener Menschen. Da Bseïra uns so herzlich wenig bietet, fahren wir weiter nach Süden, nach Mayâdîne, obwohl sich Max nicht viel davon verspricht. Dann wollen wir uns nordwärts dem linken Ufer des Khâboûr zuwenden.
In Bseïra sehe ich diesen Fluß zum ersten Male, der bislang für mich nur ein Name gewesen ist, allerdings ein oft gehörter. »Der Khâboûr – ein ideales Gebiet mit mehreren Hun-

dert Tulul – ein Tell nach dem anderen. Und wenn wir dort nicht finden, was wir suchen«, fährt Max fort, »dann eben am Jarh Jarh.«
»Was ist der Jarh Jarh?«, frage ich. Der Name hat einen richtigen Märchenklang.
»Du hast nie vom Jarh Jarh gehört?«, bemerkt Max freundlich. »So geht es noch vielen Leuten.«
Ich bekenne mich zu meiner Unwissenheit und gestehe überdies, daß auch der Khâboûr mir unbekannt gewesen war, bis er ihn erwähnte.
»Das wußtest du nicht«, staunt Max über meine empörende Ignoranz, »daß Tell Halaf am Khâboûr liegt?« Er senkt vor Ehrfurcht die Stimme, als er jene berühmte prähistorische Töpferwerkstatt erwähnt.
Ich schüttele den Kopf und verkneife mir den Hinweis, daß ich ohne diese Ehe höchstwahrscheinlich auch nie von Tell Halaf gehört hätte.
Es ist immer recht kompliziert, den Leuten unsere Schürfstellen zu erklären.
Als erstes werfe ich im allgemeinen ein Wort hin: »Syrien.«
»Ach!«, entgegnet mein Durchschnittsfragesteller leicht verblüfft mit einem Stirnrunzeln. »Ja, richtig, Syrien . . .« Biblische Zusammenhänge melden sich. »Das ist doch Palästina, oder nicht?«
»Es liegt neben Palästina«, berichtige ich ermutigend, »ein bißchen weiter oben an der Küste.«
Das hilft auch nicht viel weiter, denn Palästina erinnert mehr an Religionsgeschichte und Sonntagsschule als an Geographie und weckt nur literarische und fromme Assoziationen.
»Ich kann es einfach nicht lokalisieren.« Das Stirnrunzeln vertieft sich. »Wo graben Sie denn, ich meine, bei *welcher Stadt*?«
»Wir graben nicht bei einer Stadt, sondern nahe der türkisch-syrischen Grenze.«

Das Gesicht unseres Freundes spiegelt bare Hoffnungslosigkeit. »Aber es muß doch *irgendeine* Stadt in der Nähe sein.«
»Aleppo«, erläutere ich, »ist ungefähr 300 Kilometer weit weg.«
Seufzend läßt mein Gegenüber das Thema fallen. Um dann mit aufleuchtendem Blick zu fragen, was wir essen. »Immer nur Datteln, vermutlich.«
»Im Gegenteil«, sage ich, »wir haben Schaffleisch, Hühnchen, Eier, Reis, grüne Bohnen, Auberginen, Gurken und je nach Jahreszeit noch Orangen und Bananen.«
»Das ist doch kein Pionierleben«, heißt es dann vorwurfsvoll.

In Mayâdîne beginnt *le camping*. Es wird ein Stuhl für mich aufgestellt, und darauf throne ich, mitten in einem Hof oder khan, während Max, Mac, Aristide, Hamoudi und Abdullah sich mit unseren Zelten herumschlagen. Zweifellos habe ich den besten Teil erwählt. Mir wird ein enorm unterhaltendes Schauspiel geboten. Der kräftige Wüstenwind ist überhaupt keine Hilfe, und alle sind noch ungeübt im Aufbau. Abdullah ruft die Gnade und Barmherzigkeit Gottes an, Aristide, der Armenier, erfleht sich Hilfe von den Heiligen, Hamoudi stößt wilde, aufmunternde Schreie und Gelächter aus, während Max wütend vor sich hinflucht. Nur Mac rackert sich schweigend ab, doch hin und wieder brummt sogar er ein leises Wort. Endlich hat's geklappt. Die Zelte wirken zwar leicht betrunken und nicht ganz im Lot, aber sie stehen da. Gemeinsam beschimpfen wir jetzt den Koch, der, statt das Essen zu richten, fröhlich zuschaute. Immerhin haben wir ein paar brauchbare Konserven, wir kochen Tee, und sobald die Sonne untergeht, der Wind sich legt, plötzlich die Kühle heraufkommt, verkriechen wir uns zum Schlafen. Zum ersten Male in meinem Leben steige ich in einen Schlafsack. Max und ich schaffen daran mit vereinten Kräften; als ich endlich drin bin, ist es herrlich bequem.

Ins Ausland nehme ich immer ein gutes, weiches Daunenkissen mit – das macht für mich den ganzen Unterschied zwischen Behagen und Trübsal.
Vergnügt sage ich zu Max: »Mir gefällt das Übernachten im Zelt.« Da fällt mir etwas ein: »Du glaubst doch nicht, daß im Dunkeln Ratten oder Mäuse oder anderes Tierzeug über mich rüberrennt?«
»Aber sicher«, meint er heiter und schläfrig.
Während ich noch darüber nachsinne, schlummere ich ein, um erst um fünf Uhr morgens wieder aufzuwachen. Sonnenaufgang – auf geht's, dem neuen Tag entgegen.

Die Hügel in der unmittelbaren Nähe von Mayâdîne sind unergiebig. »Römisch«, murmelt Max angeekelt und mit letzter Verachtung. Ich ersticke im Keim den zarten Verdacht, die Römer könnten auch etwas hergeben, und wie ein Echo wiederhole ich: »Römisch«, während ich einen mißliebigen Topfscherben fortwerfe. »*Min Ziman . . . er Rum*«, ist Hamoudis Ansicht.
Am Nachmittag besuchen wir die Amerikaner, die bei Doûai graben. Sie empfangen uns wirklich nett, dennoch nimmt meine Anteilnahme an den Funden merklich ab und meine Mühe, zuzuhören und mitzureden, wächst. Amüsant ist der Bericht der Amerikaner über ihre anfänglichen Schwierigkeiten, Arbeiter aufzutreiben.
In diesem entlegenen Teil der Welt ist die Idee ganz neu, daß man für Geld arbeitet. So erntete die Expedition ein blankes Nein oder totales Unverständnis mit diesem Vorschlag. Verzweifelt wandten sich die Amerikaner zuletzt an das französische Militär, das prompt und wirksam reagierte. Sie verhafteten zweihundert oder wieviel Mann eben benötigt wurden und schickten sie arbeiten. Die Gefangenen waren liebenswürdig und munter und arbeitsfroh. Man sagte ihnen, sie sollten am nächsten Tag wiederkommen – keiner ließ sich blicken. Wieder wurden die Franzosen um Unterstützung gebeten, und wieder verhafteten sie die Arbeiter,

die mit nicht nachlassender Freude werkten. Am nächsten Tag dasselbe Spiel – wieder rettete das Militär. Schließlich fand die Sache ihre Aufklärung. »Arbeitet ihr nicht gern für uns?«
»Aber sicher, warum auch nicht? Zu Hause haben wir nichts zu tun.«
»Warum kommt ihr dann nicht jeden Tag?«
»Wir wollen schon, aber wir müssen warten, bis die 'asker (Soldaten) uns holen. Wir waren sehr böse, als sie nicht kamen. Das ist doch ihre Pflicht.«
»Ihr sollt aber für uns arbeiten, ohne euch von den 'asker holen zu lassen.«
»Das ist eine ganz verrückte Idee.«
Am Ende der Woche erhielten alle Geld, was ihre Verwirrung vollkommen machte.
»Eins ist gewiß«, sagten sie, »die Wege der Fremden sind unerforschlich. Hier befehlen die französischen 'asker, darum ist es in Ordnung, daß sie uns holen und uns ins Gefängnis stecken oder für euch graben lassen. Warum gebt *ihr* uns dann Geld? Und *wofür* ist das Geld überhaupt?«
Zu guter Letzt wurden die sonderbaren Bräuche des Westens akzeptiert, allerdings unter Kopfschütteln und Murren. Einmal in der Woche erhielten sie ihren Lohn ausbezahlt, doch der Groll gegen die 'asker blieb, denn es war einfach deren Aufgabe, sie jeden Tag zur Arbeit zu holen.
Ob wahr oder nicht, die Geschichte ist gut.
Wenn ich mich bloß etwas besser fühlen würde! Was ist nur mit mir los? In unser Lager kehre ich mit Schwindel zurück. Ich messe meine Temperatur, das Thermometer zeigt 38,8°. Dazu zwickt es mich im Bauch und mir ist hundeelend. Sehr erleichtert krabbele ich in meinen Flohsack, um ohne einen Gedanken an das Nachtessen einzuschlafen.

Am Morgen fragt Max besorgt, wie es mir geht. Stöhnend kläre ich ihn auf: »Miserabel.« Noch besorgter, will er wissen, ob ich wirklich krank bin?

Diesbezüglich kann ich ihm alle Zweifel nehmen. Ich habe, was in Ägypten das ägyptische Bäuchlein heißt und in Bagdad eben das Bagdadbäuchlein. Kein sehr amüsantes Leiden, wenn es einen mitten in der Wüste packt. Max kann mich nicht allein zurücklassen, und tagsüber beträgt die Temperatur im Zelt sowieso 55,5°. Die Inspektionstour geht weiter. Ich kauere hinten im Auto, vom Fiebertraum geschüttelt. Bei jedem Hügel steige ich aus und lege mich in den von Queen Mary gelieferten Schatten, während Max und Mac durch den Sand stapfen.
Offen gestanden, die folgenden vier Tage sind die Hölle. Eine von Hamoudis Geschichten scheint besonders gut zu passen, jene von der wunderschönen, von einem Sultan geraubten Frau, die Tag und Nacht zu Allah klagte, daß sie keine Gefährten besitze und in der Wüste so mutterseelenallein sei. »Da schickte ihr Allah, ihres Geseufzes überdrüssig, Gefährten, er schickte ihr Fliegen.«
Auf jene liebreizende Dame, die Allahs Zorn erregte, bin ich sehr schlecht zu sprechen. Von morgens bis abends habe ich keine Ruhe, da sich ganze Fliegenschwärme auf mir niederlassen. Bitter bereue ich meine Teilnahme an dieser Expedition und verschweige das nur mühsam.
Nach vier Tagen, in denen schwacher Tee ohne Milch meine einzige Nahrung war, bin ich plötzlich dem Leben wiedergeschenkt: Ich finde es herrlich und verzehre ein ungeheures Mahl aus Reis und gedämpftem Gemüse, das in Fett schwimmt – für mich der köstlichste Genuß.
Danach steigen wir auf den Hügel, an den unsere Zelte gelehnt sind: Tell Souar, auf dem linken Ufer des Khâboûr. Hier gibt es nichts, kein Dorf, keine Behausung irgendwelcher Art, nicht einmal ein Beduinenzelt. Doch über uns steht der Mond und zu unseren Füßen schlängelt sich der Khâboûr wie ein riesiges S. Und süß duftet die Nachtluft nach der Hitze des Tages. Ich sage: »Was für ein wunderschöner Hügel! Könnten wir nicht hier graben?«
Betrübt spricht Max das vernichtende Wort: »Römisch.«

»Wie schade! Es ist so ein zauberhafter Fleck Erde!«
»Ich hab's dir ja gesagt«, meint Max, »der Khâboûr ist phantastisch. Auf beiden Ufern ein Tell nach dem anderen.«
Während einiger Tage waren mir alle Tulul völlig gleichgültig gewesen, doch hatte ich zum Glück nicht viel versäumt.
»Bist du ganz sicher, daß hier nichts Brauchbares für dich liegt?«, bohre ich weiter, denn ich habe mich in Tell Souar verliebt.
»Ganz sicher ist was da, aber in den unteren Schichten. Wir müßten uns erst durch das ganze römische Zeug hindurchwühlen. Da finden wir noch günstigere Plätze.«
Mit einem Seufzer der Ergebung murmle ich: »Hier ist es so still und friedlich, weit und breit keine Menschenseele zu sehen.«
Genau in diesem Augenblick taucht aus dem Nichts ein uralter Mann mit einem langen weißen Bart auf. Ihn umgibt eine unbeschreibliche Würde. Er begrüßt Max höflich: »Wie befinden Sie sich?«
»Gut. Und Sie?«
»Gut.«
»Gelobt sei Gott.«
»Gelobt sei Gott.«
Er setzt sich neben uns. Lange Zeit herrscht Stille, jene artige Stille der Wohlerzogenheit, die so erholsam ist nach der westlichen Hetze. Schließlich erkundigt sich der Alte nach Maxens Namen. Max nennt ihn. Nach einigem Nachdenken wiederholt ihn der alte Mann: »Milwan ... Milwan – wie leicht und strahlend, wie schön.«
Er bleibt noch ein bißchen bei uns sitzen, um dann so still, wie er gekommen ist, zu verschwinden. Wir sehen ihn nie wieder.

Seit ich wieder munter bin, macht mir alles einen Mordsspaß. Jeden Tag brechen wir in der Morgendämmerung auf und prüfen einen Hügel nach dem anderen, indem wir ihn

mehrfach umrunden und alle herumliegenden Tonscherben auflesen. Zum Schluß vergleichen wir oben auf der Kuppe die Ergebnisse. Max behält die brauchbaren Stücke und stopft sie, mit einem Etikett versehen, in einen Leinenbeutel.
Wir wetteifern begeistert, wer den besten Fund des Tages vorweisen kann. Allmählich wird mir klar, warum die Archäologen stets mit niedergeschlagenen Augen den Boden absuchen. Ich habe das Gefühl, daß auch ich bald vergesse, um mich zu schauen oder in die Weite, und nur noch den Blick auf die Füße hefte, als ob dort allein das Heil läge.

Wie schon oft beschäftigt mich die ausgeprägte Eigenart einer Rasse. Unsere beiden Fahrer haben grundverschiedene Einstellungen zum Geld. Fast jeden Tag bittet Abdullah um Vorschuß. Wenn es nach ihm ginge, hätte er sein ganzes Gehalt im voraus bezogen und – wie ich mir lebhaft vorstellen kann – verpraßt, bevor die erste Woche um wäre. Mit arabischer Freizügigkeit würde er sein Geld im Kaffeehaus mit vollen Händen ausgeben, um als der große Mann dazustehen, der »sich ein Ansehen schafft«.
Aristide, der Armenier, hingegen zeigt sich höchst abgeneigt, auch nur einen Penny seines Gehalts entgegenzunehmen. »Sie werden es für mich aufbewahren, Khwaja, bis zum Ende unserer Reise. Wenn ich ein bißchen Geld brauche, werde ich zu Ihnen kommen.« Bislang hat er nur vier Pence seines Gehalts abgehoben – um ein paar Socken zu kaufen.
Er sieht jetzt geradezu biblisch aus, da ein sprießender Bart sein Kinn ziert. »Es ist billiger, wenn man sich nicht rasiert«, erklärt er mir, »man spart das Geld für die Rasierklinge. Und hier in der Wüste ist es sowieso egal.«
Wenn unsere Expedition zu Ende ist, wird Abdullah sicher wieder ohne einen Penny in der Tasche am Strand von Beirut sitzen und mit dem Fatalismus der Araber darauf warten, daß Gottes Güte ihm zu einem neuen Job verhilft. Und

Aristide kann sein Gehalt unangetastet in Empfang nehmen. »Was wirst du damit machen?«, möchte Max wissen.
»Mir ein besseres Taxi kaufen.«
»Und wenn du ein besseres Taxi hast?«
»Dann verdiene ich mehr und kann mir zwei Taxis leisten.«
Wenn ich in zwanzig Jahren wieder nach Syrien reise, treffe ich bestimmt Aristide als ungeheuer reichen Mann, der einen riesigen Autobetrieb besitzt sowie eine Villa in Beirut. Und immer noch wird er sich wahrscheinlich in der Wüste nicht rasieren, weil er gern das Geld für die Klinge spart.
Aristide ist im übrigen nicht bei seinen Angehörigen aufgewachsen. Als wir eines Tages ein paar Nomaden begegnen, begrüßen sie ihn und er antwortet mit herzlichem Rufen und Winken.
»Das ist der Anaizah-Stamm«, erklärt er, »zu dem ich gehöre.«
»Wie kommt das?« fragt Max.
Und dann erzählt Aristide mit seiner sanften, fröhlichen Stimme und einem leisen, herzlichen Lächeln seine Geschichte. Es ist die Geschichte eines kleinen Jungen von sieben Jahren, den die Türken mit seinen Angehörigen und weiteren armenischen Familien lebendig in eine tiefe Grube geworfen hatten. Dann gossen sie Teer nach und zündeten den Teer an. Aristides Eltern und zwei seiner Geschwister verbrannten bei lebendigem Leib. Er allein, der unter ihnen lag, war noch am Leben, als die Türken abzogen. Später fanden ihn dann Angehörige der arabischen Anaizah, sie nahmen den Kleinen mit sich und der Stamm adoptierte ihn. So wuchs er als Araber auf und wanderte mit ihnen über die Weiden. Doch mit achtzehn ging er nach Mosul, um sich dort Papiere zu besorgen, die seine Nationalität bewiesen. Und siehe, er war ein Armenier und kein Araber! Aber die Blutsbrüderschaft gilt noch immer, und noch immer rechnet ihn der Stamm der Anaizah zu den Seinen.

Hamoudi und Max haben es zusammen höchst fidel. Sie lachen und singen und überbieten einander mit Schnurren. Wenn ihre Ausgelassenheit besonders hohe Wellen schlägt, bitte ich um eine Übersetzung. Gelegentlich beneide ich sie um ihr Vergnügen. Von Mac trennt mich wie eh und je eine unüberwindliche Schranke. Im Auto sitzen wir schweigend nebeneinander auf dem Rücksitz. Alle meine Bemerkungen werden von Mac todernst nach ihrem Wert eingestuft und entsprechend berücksichtigt. Nie war ich gesellschaftlich so erfolglos! Mac hingegen wirkt recht heiter – er besitzt eine herrliche Selbstgenügsamkeit, die mir Bewunderung abnötigt.

Wenn ich nachts in der Intimität unseres Zeltes, eingezwängt in das Futteral meines Schlafsacks, mit Max die Ereignisse des Tages durchspreche, behaupte ich allerdings energisch, Mac sei nicht ganz menschlich. Sobald er einen eigenen Gedanken äußert, dämpft das im allgemeinen die Lebensgeister. Zersetzende Kritik verschafft ihm anscheinend finstere Befriedigung.

Bestürzt beobachte ich heute die wachsende Unsicherheit meines Ganges. Sonderbarerweise scheinen meine Füße nicht mehr zusammenzupassen. Mein entschiedener Linksdrall gibt mir Rätsel auf. Ist er das Symptom einer Tropenkrankheit?

Ich frage Max, ob ihm aufgefallen sei, daß ich nicht geradeaus gehen kann.

»Aber du trinkst doch keinen Tropfen. Dabei hab ich's dir, weiß Gott, beizubringen versucht.«

Damit bringt er ein zweites, zudem kontroverses Thema zur Sprache. Jedermann plagt sich sein Leben lang mit einem unglückseligen Manko ab. Meines ist, daß ich kein Verhältnis zu Alkohol und Tabak habe.

Wenn ich es über mich brächte, diese Genußmittel zu verachten, wäre mein Selbstbewußtsein gerettet. Aber nein, ich schaue neidvoll auf jede selbstsichere Frau, die ihre Zigarettenasche hier und dort und überall herumstreut, und

auf Cocktailparties schleiche ich kläglich an der Wand entlang, um ein Versteck für mein unberührtes Glas zu finden.
Ausdauer führte nicht zum Ziel. Ein halbes Jahr lang rauchte ich mittags und abends nach dem Essen gewissenhaft eine Zigarette, hüstelnd, Tabakkrümel kauend und mit tränenden Augen ob des aufsteigenden Rauches. Bald, so tröstete ich mich, würde mir das Rauchen Spaß machen. Ich habe es nicht so weit gebracht, vielmehr wurden meine Versuche als kunstlos und in peinlicher Weise unästhetisch abgetan. Da habe ich die Waffen gestreckt.
Als wir heirateten, schätzten Max und ich die Freuden der Tafel in vollkommener Übereinstimmung – wir aßen mit Verstand, doch viel zu üppig. Betrübt stellte er fest, daß mir gute Weine, ja jeder Alkohol, nichts, aber auch gar nichts bedeuteten. Er gab sich alle Mühe, mich zu erziehen, indem er mir Beaujolais und Sauternes, weißen Bordeaux und Rheinwein, schließlich voll Verzweiflung Tokaier, Wodka und Absinth vorsetzte. Am Ende gestand er die Niederlage ein, denn mir schmeckte das eine immer scheußlicher als das andere. Mit einem müden Seufzer faßte Max eine Zukunft ins Auge, in der er auf ewig dazu verdammt war, in Restaurants mir eine Karaffe Wasser zu erkämpfen. Er behauptet, er sei deswegen um Jahre gealtert.
Dies erklärt seine spitze Anspielung, als ich sympathieheischend auf meinen Zickzackkurs hinweise: »Mir kommt's so vor, als ob ich immer auf die linke Seite kippe.«
»Wahrscheinlich hast du eine von diesen Tropenkrankheiten, die man nur mit einem Nachnamen bezeichnet, wie die Stephensonsche Krankheit oder die Hartleysche Krankheit. So ein Leiden«, prophezeit er fröhlich, »bei dem dir am Schluß eine Zehe nach der anderen abfällt.«
Ich erwäge diese erfreuliche Aussicht, dann fällt mir ein, einmal meine Schuhe zu mustern. Sofort klärt sich das Geheimnis auf: Links ist der Außenrand der Sohle und rechts der Innenrand vollkommen durchgewetzt. Wie ich noch

darauf starre, kommt mir die einleuchtende Erklärung. Seit wir Deïr-Ez-Zor verlassen haben, bin ich um mindestens fünfzig steilwandige Hügel herummarschiert, jeweils auf verschiedener Höhe, doch immer mit dem Gipfel zu meiner Linken. Ich brauche nun bloß die Hügel in umgekehrter Richtung, als rechtsherum, zu umkreisen, dann sind meine Schuhe gleichmäßig abgenutzt.

Heute schaffen wir es bis Tell Ajaja, dem früheren Arban, einem großen und bedeutenden Tell. Die Hauptstraße von Deïr-Ez-Zor mündet hier in der Nähe ein, so daß wir uns genau genommen auf einer Hauptstraße befinden. Wir begegnen auch wahrhaftig drei Autos, die wie der Teufel in Richtung Deïr-Ez-Zor fegen.
Lehmhäuser zieren den Tell in kleinen Grüppchen, und auf dem großen Hügel grüßen uns einige Leute. Das ist eigentlich schon Zivilisation. Morgen wollen wir in Hassetché eintreffen, das am Zusammenfluß von Khâboûr und Jarh Jarh liegt. Dort erwartet uns dann echte Zivilisation. In der für diesen Teil der Welt bedeutenden Stadt gibt es einen französischen Militärposten. Und ich werde zum ersten Mal den legendären, mir lang versprochenen Jarh Jarh erblicken! Ich bin sehr gespannt.

Unsere Ankunft in Hassetché wirkt sensationell. Es ist ein gräßlicher Ort mit ein paar Läden und einem Postamt. Wir statten zwei förmliche Besuche ab, dem Militärposten und dem Postamt.
Der französische Leutnant erweist sich als freundlich und hilfsbereit. Er bietet uns seine Gastfreundschaft an, aber wir versichern ihm, daß wir uns in unseren Zelten am Flußufer sehr wohl fühlen. Wir nehmen hingegen gerne seine Einladung zum Essen für den nächsten Abend an.
Auf der Post, wo wir Briefe abholen wollen, müssen wir mehr Zeit aufwenden. Der Postdirektor ist nicht da, darum wurde alles geschlossen. Ein kleiner Junge macht sich auf

die Suche, und nachdem wir eine angemessene Frist – eine halbe Stunde – gewartet haben, erscheint der Postdirektor, übersprudelnd vor Höflichkeit. Er heißt uns in Hassetché willkommen, bestellt für uns Kaffee, und erst nach einem ausgedehnten Austausch von Artigkeiten kommt er auf den Zweck unseres Besuches, die Briefe, zu sprechen.
»Das eilt doch gar nicht«, strahlt er uns an, »besuchen Sie mich morgen wieder, ich bewirte Sie mit Freuden.«
»Morgen«, entgegnet Max, »müssen wir arbeiten. Wir hätten unsere Briefe gerne heute abend.«
Ah, hier ist unser Kaffee. Wir bleiben sitzen und schlürfen. Endlich, endlich, nach mehrfachem höflichem Anmahnen, schließt der Postdirektor sein Privatbüro auf und fängt an zu stöbern. In der unendlichen Güte seines Herzens drängt er uns noch weitere Briefe auf, die an andere Europäer gerichtet sind. »Sie tun gut daran, die Sachen mitzunehmen, die liegen hier schon ein halbes Jahr und niemand hat sie abgeholt. Doch, doch, gewiß sind diese Briefe für Sie.«
Höflich, aber bestimmt weisen wir die Korrespondenz für Mr. Johnson, M. Mavrogordata und Mr. Pye zurück. »Sie wollen nicht mehr?«, fragt der Postdirektor enttäuscht. »Aber den großen Brief hier, den nehmen Sie doch noch?«
Mit Nachdruck beschränken wir uns auf die an uns adressierten Briefe und Zeitungen. Auch eine Postanweisung ist, wie geplant, eingetroffen, und Max schneidet das Problem an, wie sie einzulösen sei. Das ist offenbar ungeheuer kompliziert. Uns dämmert, daß der Postdirektor noch nie eine Postanweisung gesehen hat; entsprechend mißtrauisch beäugt er sie. Er ruft zwei Hilfskräfte herbei, und das Thema wird gründlich, doch gutgelaunt diskutiert. Endlich etwas Neues, worüber jeder eine eigene Meinung haben kann.
Zu guter Letzt ist alles geklärt und wir haben viele Formulare unterschrieben, als sich herausstellt, daß im ganzen Postamt kein Bargeld vorhanden ist. »Dem kann morgen abgeholfen werden«, tröstet der Postdirektor. Er werde es im Bazar holen lassen.

Erschöpft verlassen wir das Postamt und kehren zu unserem Zeltplatz am Fluß zurück, den wir etwas entfernt vom Staub und Schmutz von Hassetché ausgesucht haben. Uns grüßt ein trauervoller Anblick. Den Kopf in den Händen vergraben sitzt 'Isa, unser Koch, vor dem Küchenzelt und heult.
Was ist denn passiert?
Großes Wehgeschrei. »Schande über mich. Jungen haben mich eingekreist und verspottet. Meine Ehre ist weg!« Als er einen Augenblick nicht aufpaßte, haben Hunde das fertig gekochte Nachtmahl gefressen. Es ist nur noch etwas Reis übriggeblieben.
Verdrossen essen wir den Reis ohne alle Zutaten, während Hamoudi, Aristide und Abdullah dem armen 'Isa einbläuen, eines Koches erste Pflicht sei es, sich mit ungeteilter Aufmerksamkeit der Zubereitung des Essens zu widmen, bis dieses wohlbehalten serviert ist.
'Isa klagt, daß er sich seiner Aufgabe nicht gewachsen fühle.
»Ich bin nie im Leben Koch gewesen («Das erklärt vieles«, bemerkt Max) und viel lieber möchte ich in einer Garage arbeiten. Sie können mich doch als erstklassigen Fahrer empfehlen?« wendet er sich an meinen Mann.
Max lehnt entschieden ab, da er ihn nie fahren sah.
»Aber«, insistiert 'Isa, »an einem kalten Morgen habe ich den Motor der Dicken Mary angekurbelt. Das haben Sie doch gesehen?«
Max gibt es zu.
»Dann können Sie mich auch empfehlen.«

3 ›Das nächste Wadi wird noch schlimmer‹

Diese Herbsttage sind von einer nie erlebten Vollkommenheit. Kurz nach Sonnenaufgang stehen wir auf, stärken uns mit heißem Tee und Eiern und machen uns auf den Weg. Da es noch kalt ist, habe ich zwei Pullover und einen weiten Wollmantel angezogen. Ein zartes rosa Licht legt sich über die Braun- und Grautöne. Von der Kuppe herab schaut man auf eine offenbar verlassene Welt. Überall erheben sich Hügel, ich komme beim Zählen auf ungefähr sechzig – sechzig alte Siedlungen heißt das. Heute ziehen nur Nomaden mit ihren braunen Zelten vorüber, aber früher, vor gut 5000 Jahren, herrschte hier ein reges Leben. Hier begann Kultur, und hier hebe ich die Scherbe eines von Hand geformten Tongefäßes auf mit einem Muster aus Punkten und schwarzer Kreuz-Schraffur – die Urform jener Woolworthtasse, aus der ich heute morgen Tee getrunken habe...

Ich sortiere meine Scherbensammlung, die beide Manteltaschen ausbeult (das Futter habe ich schon zweimal flicken müssen), werfe die Duplikate weg und prüfe, was ich im Wettstreit mit Mac und Hamoudi dem gestrengen Richter vorlegen kann.

Was habe ich denn alles zu bieten?

Eine dickere graue Scherbe, Teil eines Gefäßrandes (wertvoll, da sich daraus auf seine Form schließen läßt), Teile von rötlicher Gebrauchskeramik, zwei Bruchstücke eines bemalten, handgetöpferten Gefäßes, eins mit dem Punktmuster (frühester Tell Halaf!), ein Steinmesser, ein zerbrochener Boden, der zu einem dünnwandigen, grauen Gefäß gehört, verschiedene, nicht näher zu bezeichnende bemalte Tonscherben, ein Stückchen Obsidian.

Max trifft die Auswahl, die meisten Stücke wirft er ruchlos weg, andere entlocken ihm ein anerkennendes Brummen. Hamoudi bringt das Lehmrad eines Wagens und Mac ein Fragment ritzverzierter Keramik sowie ein Stück von einer Statue.

Max schiebt unsere gesammelten Schätze in ein Leinensäckchen, bindet es sorgfältig zu und schreibt auf ein Etikett den Fundort, d. h. den Namen des betreffenden Tell. Dieses Tell hier ist auf der Karte nicht verzeichnet – es wird Tell Mac getauft, Macartney zu Ehren, der es als erster entdeckt hat. Soweit Macs Miene überhaupt eines Ausdrucks fähig ist, scheint sie einen Hauch Dankbarkeit zu zeigen.

Wir rennen den Abhang des Tell hinunter, und ich schäle mich im Wagen aus einem Pullover, da die Sonne herabbrennt.

Wir schauen uns noch zwei kleine Tulul an, und auf dem dritten mit der Aussicht auf den Khâboûr essen wir zu Mittag: harte Eier, Rindfleisch aus der Dose, Orangen und sagenhaft altes Brot. Aristide macht für uns auf dem Kocher Tee. Es ist jetzt sehr heiß, alle Schatten und Farben sind weggewischt in einem gleichmäßigen sanftblassen Chamois.

Max findet es sehr geschickt, daß wir unseren Survey jetzt absolvieren und nicht im Frühjahr.

»Warum?«

»Wir hätten viel mehr Mühe, die Scherben zu entdecken, wenn alles grün ist. Denn«, fährt er erklärend fort, »im Frühjahr ist hier alles grün, da wir in der fruchtbaren Steppe sind.« Ich lobe diesen erhabenen Ausdruck. Doch Max bemerkt nur: »Schön, es ist eben die fruchtbare Steppe.«

Heute fahren wir mit Mary auf dem rechten Ufer des Khâboûr zu Tell Halaf mit einem Halt in Tell Ruman (ein ominöser Name, doch offensichtlich keine Spur römisch) und Tell Juma.

In dieser Gegend sind alle Tulul vielversprechend, im Gegensatz zu den weiter südlich gelegenen Hügeln. Scherben von Tongefäßen aus dem zweiten und dritten Jahrtausend v. Chr. kommen häufig vor, und römische Relikte sind rar. Sogar aus vorgeschichtlicher Zeit findet sich hier handgefertigte und bemalte Keramik. Wir werden zwischen all diesen Tulul die Qual der Wahl erleiden. Mit einem Jubelruf wiederholt Max immer von neuem ohne Anspruch auf Originalität: »Kein Zweifel, dies ist unser Platz!«
Der Ausflug nach Tell Halaf gleicht einer ehrfürchtigen Pilgerfahrt zu einem Heiligenschrein. Tell Halaf – dieser Name ist mir in den letzten Jahren so ausdauernd in die Ohren posaunt worden, daß ich kaum glauben kann, wahrhaftig diesen Fleck mit eigenen Augen zu sehen. Ein gar lieblicher Fleck Erde, den der Khâboûr umschlingt.
Ich erinnere mich an einen Besuch bei Baron Oppenheim in Berlin, als er uns im Museum seine Ausgrabungen zeigte. Max und er unterhielten sich angeregt fünf geschlagene Stunden lang (so kam es mir vor). Nirgends konnte man sich hinsetzen. Mein Eifer erschlaffte und welkte schließlich völlig dahin. Mit stumpfem Blick musterte ich die vielen scheußlichen Statuen aus Tell Halaf, die nach Ansicht des Barons zur selben Zeit entstanden waren wie die hochinteressante Keramik. Max suchte seinen abweichenden Standpunkt zu vertreten, ohne offen widersprechen zu müssen. Meinem umwölkten Auge erschienen alle Statuen merkwürdig gleich, und erst nach einem Weilchen dämmerte mir die Erkenntnis, daß sie alle gleich *waren* – lauter Nachbildungen aus Gips mit einer einzigen Ausnahme.
Baron Oppenheim unterbrach seine lebhafte Argumentation, um zärtlich eine Figur zu streicheln und liebevoll auszurufen: »Ach, meine schöne Venus!« Dann nahm er den Gesprächsfaden wieder auf, während ich mir sehnlich wünschte, die Beine nicht länger in den Bauch stehen zu müssen.

Oft sprechen wir mit den Einheimischen auf den vielen Hügeln, die wir noch vor Tell Halaf aufsuchen. Hier gibt es überall Legenden um El Baron, meist handeln sie von dem Gold, das er mit vollen Händen ausschüttete. Mit der Zeit ist es zu Unsummen angewachsen. Nicht einmal der deutschen Regierung trauen wir diesen Goldsegen zu, von dem die Überlieferung berichtet. Im Norden von Hassetché finden sich zahlreiche Dörfchen und Spuren von Feldanbau. Bevor die Franzosen die Türken in der Herrschaft abgelöst haben, war das Land nur von den Römern besetzt gewesen.

Wir kommen spät heim, das Wetter ist umgeschlagen, und ein unangenehmer Wind hat sich erhoben, der uns Staub und Sand ins Gesicht bläst, daß die Augen schmerzen. Wir essen gemütlich mit den Franzosen zu Abend, obwohl es nicht einfach war, sich zurecht zu machen, genauer gesagt: sich proper zu präsentieren, da wir nicht mehr als eine frische Bluse für mich und je ein sauberes Hemd für die Männer aufwenden konnten. Das Essen ist ausgezeichnet und der Abend ein Erfolg. Wir fahren durch strömenden Regen zurück und verbringen bei Hundegeheul in unseren vom Wind gebeutelten Zelten eine unruhige Nacht.

Heute verlassen wir den Khâboûr, um einen Ausflug zum Jarh Jarh zu unternehmen. Ein Riesenhügel ganz in unserer Nähe weckt mein Interesse, bis ich merke, daß ich auf einen erloschenen Vulkan, den Kawkab, hereingefallen bin.
Unser wichtigstes Ziel ist ein Tell Hamidi, das uns sehr angepriesen wurde; leider führt kein Weg dahin. Also fahren wir querfeldein über zahllose Gräben und Wadis. An diesem Morgen ist Hamoudi strahlender Laune, Mac hingegen, diskret trübe, prophezeit, daß wir den Hügel nie und nimmer erreichen.
Wir brauchen mit dem Auto sieben Stunden – sieben strapazenreiche Stunden, da der Wagen mehr als einmal steckenbleibt und wieder flottgemacht werden muß.

Bei solchen Gelegenheiten übertrifft Hamoudi sich selbst. In seinen Augen ist ein Auto ein tieferstehendes, doch schnelleres Pferd. Sobald ein Wadi unberechenbar aussieht, schreit Hamoudi aufgeregt auf Aristide ein und kommandiert: »Rasch, rasch! Laß dem Motor keine Zeit zu verweigern! Nichts wie los! Los!«
Seine Verachtung kennt keine Grenzen, wenn Max aus dem Wagen steigt, um das Ausmaß der drohenden Schwierigkeit abzuschätzen. Hoch unzufrieden schüttelt Hamoudi den Kopf. So nicht, gibt er zu verstehen, so darf man einen nervösen und temperamentvollen Wagen nicht behandeln. Laßt ihn nur nicht erst nachdenken, dann klappt alles spielend.
Nach vielen Umwegen, Hemmnissen und mit Hilfe ortskundiger Führer gelangen wir endlich an unser Ziel. Wunderschön liegt Tell Hamidi im nachmittäglichen Sonnenlicht vor uns, und stolz auf seine Leistung prescht unser Auto den sanften Hang zur Hügelkuppe empor. Von dort oben schauen wir auf einen Sumpf herab, in dem es von Wildenten wimmelt. Mac ist von seiner Emotion immerhin soweit überwältigt, daß er voll finsterer Befriedigung feststellt: »Hier ist ja stilles Wasser.«
Das ist sein Spitzname geworden.

Unser Leben artet jetzt in Hektik und Hetze aus. Tag für Tag wächst unser Eifer, weitere Tulul zu besichtigen. Um in die engere Auswahl vorzudringen, muß ein Tell drei Bedingungen erfüllen: Erstens muß sich zumindest ein Dorf in seiner Nähe befinden, das uns mit Arbeitskräften versorgt. Zweitens brauchen wir Wasser, darum sollte der Jarh Jarh oder der Khâboûr oder ein Brunnen mit nicht allzu brackigem Wasser erreichbar sein. Drittens brauchen wir Hinweise, daß sich in dem Tell auch das Gewünschte finden wird. Ausgraben ist wie Roulette: Wer kann schon unter siebzig Tulul – und alle waren im selben Zeitraum bewohnt – jenes Tell bestimmen, das Gebäudereste enthält oder Tontafeln oder besonders interessante Objekte? Ein kleines Tell mag ebensoviel bieten wie ein großes, da die wichtigeren Städte mit hoher Wahrscheinlichkeit schon sehr früh geplündert und zerstört wurden. Alles hängt von Fortunas Laune ab. Wie oft grub man an einem Platz Jahr für Jahr gewissenhaft und gründlich mit guten, doch nicht spektakulären Ergebnissen, und dann wurde plötzlich ein bis zwei Meter daneben ein ganz besonderer Fund freigelegt. Unser einziger Trost besteht in dem Wissen, daß wir, egal welchen Tell wir wählen, doch *irgend etwas* finden müssen.

An einem Tag sind wir noch einmal auf dem gegenüberliegenden Ufer des Khâboûr zu Tell Halaf gefahren, dann widmeten wir zwei Tage dem Jarh Jarh – einem maßlos überschätzten Fluß, was die Ästhetik angeht: braunes, schmutziges Wasser strömt zwischen hohen Böschungen dahin – und merkten uns allein Tell Brak als vielversprechend. Dieses Tell ist ein großer Hügel mit Siedlungsspuren aus früher prähistorischer Zeit bis zu den Assyrern. Es liegt ungefähr dreieinhalb Kilometer von einer armenischen Siedlung am Jarh Jarh entfernt; und weitere Dörfer sind in der näheren Umgebung verstreut. Nach Hasseteché fährt man nur eine Stunde, so daß wir unsere Vorräte bequem auffüllen können. Allerdings hat das Tell kein Wasser – ein großer Nachteil, doch dem ließe sich vielleicht mit einem Brunnen abhelfen. So behalten wir Tell Brak als Möglichkeit im Auge.

Heute fahren wir in nordwestlicher Richtung von Hasseteché nach Qamichlîyé, einem französischen Militärposten, auf der Grenze zwischen Syrien und der Türkei gelegen. Die Straße führt zwischen Khâboûr und Jarh Jarh sozusagen mittendurch, um erst in Qamichlîyé wieder auf den bekannten Jarh Jarh zu stoßen.

Da wir unmöglich am selben Tag alle Tulul entlang des Wegs besichtigen und nach Hasseteché zurückkehren können, beschließen wir, die Rückfahrt auf den nächsten Tag zu verschieben und in Qamichlîyé zu übernachten. Die Ansichten über unsere Unterkunft gehen weit auseinander. Der französische Offizier findet das »Hotel« unter allem Hund und ganz indiskutabel: »*C'est infecte, Madame!*« Hamoudi und Aristide nennen es eine Nobelherberge, die, im europäischen Stil, sogar Betten besitzt. Erstklassig, fürwahr!

Wir ersticken unsere innere Stimme, die dem französischen Offizier recht gibt, und brechen zu unserem Tagesziel auf. Nach zweitägigem Nieseln hat sich der Himmel wieder aufgeklärt. Hoffentlich setzt das schlechte Wetter nicht vor Dezember ein! Denn zwischen Hassetché und Qamichlîyé liegen zwei tiefe Wadis, und wenn sie mit Wasser aufgefüllt sind, ist die Straße für ein paar Tage unterbrochen. Heute finden wir nur wenig Wasser vor und kurven ohne Schwierigkeiten im Zickzack hinab und hinauf – d. h. wir mit Aristides Taxi. Abdullah fegt, getreu seiner Gewohnheit, im größten Gang hinab und glaubt, genauso auf der anderen Seite hinaufzubrausen. Als der Wagen steht, versucht er, in den zweiten Gang hinunterzuschalten, der Motor protestiert und stirbt ab – sanft rollt Abdullah rückwärts in das Wadi, bis die Hinterräder in Schlamm und Wasser steckenbleiben. Wir alle steigen aus, um diese Situation zu kommentieren.

Max schreit Abdullah an: »Du Idiot, warum kannst du dir nicht merken, was ich dir schon hundert Mal gesagt habe?« Hamoudi wirft ihm ein zu langsames Tempo vor: »Schneller, schneller! Du warst zu vorsichtig. Laß dem Wagen keine Zeit nachzudenken, dann verweigert er auch nicht.« Aristide kräht fröhlich: »*Inschallah*, in zehn Minuten sind wir wieder hier heraus.« Sogar Mac bricht sein Schweigen, um eine seiner deprimierenden Bemerkungen zu machen: »Schlimmer könnte es kaum sein. Schaut euch an, in welchem Winkel er steckengeblieben ist. Und an welcher Stelle. Hier werden wir noch lange bleiben.« Abdullah hebt die Hände gen Himmel und verteidigt schrill seine Fahrweise: »Mit so einem guten Wagen hätten wir ohne weiteres im

dritten Gang nach oben sausen können. Und man hätte gar nicht runterschalten müssen. Eine Menge Benzin hätten wir damit gespart. Alles geschieht doch nur, um Sie zu erfreuen.«
Unser Wehgeschrei verebbt zugunsten praktischer Ratschläge. Bretter, Spitzhacken und der Rest unserer Ausrüstung, die wir für solche Mißgeschicke mit uns führen, werden ausgeladen. Max schubst Abdullah zur Seite und setzt sich ans Steuer von Queen Mary. Endlich liegen die Bretter richtig; Mac, Hamoudi, Aristide und Abdullah halten sich bereit zu schieben, jeder an seinem Platz. Da Khatūns im Osten sich nicht abplagen (eine löbliche Einrichtung!), fasse ich auf einer Böschung Posten, um mit aufmunternden Rufen und hilfreichem Winken mein Teil beizutragen. Max läßt den Motor an und treibt ihn hoch, blaue Rauchwolken quellen aus dem Auspuff und bringen die Anschieber beinahe zum Ersticken. Jetzt legt Max den Gang ein und löst die Bremse. Lautes Aufjaulen des Motors, die Räder drehen sich wild, der blaue Dunst verdichtet sich, schrille Schreie preisen Allahs unermeßliche Güte, Mary rollt ein paar Meter vor, das Geschrei nimmt zu, Allah ist gnädig ...
Doch ach! Allah ist nicht gnädig genug. Die Räder greifen nicht mehr, und Mary rutscht zurück. Erneutes Auslegen der Bretter, erneute Anstrengungen, Schreie, Schlammfontänen, blaue Wolken. Diesmal hing's an einem Haar!
Wir brauchen nur ein bißchen mehr Zug. So wird das Abschleppseil durch Marys Nase gezogen und hinten am Taxi festgeknotet. Alle nehmen ihren Platz ein. Aristide schwingt sich hinter das Lenkrad des Taxis, löst aber im Übereifer zu früh die Bremse: das Seil reißt. Wir fangen nochmals von vorne an, und ich soll jetzt moderieren. Wenn ich mit dem Taschentuch winke, muß Aristide anfahren.
Also, los! Hamoudi, Abdullah und Mac begeben sich in Schiebestellung, wobei Hamoudi und Abdullah den Wagen schon im voraus anfeuern. Wieder fährt Max an, wieder spritzen Schlamm und Wasser empor und vermischen sich

mit den blauen Abgasen, der Motor keucht, die Räder beginnen sich zu drehen, ich schwenke das Taschentuch, Aristide schreit wild auf, bekreuzigt sich, ruft Allah Kerim an und legt den Gang ein. Langsam und stöhnend schwankt Mary vorwärts, das Seil spannt sich, Mary zögert, ihre Hinterräder laufen leer, Max lenkt fieberhaft hin und her, da rappelt sich der Kombi auf und schnauft im Zickzack den Hang hinauf.

Zwei schlammüberkrustete Männer rennen jubelnd hinterher. Eine dritte Gestalt, ebenfalls unkenntlich vor Schmutz, marschiert ungerührt heran: Mac, der Unerschütterliche, zeigt weder Aufregung noch Freude.

Ich schaue auf die Uhr und sage: »Eine Viertelstunde, das ist nicht schlecht.« Darauf Mac mit Seelenruhe: »Das nächste Wadi wird noch schlimmer.«

Mac ist fraglos ein Unmensch.

Wir fahren weiter und Hamoudi heitert unsere Reise mit kleinen Liedchen auf. Er und Max amüsieren sich vorne im Wagen, Mac und ich sitzen schweigend hinten. Nachgerade enden alle meine Versuche, eine Unterhaltung anzuknüpfen, in blödem Schnattern. Meine einfältigen Bemerkungen erträgt Mac jeweils mit höflicher Geduld, er widmet ihnen eine wohl abgewogene Aufmerksamkeit, die völlig widersinnig ist, und äußert eine seiner Floskeln: »Ach, ja?« oder freundlich, doch vorwurfsvoll: »Aber das kann doch nicht sein.«

Kurz darauf ist das zweite Wadi in Sicht. Wir halten an. Max übernimmt Abdullahs Platz hinter Marys Steuer, Aristide prescht ohne Mißgeschick hindurch. Max folgt ihm im zweiten Gang bergab und schaltet in den ersten runter, als er das Wasser hinter sich hat. Triumphierend schlingert Mary nach oben.

»Siehst du?« sagt Max zu Abdullah.

Abdullah setzt sein kamelähnlichstes Gesicht auf. »Diesmal hätte sie es auch im dritten geschafft«, meint er, »das Schalten war gar nicht nötig.«

Max findet ihn unvermindert idiotisch: »Unter allen Umständen hältst du dich in Zukunft an meine Anweisungen!«
Abdullah versichert fröhlich, daß er immer alles zum Besten wende.
Max bricht die Diskussion ab, wir fahren weiter. Es gibt Tulul im Überfluß, so daß ich mich frage, ob nicht der Augenblick gekommen sei, meinen Rundgang wieder gegen den Uhrzeigersinn aufzunehmen.
Wir erreichen das Tell Tchârher Bâzâr. Hunde und Kinder stürzen aus den wenigen Häusern hervor, und gleich darauf erscheint eine auffällige Gestalt in wehenden weißen Gewändern und einem prächtigen grünen Turban. Es ist der Scheich des Ortes. Er begrüßt uns äußerst wohlwollend, und Max verschwindet mit ihm in der größten Lehmhütte. Gleich darauf taucht der Scheich wieder auf und brüllt: »Ingenieur! Wo ist der Ingenieur?« Hamoudi klärt uns auf, daß Mac gemeint sei. Mac tritt vor.
»Ha«, ruft der Scheich, »hier ist *leben*!« Er holt eine Schüssel mit saurer Milch hervor, der einheimischen Spezialität. »Wie willst du dein *leben*, Ingenieur? Dick oder dünn?«
Mac, ein großer Liebhaber von *leben*, weist mit dem Kopf auf den Wasserkrug, den der Scheich in der Hand hält. Ich sehe, wie Max ihm durch Zeichen davon abraten will – zu spät, das Wasser wird in das *leben* gegossen, und Mac trinkt es mit einem Anhauch von Behagen.
»Ich wollte Sie noch warnen«, sagt Max nachher. »Das Wasser war eine dunkle Schlammbrühe.«
Die Funde in Tchârher Bâzâr sind vielversprechend. Hier gibt es zudem ein Dorf, verschiedene Brunnen, weitere Dörfer in der Nachbarschaft und einen freundlichen, wenngleich ohne Zweifel habgierigen Scheich. Wir merken uns das Tell und brechen auf.
Ein paar Abstecher über morastiges Gelände zu Tulul am Jarh Jarh bringen uns in Rückstand, so daß wir erst spät in der Nacht in Qamichlîyé ankommen.

Begeistert bremst Aristide unseren Wagen mit einem Ruck vor dem Luxushotel. »Schaut hin«, sagt er, »ist es nicht herrlich? Und aus Stein gebaut!«
Wir unterdrücken den Einwand, daß uns das Innere eines Hotels wichtiger ist als seine Fassade, denn wir haben ja gar keine andere Wahl.
Wir treten ein und steigen eine lange schmuddelige Treppe hinauf in ein Restaurant mit Marmortischchen und einem dicken Mief aus Paraffin, Knoblauch und Rauch.
Max verhandelt bereits mit dem Besitzer.
Ja, gewiß ist dies ein Hotel, ein Hotel mit Betten, echten Betten sogar. Er reißt eine Tür auf, und ein Zimmer mit vier Schläfern in ihren Betten erhärtet die Wahrheit seiner Aussage. Zwei Betten sind in diesem Zimmer noch frei.
»Bitte sehr«, erklärt er. »Und dieses Tier hier« – er gibt dem nächstgelegenen Schläfer einen Tritt – »läßt sich rauswerfen. Das ist nur mein Pferdeknecht.«
Max stellt die unvernünftige Forderung, daß wir ein Zimmer für uns allein möchten. Der Hotelbesitzer äußert Zweifel: Das werde enorm teuer.
Max meint in einem Anfall von Leichtsinn, es sei ihm ganz egal, wenn es teuer werde. »Wie teuer wird es denn?«, will er aber gleich wissen. Der Hotelbesitzer zögert, kratzt sich am Ohr, mustert abschätzig unser Aussehen (mit der Schlammkruste wirken wir wenig kapitalistisch) und rückt endlich mit dem Angebot heraus, daß er unter einem Pfund für uns vier nichts abgeben kann.
Verblüfft sieht er, wie Max ohne Feilschen darauf eingeht.
Sofort entfaltet sich begeisterte Betriebsamkeit: Schläfer werden hochgejagt, Diener herbeigerufen. Unterdessen sitzen wir an einem Marmortisch und bestellen das beste Essen, das das Haus zu bieten hat.
Hamoudi übernimmt die Oberaufsicht über das Herrichten unserer Unterkunft. Mit einem breiten Lächeln erscheint er nach einer Viertelstunde: Ein Zimmer steht für Max und mich zur Verfügung, er und Mac teilen das zweite. Zusätz-

lich hat er – »zu unserer höheren Ehre« – einem Aufschlag von fünf Francs für saubere Bettücher zugestimmt.
Das Essen wird serviert, es ist fett, doch heiß und schmackhaft. Wir essen mit Appetit und sinken ohne größere Umstände in unsere sauber überzogenen Betten. Beim Einschlafen regt sich sacht die Frage, ob hier Wanzen drohen. Nach Maxens Ansicht droht nicht die geringste Gefahr, denn das Haus steht noch nicht lange, und die Betten sind neu und aus Eisen.
Rauch, Knoblauch und Paraffindünste dringen vom Restaurant nebenan zu uns herein. Ebenso das fröhliche Geschnatter arabischer Stimmen. Aber das stört uns alles nicht, wir schlafen.
Wir erwachen ungebissen. Es ist später, als wir denken. Wieder liegt ein vollgepackter Tag vor uns. Max öffnet energisch die Schlafzimmertür und stutzt im ersten Augenblick: Das Restaurant ist überfüllt mit den aus unseren beiden Zimmern vertriebenen Schläfern – mindestens zwanzig Gäste, die zwischen den Marmortischen lagern. Die Luft ist zum Schneiden. Man bringt uns Tee und Eier und wir brechen wieder einmal auf. Betrübt erzählt Hamoudi Max, daß er gestern abend lange ernsthaft zu Khwaja Macartney gesprochen habe, doch verstehe der Khwaja Mac leider! leider! auch nach zwei Monaten kein einziges Wort Arabisch.
Max fragt dann Mac, wie er mit »Arabisch im Alltag« von Van Ess eigentlich zurechtkomme. Mac entgegnet, er habe das Buch offenbar verlegt.
Nachdem wir unsere Einkäufe in Qamichlîyé erledigt haben, fahren wir auf der großen Straße Richtung Aâmoûda; im Gegensatz zu den anderen Wegen handelt es sich hier wirklich fast um eine Straße. Sie verläuft parallel zur Eisenbahnlinie, auf deren anderer Seite schon die Türkei liegt.
Die Straßenoberfläche ist grauenvoll zerfurcht und durchlöchert, wir alle werden schön geschüttelt. Doch hier herrscht Leben und Treiben. Wir überholen verschiedene Autos; sowohl Abdullah als auch Aristide müssen streng

verwarnt werden, weil sie nicht auf den Lieblingssport aller eingeborenen Fahrer verzichten, die Esel oder Kamele in der Obhut von kleinen Jungen oder alten Frauen leicht anzufahren oder zumindest heftig aufzuscheuchen.

»Ist diese Straße denn nicht breit genug, um auf der anderen Seite zu überholen?« donnert Max.

Abdullah wendet sich erregt zu ihm um: »Fahre ich etwa keinen Kombi? Darf ich dafür nicht die beste Seite der Straße beanspruchen? Diese elenden Beduinen mit ihren jammervollen Eseln können doch aus dem Weg gehen.«

Leise gleitet Aristide an einen schwerbeladenen Esel heran, neben dem ein Mann und eine Frau mühselig daherschlurfen, dann hupt er schmetternd. Der Esel jagt davon, die Frau rennt kreischend hinterdrein und der Mann schüttelt die Fäuste. Aristide birst vor Lachen.

Nun ist er dran, beschimpft zu werden, doch er bleibt wie immer ein heiterer, reueloser Sünder.

Aâmoûda, zur Hauptsache armenisch, ist eine – um es gerade herauszusagen – reizlose Stadt. Dort gibt es unverhältnismäßig viele Fliegen, die unmanierlichsten Kinder und jedermann wirkt so gelangweilt wie tückisch. Im großen und ganzen schneidet es neben Qamichlîyé sehr ungünstig ab.

Wir kaufen Fleisch von zweifelhafter Herkunft, von dem ein Fliegenschwarm aufsteigt, schlaffes Gemüse und ausgezeichnetes, frischgebackenes Brot.

Hamoudi verschwindet, um Erkundigungen einzuziehen. Nachdem unsere Einkäufe erledigt sind, weist er uns in ein Nebensträßchen, wo wir durch ein Tor in einen Hof treten.

Dort begrüßt uns – sehr höflich – ein armenischer Priester, der ein paar Brocken Französisch spricht. Mit einer umfassenden Handbewegung weist er auf den Hof und das an einer Seite gelegene Haus und erklärt, das hier gehöre ihm.

Ja, er sei bereit, uns das Haus unter »zufriedenstellenden« Bedingungen im nächsten Frühjahr zu vermieten. Ja, er

könne ohne weiteres unverzüglich ein Zimmer ausräumen und uns als Lagerraum überlassen.
Nachdem wir mit unseren Verhandlungen so weit gediehen sind, fahren wir weiter nach Hassetché auf dem direkten Weg, in den bei Tell Tchârher Bâzâr die Straße aus Qamichlîyé mündet. Unterwegs besichtigen wir noch ein paar Tulul und kehren ohne Zwischenfall, doch hundemüde in unser Lager zurück.
Max will wissen, wie Mac das Dreckwasser des Scheichs bekommen sei.
»Ich habe mich nie wohler gefühlt!«
»Ich sagte dir ja, Mac ist eine Trouvaille«, meint Max später, als wir in unsere Flohsäcke eingerollt nebeneinander liegen. »Mit einem erstklassigen Magen. Verträgt einfach alles. Jede Menge Fett und Schmutz. Und macht praktisch nie den Mund auf.«
»Das«, widerspreche ich, »kann dir recht sein. Du und Hamoudi, ihr schwatzt und lacht in einem fort. Aber ich?«
»Ich verstehe einfach nicht, daß du mit ihm nicht besser zurecht kommst. Versuchst du es wenigstens?«
»Pausenlos. Aber er fertigt mich nur einsilbig ab.«
Max findet das offenbar sehr lustig und kichert noch lange vor sich hin.

Heute ziehen wir in Aâmoûda ein, dem neuen Schwerpunkt unserer Aktivitäten. Mary und das Taxi parken im Hof des armenischen Priesters. Im Haus wurde auch ein Zimmer ausgeräumt und steht uns zur Verfügung, doch Hamoudi rät uns, nachdem er es inspiziert hat, lieber im Zelt zu schlafen. Die Zelte lassen sich nur unter großen Schwierigkeiten aufschlagen, da es stürmt und bald der Regen herabprasselt. In dieser Gegend legt ein Regen von 24 Stunden den Verkehr vollkommen lahm. Zum Glück haben wir hier ein Zimmer, wo wir tagsüber unsere Funde ordnen und datieren können und Max seinen Bericht über den Verlauf seiner Expedition schreibt.

Mac und ich laden aus – Klapptisch, Liegestühle, Lampen usw. – und richten ein. Die anderen wollen in der Stadt ein paar Einkäufe erledigen.

Draußen bläst der Wind und trommelt der Regen. In den Fenstern sind einige Scheiben zerbrochen, so wird es empfindlich kalt und ich betrachte sehnsüchtig unser Petrolöfchen.

»Hoffentlich ist Abdullah bald zurück, damit wir es anzünden können.«

Obwohl Abdullah kein Fünkchen Intelligenz aufweist, fürchterlich fährt und geistig minderbemittelt scheint, ist er der unbestrittene Gebieter über so launische Einrichtungen wie ein Petrolöfchen. Er allein kommt mit solchen Verzwicktheiten zu Rande.

Mac schaut sich das Öfchen an. »Das wissenschaftliche Prinzip«, stellt er fest, »ist ganz einfach. Soll ich das Öfchen anmachen?«

Ich bin sehr dafür und reiche ihm eine Schachtel Streichhölzer.

Mac packt die Aufgabe mit ruhiger Zuversicht an. Der Methylalkohol wird angezündet usw. usw. Seine Hände bewegen sich rasch und geschickt, und er weiß genau, was er tut.

Die Zeit vergeht, das Öfchen brennt nicht. Mac fängt wieder von vorne an: Der Methylalkohol usw. usw.

Fünf Minuten vergehen und er murmelt weniger zu mir als vor sich hin: »Das *Prinzip* ist doch kindlich einfach . . .«

Nach weiteren fünf Minuten sehe ich verstohlen zu ihm rüber: Mac erhitzt sich! Er wirkt auch nicht mehr halb so erhaben. Wissenschaftliches Prinzip hin oder her – das Öfchen ist der Stärkere. Mac liegt auf dem Boden und kämpft mit ihm. Jetzt beginnt er sogar zu fluchen . . .

Etwas wie Zuneigung steigt in mir auf: Am Ende ist unser Mac doch ein Mensch, ein Petrolöfchen hat ihn zur Strecke gebracht.

Nach einer halben Stunde sind Max und Abdullah wieder

da. Mac ist puterrot im Gesicht, und das Öfchen brennt immer noch nicht.
»Ah, überlassen Sie das nur mir, Khwaja«, sagt Abdullah, nimmt den Methylalkohol, die Streichhölzer, und in zwei Minuten lodern im Öfchen die Flammen, obwohl ich ziemlich sicher bin, daß Abdullah sich über jedes wissenschaftliche Prinzip hinweggesetzt hat.
»Na also!« bemerkt Mac, wortkarg wie immer, doch mit sehr viel Ausdruck.

Nachts verstärkt sich der Wind zu heulendem Sturm, der Regen peitscht herab und Aristide stürzt herein mit der Meldung, er glaube, die Zelte würden zusammenbrechen. Wir alle rennen in den Regen hinaus. Mir schwant, daß ich jetzt auch die Schattenseite von *le camping* erlebe.

Heroisch ringen Max und Mac und Aristide mit dem großen Zelt. Mac klammert sich an den Mast. Plötzlich kracht es und der Mast bricht. Kopfüber purzelt Mac in den schleimigen Schlamm. Er rappelt sich auf, eine unkenntliche Gestalt, doch seine Stimme brüllt im allernatürlichsten Tonfall: »Verdammt! So ein Scheißmast.« Endlich ist Mac ganz Mensch geworden. Seit dieser Nacht gehört er zu uns.

Das schlechte Wetter ist vorüber, doch die Straßen sind noch einen Tag lang viel zu naß zum Autofahren. Vorsichtig wagen wir uns zu ein paar Tulul in der Nachbarschaft vor. Tell Hamdun kommt für uns in Frage, es liegt in der Nähe von Aâmoûda auf der Grenze; die Eisenbahn fährt direkt durch, so daß ein Teil des Tell zur Türkei gehört.
Eines Morgens sind wir mit ein paar Männern herausgefahren, um auf der einen Seite dieses Tell einen Graben ausheben zu lassen. Dort bläst ein kalter Wind, darum verziehe ich mich auf die geschützte Gegenseite. Es ist sehr herbstlich geworden, und ich kauere mich nieder, eingemummelt in meinen Mantel.

Plötzlich taucht, wie immer, aus dem Nichts ein Reiter auf und galoppiert den Hang hinauf. Er zügelt sein Pferd und ruft mir in fließendem Arabisch etwas zu. Außer der Begrüßung verstehe ich kein Wort. Ich grüße zurück und sage, der Khwaja befinde sich auf der anderen Seite des Hügels. Das verwirrt ihn, er fragt nochmal, dann wirft er plötzlich laut lachend den Kopf zurück.
»Ach, das ist eine Khatūn«, meint er dann, »was für ein Mißverständnis! Ich spreche hier mit einer Khatūn!« und er galoppiert um den Hügel, höchst aufgekratzt, daß ihm dieses Ungeschick unterlaufen ist, eine Frau nicht auf den ersten Blick zu erkennen.

Die schönen Tage sind vorüber, der Himmel ist meist bedeckt, wir besichtigen keine Tulul mehr – jetzt müssen wir uns entschließen, wo im nächsten Frühjahr gegraben werden soll. Drei Tulul konkurrieren um diese Ehre, Tell Hamdun, das in einem geografisch interessanten Abschnitt liegt, Tell Tchârher Bâzâr, unsere erste Liebe, und Tell Mozan, das größte von den dreien, doch hängt einiges davon ab, ob dort die überlagernde römische Schicht die Grabung nicht behindert.
Alle drei Hügel müssen sondiert werden, wir beginnen mit Tell Mozan. Da gibt es ein Dorf, und mit Hamoudi als Gesandten versuchen wir Arbeiter anzuheuern. Voller Mißtrauen und Zweifel lehnen die Männer ab. »Wir brauchen kein Geld«, sagen sie, »die Ernte war gut.«
In diesem Teil der Welt ist das Leben einfach und darum wohl auch glücklich. Die Versorgung mit Nahrungsmitteln spielt die Hauptrolle. Fällt die Ernte gut aus, ist ein Mann reich und genießt den Rest des Jahres seinen Überfluß, bis er wieder pflügt und sät.
»Ein kleiner Extraverdienst«, lockt Hamoudi wie die Schlange im Paradies, »ist immer willkommen.«
Die Antwort lautet schlicht: »Was sollen wir damit kaufen? Bis zur nächsten Ernte haben wir genug zu Essen.«

Doch auch hier gibt die altbekannte Eva den Ausschlag. Geschickt legt Hamoudi den Köder aus: Sie können ihren Frauen Schmuck kaufen! Die Frauen nicken. »Ja, graben ist eine gute Sache«, sagen sie.
Widerstrebend denken die Männer darüber nach, denn eines dürfen sie nicht vergessen: ihre Würde. Sie gilt einem Araber unendlich viel. Ist dieses Graben eine würdige und ehrenvolle Sache oder nicht?
Sie müssen jetzt nur ein paar Tage arbeiten, erklärt Hamoudi: »Bis zum Frühling könnt ihr's noch einmal überdenken.«
Endlich treten zwölf progressiv Gesinnte vor mit dem unschlüssigen Gesicht jener, die sich auf ein unerhörtes und beispielloses Wagnis einlassen. Die Alten und Konservativen schwenken ihre weißen Bärte hin und her.
Auf Hamoudis Zeichen hin werden Pickel und Schaufeln von Mary abgeladen und unter die Männer verteilt. Dann nimmt Hamoudi einen Pickel und zeigt ihnen, wie sie es machen sollen.
Drei Versuchsgräben werden auf dem Tell abgesteckt, jeder in einer anderen Höhe. Alle murmeln ein »*Inschallah*« und die Pickel graben sich in den Boden.
Ungern haben wir Tell Mozan von unserer Liste gestrichen. Die Zeit der römischen Besetzung hat einige Schichten hinterlassen, und wir brauchten viele Jahre, d. h. mehr Zeit und Geld, als wir uns leisten können, um auf die darunter liegenden Epochen zu stoßen, die wir ausgraben wollen.
Heute fahren wir zu unserem alten Platz, Tchârher Bâzâr, und dort verständigen wir uns schnell über die Arbeit. Der Scheich ist wie alle arabischen Grundbesitzer arm und gewaltig verschuldet; er wittert in unserem Vorhaben ein paar fette Profite.
»Was mein ist, ist auch dein, Bruder«, sagt er großmütig zu Max, während Berechnung in seinen Augen glitzert, »für das Land muß nichts bezahlt werden. Nimm meinen ganzen Besitz!«

Sobald Max den Hügel hinaufsteigt, neigt sich der Scheich zu Hamoudi: »Ohne Zweifel«, vergewissert er sich, »ist dieser Khwaja ungeheuer reich. So reich wie El Baron berühmten Angedenkens, der Säcke voll Gold austeilte?«
»Heutzutage«, entgegnet Hamoudi, »bezahlt man nicht mehr mit Gold. Doch dieser Khwaja ist sehr freigebig. Überdies wird der Khwaja höchstwahrscheinlich hier ein Haus bauen, ein Haus von solcher Schönheit und Größe, daß es weit und breit gepriesen werden wird. Wieviel Ansehen gewinnt nicht der Scheich durch das Haus unserer Ausgrabung? Der ganze Bezirk wird sagen: ›Die fremden Khwajas wählten diesen Platz, um zu graben und zu bauen, weil der Scheich ein solch heiliger Mann ist, der in Mekka war und von allen verehrt wird.‹«
Die Idee des Hausbaus gefällt dem Scheich. Gedankenvoll schaut er den Hügel hinauf. »Das Getreide, das ich hier säen wollte, verliere ich ja. Ein schwerer Verlust, ein sehr schwerer Verlust.«
»In diesem Fall«, entgegnet Hamoudi, »wäre gewiß schon lange gepflügt und gesät worden.«
»Es ist viel dazwischen gekommen«, sagt der Scheich, »aber jetzt bin ich soweit.«
»Habt ihr hier je Getreide angebaut? Bestimmt nicht. Wer pflügt schon auf einem Hügel, wenn sich rund herum die Ebene ausbreitet.«
Darauf der Scheich unbeirrt: »Die Ernte, die ich verlieren werde, ist ein schwerer Verlust. Doch was macht es schon? Ich bringe dieses Opfer mit Freuden, der Regierung zu Gefallen. Wenn es mich ruiniert, zählt das nicht weiter.« Und recht heiter kehrt er in sein Haus zurück.
Eine alte Frau, die einen ungefähr zwölfjährigen Jungen an der Hand führt, drängt sich zu Hamoudi: »Hat der Khwaja Medizin?«
»Er hat etwas Medizin.«
»Gibt er mir Medizin für meinen Sohn hier?«
»Was fehlt deinem Sohn?«

Man braucht kaum zu fragen, sein stumpfes Gesicht erlaubt keine Zweifel.
»Er hat keinen Verstand.«
Traurig schüttelt Hamoudi den Kopf, will aber noch den Khwaja befragen.
Die Männer haben bereits zu graben angefangen, als Hamoudi, die Frau und der Junge zu Max kommen. Nach einem Blick auf den Zwölfjährigen wendet sich Max gütig an die Frau. »Dein Sohn ist so geschaffen durch Allahs Wille. Ich kann dir keine Medizin für ihn geben.«
Die Frau seufzt, ich glaube, ihr rinnt auch eine Träne über die Wange. Dann bittet sie ganz sachlich: »Khwaja, gibst du mir Gift, es ist für ihn doch besser, nicht zu leben.«
Max lehnt das ruhig ab. Sie starrt ihn an, ohne zu begreifen, schüttelt zornig den Kopf und verschwindet mit dem Jungen.
Ich krabble auf die Kuppe des Hügels, wo Macartney mit seinen Messungen beschäftigt ist. Ein Araberjunge stolpert, geschwellt von Wichtigkeit, mit dem Stab herum. Da Mac immer noch nicht willens ist, ein Wort Arabisch zu riskieren, gibt er seine Wünsche durch Gesten kund, die nicht immer zu dem erhofften Erfolg führen. Unser verbindlicher Aristide eilt ihm zu Hilfe.
Ich schaue mich um: Im Norden erstreckt sich die türkische Bergkette mit ihrem glitzernden Punkt, das ist Mardin. Im Westen, Süden und Osten dehnt sich die fruchtbare Steppe aus – grün und im Frühling mit Blumen übersät. Die Landschaft ist getüpfelt mit Tulul und braunen Beduinenzelten, die sich in Grüppchen zusammendrängen. Obwohl auf vielen Tulul Dörfer liegen, sieht man sie nicht, da sie nur aus ein paar Lehmhütten bestehen. Das alles wirkt so friedlich und weit weg von den Menschen und ihrer Zivilisation – ich liebe Tchârher Bâzâr, hoffentlich wählen wir dieses Tell. Hier würde ich auch gerne ein Haus bauen. Wenn wir in Hamdun graben, wohnen wir wahrscheinlich in Aâmoûda – oh nein, ich will dieses Tell hier.

Der Abend fällt ein. Max ist sehr zufrieden mit den Ergebnissen. Morgen wollen wir wiederkommen und weiter sondieren. Dieses Tell ist offenbar seit dem fünfzehnten Jahrhundert v. Chr. nicht mehr besiedelt gewesen bis auf ein paar römische und islamische Grabstätten, rechte Eindringlinge hier. Es wurde sehr schön bemalte Tell-Halaf-Keramik gefunden, wie wir sie von Arpachijah her kennen.
Der Scheich begleitet uns triefend vor Wohlwollen zum Auto. »Alles, was ich habe, ist dein, Bruder«, legt er uns wieder nahe, »auch wenn ich völlig verarme.«
»Wie glücklich werde ich sein«, antwortet Max höflich, »falls das Geschick es fügt, daß ich dir Reichtum bringen kann durch meine Ausgrabungen hier. Wir vergüten den Verlust der Ernte, wie wir mit den französischen Behörden vereinbart haben, deine Männer erhalten guten Lohn, wir pachten Land von dir, um ein Haus zu bauen, und zum Abschied wirst du noch ein beträchtliches Geschenk erhalten.«
»Oh!« ruft der Scheich begeistert, »ich brauche nichts! Unter Brüdern redet man nicht von Geld.«
Mit diesem altruistischen Klang im Ohr scheiden wir.

Zwei kalte, winterliche Tage in Tell Hamdun mit leidlich guten Ergebnissen. Daß ein Teil dieses Tell in der Türkei liegt, bestimmt unsere negative Entscheidung. So wird's Tchârher Bâzâr, mit einer zusätzlichen Konzession für Tell Brak, das sich im zweiten Jahr neben den Ausgrabungen in Tchârher angehen ließe.
Jetzt müssen wir nur noch alles für das Frühjahr vorbereiten, in Tchârher einen günstigen Bauplatz finden, in Aâmoûda unser Haus fest mieten, bis das Tchârher-Haus beziehbar ist, mit dem Scheich einen Vertrag schließen und – das Allerdringlichste – die bereits eingetroffene Postanweisung in Hassetché unverzüglich abholen, bevor die vollen Wadis die Straße unterbrechen.
Hamoudi hat in der letzten Zeit unser Geld sehr großzügig

ausgeteilt, da er in Aâmoûda sehr auf unsere »Reputation« bedacht war. Geldausgeben ist bei den Arabern Ehrensache – d. h. es ist Sitte, die Honoratioren im Kaffeehaus einzuladen. Wer in den Verdacht gerät, knauserig zu sein, ist erledigt. Andererseits drückt Hamoudi ruchlos die Preise der alten Frauen, die uns Milch bringen oder die Wäsche waschen – diese in jeder Hinsicht schon unglaublich bescheidenen Preise.

Max und ich fahren mit Queen Mary nach Hassetché und hoffen auf glückliches Gelingen, obwohl der Himmel bedeckt ist und es bereits nieselt. Die Fahrt verläuft ereignislos, nur der Regen hat eingesetzt, so daß unsere Rückkehr etwas zweifelhaft wird.
Zu unserem Kummer ist der Postdirektor nicht da – niemand weiß, wo er steckt, doch werden in alle Richtungen Jungen ausgeschickt, um ihn aufzuspüren.
Jetzt rauscht der Regen richtig. Max schaut besorgt und meint: »Wir schaffen es nie, wenn wir nicht bald starten können.« So warten wir unruhig, während es draußen plätschert.
Plötzlich naht der Postdirektor gemächlich mit einem Körbchen Eier. Er begrüßt uns freudig überrascht, doch Max unterbricht die üblichen Höflichkeitsfloskeln mit dem dringenden Hinweis auf die erforderliche Eile. »Der Weg ist uns sonst abgeschnitten.«
»Aber warum denn nicht?« Der Postdirektor strahlt. »Sie werden dann viele Tage hierbleiben müssen, was mir ein großes Vergnügen bereitet. Hassetché ist eine hochangenehme Stadt. Bleiben Sie für länger bei uns«, lädt er uns gastfreundlich ein.
Max wiederholt sein dringendes Begehren, er möge sich beeilen, worauf der Postdirektor schläfrig ein paar Schubladen aufschließt und oberflächlich darin herumsucht, während er sich weiter darüber verbreitet, wie wünschbar unser längeres Bleiben doch sei.

»Merkwürdig«, meint er, »daß ich diesen wichtigen Brief nicht finden kann. Ich erinnere mich, wie er eingetroffen ist; da habe ich noch zu mir gesagt: ›Dafür wird eines Tages der Khwaja herkommen!‹ Darum habe ich ihn an einem sicheren Ort verwahrt, aber wo könnte dieser Ort nur sein?«
Ein Angestellter soll ihm helfen. Weiter geht die Suche. Endlich wird der Brief ausgegraben und wir erleiden die gewohnten Komplikationen, bis wir zu unserem Bargeld kommen. Wie das erste Mal muß es im Basar geholt werden.
Und immer noch regnet es. Zu guter Letzt erhalten wir, was wir wollen. Max kauft vorsichtshalber noch Brot und Schokolade ein, falls wir ein oder zwei Nächte *en route* verbringen müssen, und dann setzen wir uns in Queen Mary und brausen mit Höchstgeschwindigkeit davon. Das erste Wadi nehmen wir mit Erfolg, doch das zweite bietet einen ominösen Anblick. Der Postbus ist steckengeblieben, und hinter ihm steht eine lange Schlange wartender Wagen. Alle Leute wimmeln herum, graben, legen Bretter aus und schreien aufmunternd.
Verzweifelt seufzt Max: »Die Nacht über sind wir hier!«
Eine trostlose Aussicht! Ich habe schon viele Wüstennächte im Wagen verbracht, doch ohne den geringsten Genuß. Ich wachte jedesmal verkrampft und durchfroren auf und der ganze Körper schmerzte.
Doch diesmal haben wir Glück. Mit Getöse rumpelt der Postbus aus dem Wadi, die übrigen Autos fahren hinterdrein und wir folgen als letzte. Es ist auch höchste Zeit, denn das Wasser steigt rasch.
Unsere Rückfahrt nach Aâmoûda ist ein Alptraum, sie besteht aus einem einzigen, nicht endenden Wegrutschen. Trotz der Radketten dreht sich Mary mindestens zweimal um sich selbst, bis sie entschlossen Richtung Hassetché schaut. Dieses pausenlose Gerutsche verleiht ein ganz sonderbares Gefühl: feste Erde ist nicht mehr feste Erde, es hat etwas gespenstisches.

Wir treffen erst in der Dunkelheit zu Hause ein, und unsere Leute stürzen mit lauten Willkommensrufen und laternenschwenkend heraus.
Ich quäle mich stolpernd aus Mary heraus und schlittere bis vor unsere Zimmertür. Das Gehen fällt mir schwer, denn der Schlamm hat die Eigentümlichkeit, in gewaltigen flachen Fladen am Fuß festzukleben, der dieses Gewicht kaum heben kann.
Offenbar hat kein Mensch unsere Rückkehr erwartet, laut erschallen die Glückwünsche und *El hamdu lillahs*.
Die Fladen an meinen Sohlen bringen mich zum Lachen – so fühlt man sich auch im Traum.
Hamoudi lacht ebenfalls. »Es ist gut, die Khatūn bei uns zu haben«, sagt er zu Max, »sie kann über alles lachen.«

Jetzt erhält alles seine Ordnung. Max, der Scheich und der französische Offizier der Services Spéciaux dieses Distrikts sind ganz offiziell zusammengekommen. Die Pachtsumme für das Land, die Entschädigung und die Verpflichtungen beider Vertragspartner, alles wird schwarz auf weiß geregelt. Bald beteuert der Scheich, daß alles, was ihm gehört, auch Max gehört, bald schlägt er als angemessene Bezahlung tausend Pfund in Gold vor. Zum Schluß geht er tief enttäuscht von dannen, da er schon die ausschweifendsten Träume von seinem Reichtum gehegt hat. Immerhin tröstet ihn die eine Vertragsklausel, daß das für die Mitglieder der Expedition erstellte Haus nach Ende der Ausgrabung ihm zufällt. Da leuchten seine Augen, und sein mächtiger, mit Henna gefärbter Bart wackelt anerkennend.
»*C'est tout de même un brave homme*«, sagt der französische Hauptmann, nachdem der Scheich endlich abzog. »Wie alle hier besitzt er keinen Sou.«
Die Verhandlungen über die Miete unseres Aâmoûda-Hauses sind recht verwickelt, da dieses – eine ganz neue Entdeckung – nicht *ein* Haus ist, wie wir immer angenommen haben, sondern sich aus sechs Häusern zusammensetzt.

Und diese sechs Häuser werden von elf Familien bewohnt, was die Verwicklung vermehrt. Der armenische Priester ist bloß der Sprecher für die zahlreichen Haushaltsvorstände. Endlich wird eine Vereinbarung erzielt, zu einem bestimmten Datum müssten die »Häuser« leerstehen und alle Wände zweimal geweißt sein.
Jetzt ist alles ins Reine gebracht bis auf unsere Rückreise an die Küste. Die Autos können den Weg über Râs el Aïn und Djérâblus nach Aleppo versuchen. Zu Beginn dieser etwa 300 Kilometer langen Fahrt müssen viele Wadis durchquert werden, doch mit ein bißchen Glück braucht man nicht mehr als zwei Tage. Freilich ist es schon Dezember und das Wetter schlägt bald um. Was macht also die Khatūn? Feige entscheidet sich die Khatūn für einen Waggon Lit. Ein Taxi bringt sie zu einem sonderbar winzigen Bahnhof, und gleich erscheint ein blauer Schlafwagen hinter einer gewaltigen, schnaufenden Lokomotive. Ein Schaffner in schokoladebrauner Uniform lehnt sich heraus, Madames Gepäck wird hinaufgereicht und Madame höchstderoselbst mit einiger Mühe vom Bahnkörper auf den hohen Tritt gehievt.
»Du bist sehr vernünftig«, sagt Max, »es fängt gerade an zu regnen.«
Wir rufen uns beide zu: »Auf Wiedersehen in Aleppo!«
Der Zug ruckt an, ich gehe hinter dem Schaffner durch den Korridor, bis er die Türe zu meinem Abteil aufreißt. Dort wartet ein gemachtes Bett.
Die Zivilisation hat mich wieder, *le camping* ist beendet. Der Schaffner bittet um meinen Paß, bringt mir eine Flasche Mineralwasser und verabschiedet sich: »Wir kommen um sechs Uhr morgens in Aleppo an. *Bonne nuit, Madame.*« Ich könnte genausogut von Paris an die Riviera reisen.
Dennoch ist es wunderlich, einen Schlafwagen mitten im Nirgendwo anzutreffen.

Aleppo! Läden, ein Badezimmer, der Friseur, Freunde!
Als nach drei Tagen Max und Mac drecküberkrustet anlan-

gen mit einem Haufen Trappgänse, die sie *en route* geschossen haben, begrüße ich sie mit der Überlegenheit der Dame von Welt, die sich schon wieder an die Fleischtöpfe gewöhnt hat.
Die Fahrt bei schlechtem Wetter ist abenteuerlich gewesen – ich habe sicher das bessere Teil erwählt.
Als der Koch ausgezahlt wurde, forderte er offenbar noch ein Zeugnis als Chauffeur. Max in seiner Korrektheit hieß ihn, mit Mary einmal um den Hof zu fahren. Mit einem Satz schwang sich 'Isa hinter das Steuer, ließ den Motor an, legte den Rückwärtsgang ein und schoß krachend in die Hofmauer, die zu einem beträchtlichen Teil einstürzte. Er war tief gekränkt, weil Max ihn nicht als Fahrer empfehlen wollte. Schließlich bestätigte das Zeugnis, daß 'Isa drei Monate bei uns gekocht und sich bei den Autos nützlich gemacht habe.
Und wieder geht's nach Beirut, wo wir uns von Mac verabschieden, denn wir verbringen den Winter in Ägypten und Mac in Palästina.

Idylle in Tchârher Bâzâr

Im Frühling kehren wir nach Beirut zurück. Als erstes sehen wir Mac auf dem Kai, einen verwandelten Mac, der von einem Ohr zum anderen lacht. Kein Zweifel, er freut sich auf uns! Bislang sind wir uns nie im klaren gewesen, ob Mac uns mochte oder nicht, da er seine Gefühle hinter der Maske höflicher Distanziertheit versteckt hielt. Aber jetzt zeigt sich, daß er dieses als ein Zusammentreffen mit Freunden betrachtet. Das wärmt mir das Herz! Ich bin Mac gegenüber keine Spur mehr befangen und frage ihn sogar, ob er seit unserem Abschied jeden Tag auf seinem Plaid gesessen und sein Tagebuch fortgeführt habe. »Natürlich«, antwortet Mac mit einem leicht überraschten Ausdruck.

Von Beirut fahren wir nach Aleppo, wo wir mit der üblichen Routine Vorräte etc. einkaufen. Für Mary haben wir einen Fahrer angestellt, diesmal keinen »billigen« vom Strand, sondern einen langen, gequält dreinblickenden Armenier, der immerhin mit mehreren Zeugnissen seine Ehrlichkeit und sein Können ausweist; er arbeitete eine Zeitlang bei deutschen Ingenieuren. Als erstes irritiert allerdings seine Stimme, ein hohes, durchdringendes Jaulen. Zweifellos bedeutet er einen Fortschritt gegenüber dem Schwachkopf Abdullah. Als wir uns nach Aristide erkundigen, den wir gerne wieder bei uns gehabt hätten, erfahren wir, daß er »Staatsbeamter« geworden ist; in Deïr-Ez-Zor fährt er einen Wasserwagen.

Der Schicksalstag rückt heran und wir nähern uns Aâ-

moûda in zwei Gruppen. Hamoudi und Mac bilden mit Mary (die, ihrer königlichen Würde entkleidet, die Blaue Mary heißt, seitdem sie mit einem grellen Blau gespritzt wurde) die Vorhut und rekognoszieren, ob für unseren Empfang alles gerichtet wurde. Max und ich reisen vornehm mit dem Zug nach Qamichlîyé, um dort einen Tag Zeit zu haben für Verhandlungen mit den französischen Militärbehörden. Gegen vier Uhr brechen wir nach Aâmoûda auf.
Bei unserer Ankunft wird sofort augenfällig, daß nicht alles nach Plan gelaufen ist. Es herrscht Bestürzung, laute Vorwürfe und Klagen erfüllen die Luft; Hamoudi zeigt ein verwirrtes, Mac ein stoisches Gesicht.
Bald erfahren wir, was sich abgespielt hat. Das von uns gemietete Haus, das schon vor einer Woche ausgeräumt, geputzt und geweißt hätte bereit stehen sollen, zeigte sich gestern bei Macs und Hamoudis Ankunft unberührt von jeder Tünche, total verdreckt und von sieben armenischen Familien bewohnt.
Die emsigsten Bemühungen von 24 Stunden konnten nur ein klägliches Resultat erbringen. Da es Hamoudi nachgerade in Fleisch und Blut überging, daß der Komfort für die Khatûn oberstes Gebot ist, hat er mit aller Energie die Armenier samt Haustieren aus einem Zimmer herausgeworfen und hastig die Wände gekalkt. Dann wurden für Max und mich zwei Feldbetten aufgestellt. Im restlichen Haus herrschen chaotische Zustände, und Mac und Hamoudi haben offenbar eine recht unbequeme Nacht hinter sich.
»Aber jetzt ist alles in Ordnung«, versichert Hamoudi und strahlt uns mit seinem gewohnten unwiderstehlichen Lächeln an.
Der lauthals ausgetragene vorwurfsgeladene Streit zwischen den armenischen Familien und dem Priester, ihrem Sprecher, geht uns zum Glück nichts an; Max schiebt alle hinaus, damit sie den Zwist anderswo austragen.
Wie in einem absurden Opernfinale ziehen Frauen, Kinder, Hühner, Katzen, Hunde weinend, jammernd, brüllend,

schimpfend, betend und lachend, mauzend, gackernd und bellend aus dem Hof.
Wir erfahren, daß jeder jeden hereingelegt hat. Niemand überblickt mehr die Finanzen, und die stürmischen Auseinandersetzungen zwischen Brüdern, Schwestern, Schwägerinnen, Vettern und Urgroßeltern sind viel zu verwickelt, als daß man daraus schlau werden könnte. Inmitten dieses Durcheinanders bereitet der neue Koch Dimitri seelenruhig unser Abendessen. Es schmeckt herrlich, dann legen wir uns erschöpft zu Bett.
Zu Bett, nicht zur Ruhe! Ich gehöre nicht zu den Frauen, die sich vor Mäusen übermäßig ekeln. Wenn sich im Schlafzimmer eine Maus herumtreibt, läßt mich das kalt. Ein hartnäckiger Eindringling gewann sogar meine ganze Zuneigung, und ich taufte die Maus liebevoll Elsie, allerdings ohne über ihr Geschlecht Bescheid zu wissen.
Doch unsere erste Nacht in Aâmoûda werde ich nie vergessen.
Kaum sind die Lampen gelöscht, kriechen Horden von Mäusen – ich glaube, es waren Hunderte – aus ihren Löchern in den Wänden und dem Boden. Sie hüpfen mit Gequieke über unsere Betten, Mäuse auf dem Gesicht, kneifende Mäuse im Haar – Mäuse, Mäuse, MÄUSE!
Ich zünde eine Taschenlampe an. Grauenhaft! Auf den Wänden krabbeln zahllose Insekten, sonderbare, fahle Kakerlaken. Und eine Maus hockt auf dem Fußende meines Bettes und pflegt ihren Schnurrbart.
Überall wuseln diese abscheulichen Tiere herum! Max brummt beruhigende Worte. »Schlaf schön ein«, empfiehlt er, »sobald du schläfst, merkst du von allem nichts mehr.«
Ein ausgezeichneter Rat – in der Theorie. Man muß erst mal einschlafen können, solange die Mäuse auf uns oben Gymnastik wie auf einem Sportplatz betreiben. Für mich ist es nicht einfach. Max gelingt es mühelos.
Ich versuche, meinen Ekel zu unterdrücken, und falle in ei-

nen leichten Schlummer, doch über mein Gesicht rennende Füßchen wecken mich auf. Ich knipse die Taschenlampe an. Die Kakerlaken haben sich vermehrt, und von der Decke senkt sich eine riesige schwarze Spinne auf mich herab.
So schleicht die Nacht dahin, und zu meiner Schande sei es gesagt, daß ich um zwei Uhr morgens einen hysterischen Anfall bekomme. »Sobald es tagt, gehe ich nach Qamichlîyé und warte dort auf den Zug. Dann fahre ich nach Aleppo und von Aleppo direkt nach England. Ich kann das Leben hier nicht ertragen. Ich mag es nicht ertragen. Ich will nach Hause!«
Max meistert die Situation: Er steht auf, öffnet die Tür und ruft Hamoudi.
Fünf Minuten später stehen unsere Betten im Hof. Ich schaue hinauf in den friedlichen sternenübersäten Himmel, die Luft ist kühl und würzig – dann schlafe ich ein. Max auch – wie ich vermute mit einem Seufzer der Erleichterung.

»Du willst doch nicht im Ernst wieder nach Aleppo zurückfahren?« fragt Max besorgt am nächsten Morgen. Bei der Erinnerung an mein hysterisches Getue erröte ich leicht.
»Nein«, sage ich, »um nichts in der Welt möchte ich umkehren. Aber ich möchte garantiert weiter im Hof schlafen.«
Besänftigend erklärt mir Hamoudi, daß bald alles in Ordnung kommt: Die Löcher im Schlafzimmer werden mit Gips zugegossen, die Wände mehrfach geweißt, und überdies soll eine Katze ausgeliehen werden, eine Superkatze mit allen Qualitäten eines Profi.
»Wie haben Sie denn in der ersten Nacht nach Ihrer Ankunft geschlafen?« erkundige ich mich bei Mac. »Sind Ihnen auch pausenlos Tiere über das Gesicht gelaufen?«
»Ich glaube schon«, gibt Mac mit der gewohnten Ruhe Auskunft, »aber ich habe einen festen Schlaf.«
Bewundernswerter Mac!

Unsere Katze trifft abends um die Essenszeit ein. Sie wird mir immer in Erinnerung bleiben als der echte Profi, den Hamoudi angekündigt hat. Wahrlich, sie versteht ihr Geschäft, für das man sie engagiert hat.
Während wir essen, lauert sie hinter einer Kiste versteckt und verpaßt uns einen ungeduldigen Blick, sobald wir uns zu laut unterhalten oder bewegen. »Ich muß doch sehr um Ruhe bitten«, gibt dieser Blick zu verstehen, »ohne Kooperation kann ich nicht arbeiten.«
Mit ihrem grimmigen Ausdruck bringt uns die Katze gleich Gehorsam bei, so daß wir nur noch flüstern und beim Essen möglichst wenig mit Tellern und Gläsern klappern.
Vor Ende der Mahlzeit taucht fünfmal eine Maus auf und rennt über den Boden; fünfmal springt unsere Katze. Eins folgt unverzüglich dem anderen. Da gibt es keine Tändelei nach Westernart, kein Spielen mit dem Opfer. Die Katze beißt der Maus den Kopf ab, zermalmt ihn zwischen den Zähnen und verspeist dann den Rest. Sie ist greulich in ihrer Effizienz.
Die Katze bleibt fünf Tage bei uns. Keine Maus kommt mehr zum Vorschein. Da verläßt uns die Katze, die Mäuse kehren nie wieder zurück. Weder vorher noch nachher bin ich einer solch perfekten Katze begegnet. Für uns zeigte sie nicht das mindeste Interesse, sie bettelte auch nicht um Milch oder Futter von unserem Tisch. Sie war kühl, wissenschaftlich und unpersönlich – ein großes Talent.

Jetzt sind wir richtig eingezogen. Alle Wände sind geweißt, die Fenstersimse und Türen gestrichen, und ein Schreiner hat mit seinen vier Söhnen im Hof seine Werkstatt aufgeschlagen, um uns Möbel auf Bestellung zu machen.
»Tische«, sagt Max, »vor allem Tische! Man kann nie genug Tische haben.«
Ich setze mich mit Elan für eine Kommode ein, und Max bewilligt mir einen Schrank mit Kleiderhaken. Dann fertigen die Schreiner weitere Tische an: Tische, um Tonscher-

ben auszubreiten, einen Zeichentisch für Mac, einen Schreibmaschinentisch für mich . . .
Mac entwirft einen Handtuchständer, und die Schreiner machen sich an die Arbeit. Das vollendete Werk bringt der alte Mann stolz auf mein Zimmer. Der Ständer sieht ganz anders aus als auf Macs Zeichnung; als der Schreiner ihn aufstellt, entdecke ich den Grund: der Ständer hat gewaltige Füße aus Riesenschnörkeln, die immer im Weg sind, so daß man unweigerlich darüber stolpert.
»Frage ihn doch«, bitte ich Max, »warum er diese kolossalen Füße gemacht hat, statt sich an die Zeichnung zu halten.«
Voller Würde schaut uns der Alte an. »Ich habe sie so gemacht, damit sie schön sind. Mein Werk hier soll nach meinem Willen Schönheit ausdrücken.«
Auf einen solchen Aufschrei des Künstlers läßt sich nichts entgegnen; ich beuge mein Haupt und finde mich damit ab, in Zukunft über die häßlichen Füße stolpern zu müssen.
In der entfernten Ecke des Hofes bauen die Maurer für mich aus Lehmziegel ein Klo. Beim Nachtessen frage ich Mac nach seinem ersten Auftrag als Architekt.
»Meine erste praktische Aufgabe«, erwidert er trübsinnig, »ist Ihr Klo.«
Ich bin ganz Mitgefühl; wenn Mac seine Memoiren schreibt, macht sich das wirklich nicht gut. Die hoffnungsvollen Träume eines jungen Architekten sollten sich nicht als erstes im Lehmziegelklo für die Frau des Chefs realisieren müssen.
Heute besuchen uns Hauptmann Le Boiteux und zwei französische Nonnen zum Tee. Wir treffen sie im Dorf und bringen sie zu unserem Haus. Vor der Haustür prangt das letzte Kunstwerk des Schreiners, meine Klobrille.
Das Haus ist eingerichtet. Unser erstes Schlafzimmer, in dem nachts noch immer die Kakerlaken herumspazieren, verwandelten wir in das Zeichenbüro. Hier kann Mac in ungestörter Einsamkeit arbeiten. Er läßt sich von Kakerlaken nicht aus der Ruhe bringen.

Daneben liegt das Eßzimmer und weiter drüben, vollgestellt mit Tischen, der Antikenraum, in dem wir unsere Funde lagern, die Tongefäße flicken und die einzelnen Gegenstände sortieren und etikettieren werden. Dann gibt es noch ein kleines Büro mit Wohnzimmereinschlag, dort wartet friedlich meine Schreibmaschine neben den Liegestühlen. In dem ehemaligen Priesterhaus haben wir drei Schlafzimmer, mäusefrei (dank unserer Katze), kakerlakenfrei (dank der Weißbinderarbeit), aber leider *nicht* flohfrei.
Unter den Flöhen leiden wir rechtschaffen. Der Floh platzt vor Vitalität und ist wundersam widerstandsfähig. Er gedeiht bei Keatings, Flit und anderen Flohtötern. Mit Karbol behandelte Betten befeuern nur seine athletischen Anstrengungen.
»Die Flohbisse sind noch das wenigste«, erklärte ich Mac. »Aber ihre nimmermüde Energie, das endlose Wetthüpfen dieser Tierchen um meine Taille, das bringt mich um.«
Wie soll man einschlafen, wenn die Flöhe ihren Nachtsport rund um die Gürtellinie treiben?
Max ist bei den Flöhen beliebter als ich. Eines Morgens töte ich 107 Stück, die ich auf dem Gummiband seines Pyjamas gefunden habe. Max, ziemlich enerviert darüber, meint, daß ich bloß den Überfluß ernte, d. h. die Flöhe, die auf ihm nicht mehr Fuß fassen konnten, also zweitklassige, minderwertige Geschöpfe, die zu hohen Sprüngen nicht taugen.
Mac hat überhaupt keine Flöhe – eine Ungerechtigkeit. Sie mögen ihn eben nicht als Sportplatz!

Unser Alltag gewinnt seinen festen Ablauf. In der Morgendämmerung bricht Max zum Hügel auf, und meistens gehe ich mit; nur gelegentlich bleibe ich zu Hause, um Tongefäße und andere Objekte zusammenzusetzen und zu etikettieren, oder auch um auf der Schreibmaschine meinen Beruf auzuüben. Mac bleibt jeweils zwei Tage in der Woche daheim und arbeitet in seinem Zeichenbüro.

Für mich dehnt sich der Tag auf dem Hügel, aber nie zu lang, wenn das Wetter gut ist. Bis die Sonne oben am Himmel steht, ist es kalt, aber später finde ich es herrlich. Rundherum öffnen die Blumen ihre Kelche, vor allem die roten Anemonen, wie ich sie fälschlich nenne – richtig heißen sie, glaube ich, Ranunkeln.

Einen festen Stamm von Arbeitern hat Max aus Djérâbloûs geholt, Hamoudis Heimatort. Nachdem Hamoudis zwei Söhne in Ur nicht mehr benötigt wurden, sind sie bei uns. Jahja, der ältere, ist groß, zeigt ein breites frohes Grinsen und gleicht einem netten Hund. Alawi, der jüngere, ein stattlicher Bursche, ist von den beiden wahrscheinlich der gescheitere, doch mit seinem Jähzorn bricht er leicht einen Streit vom Zaun. Ein älterer Vetter, Abd es Salaam, wurde noch als Vorarbeiter eingestellt. Wenn alles glatt funktioniert, soll Hamoudi wieder heimkehren.

Sobald die Fremden aus Djérâbloûs mit der Arbeit angefangen haben, drängen sich die Einheimischen um eine Anstellung. Die Männer des Scheichs sind schon da, nun treffen – allein oder zu zweit – die Leute aus den Nachbardörfern ein, Kurden von jenseits der türkischen Grenze, viele Armenier und ein paar Jeziden – als »Teufelsanbeter« bekannt –, die mit ihrer freundlichen Melancholie die anderen zu Quälereien herausfordern.

Unser Betrieb ist ganz einfach organisiert. Wir teilen die Männer in Gruppen ein. Wer schon Erfahrung hat im Ausgraben oder einen intelligenten, lernbereiten Eindruck erweckt, arbeitet mit der Spitzhacke. Männer, Jungen und Kinder erhalten denselben Lohn. Und überdies ist auch (was dem Orientalen so am Herzen liegt) Bakschisch ausgesetzt, d. h. jeder Fund wird mit einer kleinen Summe belohnt.

Der Mann mit der Spitzhacke hat natürlich in jeder Gruppe die beste Gelegenheit, etwas auszugraben. Wenn ihm sein Viereck zugewiesen worden ist, pickelt er den Boden auf. Dann kommt der Arbeiter mit der Schaufel. Er lädt die Erde in Körbe, die drei oder vier Korbjungen wegschleppen zu der vorgeschriebenen Abladestelle. Wenn sie die Erde auskippen, wühlen sie alles durch nach einem Fund, der dem Qasmagi und dem Schaufler entgangen sein könnte. Die kleinen Jungen mit ihren scharfen Augen erhalten oft für ein winziges Amulett oder eine Steinperle eine ordentliche Vergütung. Den Fund knoten sie in einen Zipfel ihrer zerlumpten Kleidung, um ihn am Abend dann vorzuweisen. Gelegentlich fragen sie Max um seine Meinung, und wenn er sagt: »Behalt's nur« oder »Schiluh, wirf's weg« ist das Schicksal des kleinen Objekts entschieden. So behandeln wir Amuletts, Perlen, Tonscherben etc. Doch sobald eine Reihe Gefäße in situ oder Gebeine in einem Grab oder Reste einer Lehmziegelmauer gefunden werden, holt der Vorarbeiter Max, und dann wird mit größter Sorgfalt vorgegangen. Max oder Mac legen umsichtig die Gefäßgruppe oder den Dolch oder was immer zum Vorschein kommt frei, indem sie mit einem Messer die Erde wegschaben und den übrigen Staub fortblasen. Bevor der Fund herausgehoben wird, muß man ihn fotografieren und in einem Notizbuch skizzieren.

Das Freilegen der Gebäude von der ersten Spur an verlangt das Feingefühl des Spezialisten. Im allgemeinen greift dann der Vorarbeiter zur Spitzhacke und folgt behutsam den Lehmziegeln, aber auch ein intelligenter, obwohl bislang unerfahrener Arbeiter bekommt bald den Blick dafür, und schon nach kurzer Zeit sagt er beim Graben mit Überzeugung: »*Hadha lib.*« (das sind Lehmziegel)

Unsere Armenier sind im großen und ganzen die Klügsten unter den Arbeitern. Doch sie haben einen Nachteil: ihr aufreizendes Benehmen. Mit Leichtigkeit bringen sie die Kurden und Araber in Rage. Beinahe pausenlos wird gestritten. Alle unsere Arbeiter sind jähzornig und besitzen auch die notwendigen Mittel, sich entsprechend auszuleben: Klappmesser, Knüppel und eine Art Keule oder Schlagstock. Da gibt es rasch blutige Köpfe, wilde Gestalten kämpfen verbissen und müssen voneinander getrennt werden, und

Max erinnert derweil mit erhobener Stimme an die beim Graben gültigen Gesetze. Wer streitet wird mit einer Geldbuße bestraft. »Tragt eure Auseinandersetzungen in eurer Freizeit aus! Bei der Arbeit gibt es keinen Streit. Bei der Arbeit bin ich euer Vater, und eurem Vater müßt ihr gehorchen. Ich will auch gar nicht wissen, was euch Hitzköpfe aneinanderbringt, sonst käme ich zu nichts anderem. Zum Streiten braucht es zwei, und darum wird jeder mit der gleichen Summe bestraft!«
Die Männer hören ihm kopfnickend zu. »Er hat recht. Er ist unser Vater! Wir dürfen nicht mehr aneinandergeraten, sonst zerstören wir noch etwas Wertvolles, das teuer bezahlt wird.«
Dennoch brechen stets neue Kämpfe aus. Allzu hartnäckige Streithammel werden entlassen – allerdings nicht für immer: Ein Arbeiter wird manchmal nur für ein oder zwei Tage gefeuert. Selbst eine unwiderrufliche Kündigung hindert nicht, daß der Mann nach dem nächsten Zahltag mit der Bitte wieder auftaucht, nochmals bei uns arbeiten zu dürfen.
Nach einigem Experimentieren zahlen wir den Lohn alle zehn Tage aus. Viele Männer kommen aus weit entfernten Dörfern und bringen ihr Essen mit. Ihr Sack Mehl und die paar Zwiebeln sind meist nach zehn Tagen aufgebraucht, und dann wollen die Männer nach Hause, da sie nichts mehr zu essen haben. Für uns ist es sehr schwierig, daß man hier keine regelmäßige Arbeit kennt. »Ich hab jetzt Geld, was soll ich weiter schaffen? Ich gehe nach Hause.« Nach vierzehn Tagen ist das Geld ausgegeben, der Mann kehrt zurück und möchte neu eingestellt werden. Das ist eine rechte Plage, von unserem Standpunkt aus bringt eine eingearbeitete Gruppe mehr zuwege als ein neu zusammengestellter Trupp.
Die Franzosen entwickelten eine eigene Methode, um mit dieser lässigen Arbeitsmoral fertigzuwerden, die den Eisenbahnbau empfindlich behinderte. Sie waren immer mit der

Hälfte des Lohnes im Rückstand, da blieben die Arbeiter bei der Stange. Der Oberstleutnant empfahl Max diese Technik warm, doch wir lehnten ab, denn als wir darüber sprachen, fand Max sie von Grund auf unfair. Die Männer hatten das Geld schließlich verdient und konnten die volle Auszahlung beanspruchen. So haben wir eben das ständige Kommen und Gehen in Kauf genommen – samt den Komplikationen der Buchführung, die ständig geändert und überprüft werden muß.

Da wir um 6 Uhr 30 auf den Hügel gekommen sind, machen wir um 8 Uhr 30 eine Vesperpause. Wir essen hartgekochte Eier, schlappes arabisches Brot, und Michel, unser Fahrer, bringt heißen Tee, den wir auf der Hügelkuppe aus Emaillebechern trinken. Die Sonne scheint angenehm warm, und im Morgenschatten liegt die liebliche Landschaft wie verzaubert vor uns: die blauen türkischen Berge im Norden und um uns herum zahllose rote und gelbe Blümchen. Die Luft duftet stark – in diesem Augenblick sollte das Leben verweilen. Die Vorarbeiter grinsen fröhlich, kleine, unsagbar zerlumpte Kinder, die Kühe hüten, nähern sich zögernd mit scheuen Blicken. Ihre Zähne glänzen weiß, wenn sie lächeln. Welches Glück spiegelt sich auf ihrem Gesicht, welch schönes Leben ist diesen Kindern beschert, die wie in alten Märchen über die Berge wandern und das Vieh hüten, oft sich hinsetzen und singen.

Um diese Tageszeit müssen sich in Europa die sogenannten privilegierten Kinder auf den Weg machen in überfüllte Klassenräume, und statt an der frischen Luft zu spielen, sitzen sie an Pulten oder Tischen, schwitzen über den Buchstaben des Alphabets, lauschen dem Lehrer oder schreiben mit verkrampften Fingern. Ich frage mich, ob man nicht vielleicht in hundert Jahren mit Entsetzen in der Stimme sagt: »Zu jener Zeit mußten wahrhaftig die armen Kinderchen in die Schule gehen, man denke nur, sie saßen jeden Tag stundenlang in diesen Gebäuden. Eine grauenhafte Vorstellung. So kleine Kinder.«

Ich wische dieses Zukunftsbild beiseite und biete lächelnd einem Mädchen mit tätowierter Stirne ein hartes Ei an. Sogleich schüttelt sie ängstlich den Kopf und rennt davon. Ich merke, daß ich eine Dummheit gemacht habe.
Die Vorarbeiter blasen in ihre Trillerpfeifen: Zurück an die Arbeit. Ich bummele um den Hügel herum und bleibe an verschiedenen Arbeitsstellen stehen, immer in der Hoffnung, einen interessanten Fund mitzuerleben. Natürlich klappt das nie. Gestützt auf meinen Jagdstock beobachte ich erwartungsfroh Mohammed Hassan mit seinem Trupp, um nach zwanzig Minuten zu 'Isa Daoud überzuwechseln. Später erfahre ich dann, daß der Fund des Tages – ein auffallend schönes, ritzverziertes Keramikgefäß – entdeckt wurde, kaum daß ich meinen Posten aufgegeben hatte.
Ich beschäftige mich auch noch anderweitig, indem ich ein Auge auf unsere Korbjungen habe, da die Faulpelze unter ihnen mit ihren Körben beim Abladeplatz herumlungern. Sie setzen sich in die Sonne und durchwühlen die ausgekippte Erde, so verbringen sie oft eine gemütliche Viertelstunde. Noch viel verwerflicher finde ich jene, die sich auf dem Abladeplatz zu einem kleinen Schläfchen zusammenrollen. Ende der Woche erstatte ich als Meisterspion meinen Bericht.
»Dieser winzige Korbjunge, der immer eine gelbe Kopfbedeckung trägt, ist ausgezeichnet. Er trödelt nicht eine Sekunde. Salah Hassan hingegen würde ich feuern, der schnarcht pausenlos auf dem Abladeplatz. Abdul Aziz gehört nicht zu den Fleißigsten und der im zerlumpten blauen Mantel auch nicht.«
Max teilt bei Salah Hassan meine Ansicht, doch Abdul Aziz nimmt er in Schutz, weil er scharfe Augen hat, denen nichts entgeht.
Wenn Max des Morgens seine Inspektionstouren macht, flammt allenthalben ein unechter Eifer auf. Jedermann ruft »*Jallah!*«, schreit, singt und tanzt. Die Korbjungen rennen – »los, los!« – keuchend zum Abladeplatz und zurück, die lee-

ren Körbe werfen sie lachend und jauchzend in die Luft. Dann erschlaffen alle Anstrengungen wieder, und die Arbeit rückt eher noch langsamer voran als vorher.

In regelmäßigen Abständen rufen die Vorarbeiter »Jallah« und bedienen sich einer festgefügten sarkastischen Aufmunterung, die durch stete Wiederholung wohl jeden Sinn eingebüßt hat: »Seid ihr alte Weiber, daß ihr euch so träge bewegt? Das können doch keine Männer sein! Was für ein Schlendrian! Wie abgetakelte Kühe!« etc. etc.

Ich lasse die Arbeiter hinter mir und setze mich auf der anderen Seite des Hügels mitten in die Blumen, den Blick auf die blaue Hügelkette im Norden; angenehm döse ich vor mich hin. Eine Schar Frauen kommt aus der Ferne auf mich zu. Die bunten Farben weisen sie als Kurdinnen aus. Fleißig graben sie Wurzeln aus und pflücken Blätter. Sie steuern schnurstracks auf mich zu und setzen sich in einem Kreis um mich herum.

Kurdinnen sind heiter und hübsch und in bunte Farben verliebt. Ihr Turban leuchtet orangerot, die Kleider sind grün, purpurrot und gelb gefärbt. Hochgereckt tragen sie den Kopf auf den Schultern, und da sie sich bei ihrer Größe leicht zurücklehnen, wirken sie stets stolz. Ihre bronzebraunen Gesichter mit den roten Wangen und den meist blauen Augen fallen durch regelmäßige Züge auf.

Die kurdischen Männer gleichen fast alle dem Bild von Lord Kitchener, das in meinem Kinderzimmer hing. Dasselbe backsteinfarbene Gesicht mit braunem Schnauzbart und blauen Augen, dieselbe wilde und kriegerische Erscheinung.

In dieser Gegend gibt es ungefähr ebensoviele kurdische wie arabische Dörfer. Obwohl die Araberin und die Kurdin das gleiche Leben führen und die gleiche Religion besitzen, würde sie kein Mensch miteinander verwechseln. Die Araberin gibt sich stets bescheiden und zurückhaltend, sie wendet ihr Gesicht ab, wenn sie mit jemandem spricht, und schaut einen nur aus der Ferne an. Mit halb verborgenem

Gesicht lächelt sie scheu. Für ihre Kleider wählt sie gewöhnlich schwarz oder eine dunkle Farbe. Und keine Araberin spricht je einen Mann an.
Die Kurdinnen hingegen hegen nicht den geringsten Zweifel, daß sie so viel wert sind wie ein Mann – wenn nicht mehr. Sie treten aus ihren Häusern und schäkern mit jedem Mann und vertreiben sich aufs liebenswürdigste die Zeit. Ohne Federlesens kanzeln sie ihre Männer ab. Unsere Arbeiter aus Djérâbloûs, mit kurdischer Art nicht vertraut, sind zutiefst schockiert. »Nie«, sagte einer, »hätte ich gedacht, daß eine ehrbare Frau so ihren eigenen Mann behandelt. Ich wußte wahrhaftig nicht, wohin ich schauen soll.«
Meine Kurdinnen mustern mich an diesem Morgen mit unverhohlenem Interesse und necken sich gegenseitig mit anzüglichen Bemerkungen. Freundlich nicken sie mir zu, lachen, stellen Fragen, dann schütteln sie seufzend den Kopf und halten den Finger an die Lippen.
Sie geben mir deutlich zu verstehen: »Schade, daß wir nicht miteinander reden können!« Sie nehmen eine Falte meines Rockes in die Hand und sehen sich den Stoff an, sie befingern meinen Ärmel, dann weisen sie auf die Hügelkuppe. Bin ich die Frau des Khwaja? Ich nicke. Sie bombardieren mich mit Fragen und lachen erneut, als ihnen klar wird, daß sie keine Antwort erwarten dürfen. Bestimmt wollten sie alles über meine Kinder und meine Fehlgeburten wissen.
Sie geben sich Mühe, mir die Anwendung der gepflückten Kräuter und ausgegrabenen Pflanzen zu erklären – ach, es hilft nichts.
Unter lautem Gelächter erheben sie sich, nicken mir noch einmal lächelnd zu und verschwinden schwatzend und kichernd. Sie gleichen großen, bunten Blüten.
Sie leben in Lehmziegelhütten, ein paar Kochtöpfe bilden wahrscheinlich ihren einzigen Besitz, doch ihr fröhliches Lachen kommt von Herzen. Ihnen gefällt das mit einer Prise Rabelais gewürzte Leben. Sie sind hübsch und vollblütig

und munter. Mein kleines Arabermädchen treibt ihre Kühe an mir vorbei. Schüchtern lächelt sie mir zu, dann wendet sie rasch den Blick ab.
In der Ferne höre ich die Trillerpfeife der Vorarbeiter. *Fidos!* Es ist 12 Uhr 30 – eine Stunde Mittagspause.
Ich kehre zu Max und Mac zurück, die mich erwarten. Michel breitet den von Dimitri eingepackten Lunch aus. Wir haben kalten Schafsbraten, in Scheiben geschnitten, harte Eier, lasches arabisches Brot und Käse – für Max und Mac Ziegenkäse aus der Umgebung, kräftig im Geschmack, hellgrau und leicht haarig. Ich esse eine ausgetüftelte Art synthetischen Gruyères, der, silbern verpackt, in einer runden Pappschachtel liegt. Max straft ihn mit Verachtung. Zum Nachtisch gibt es Orangen und Tee im Emaillebecher.
Nach dem Essen gehen wir noch zu unserem Bauplatz, er liegt ein paar hundert Meter entfernt vom Dorf und dem Haus des Scheichs, mehr im Südosten des Hügels. Das Gerüst steht schon, und ich frage Mac verunsichert, ob die Zimmer nicht recht klein geraten sind. Das amüsiert ihn. Er erklärt mir, dieser Eindruck rühre von den offenen Wänden her. Das Haus erhält eine Zentralkuppel über einem großen Wohn- und Arbeitsraum mit je zwei angrenzenden Zimmern auf beiden Seiten. Das Küchenrevier soll separat bleiben. An das Hauptgebäude können wir nach Bedarf anbauen, falls die Ausgrabung länger dauert.
Nahe beim Haus wollen wir einen eigenen Brunnen bohren, um vom Scheich und seinem Wasser unabhängig zu sein. Max bestimmt den Platz und geht dann zurück zur Arbeit.
Ich beobachte noch ein Weilchen, wie Mac sich mit Gebärden, Kopfschütteln oder Pfeifen durchsetzt – mit allen Verständigungsmitteln außer dem gesprochenen Wort.
Ungefähr um vier Uhr beginnt Max seine Tour bei den verschiedenen Trupps, um den Männern ihr Bakschisch aufzuschreiben. Sobald er kommt, stellen sich die Männer unge-

schickt in einer Reihe auf und weisen die kleinen Funde des Tages vor. Ein geschäftstüchtiger Korbjunge hat seine Gegenstände sogar mit Spucke gereinigt.
Max schlägt sein Riesenbuch auf und fängt an. »*Qasmagi?*« (Arbeiter mit der Spitzhacke)
»Hassan Mohammed.«
Was hat Hassan Mohammed zu bieten? Die Hälfte eines großen, zerbrochenen Keramiktopfs, viele Tonscherben, ein Knochenmesser, ein oder zwei Stückchen Kupfer. Max dreht die Sachen hin und her, wirft alles Wertlose unbarmherzig weg – meist gerade das, worauf der Arbeiter seine feurigsten Hoffnungen setzte –, legt die Knochenwerkzeuge in eine jener kleinen Schachteln, die Michel ihm bereithält, und die Steinperlen in eine andere. Scherben werden in einem großen Korb gesammelt, den ein Junge mitträgt.
Max nennt den Preis: Zweieinhalb Pence, oder auch vier, und schreibt ihn in seinem Buch auf. Hassan Mohammed wiederholt die Summe und bewahrt sie in seinem geräumigen Gedächtnis.
Gewaltige arithmetische Künste verschönern das Wochenende. Wenn die täglichen Vergütungen addiert und mit dem Lohn zusammengezählt worden sind, erhält der Mann sein Geld. Jeder weiß im allgemeinen genau, was ihm zusteht. Manchmal reklamiert einer: »Das ist nicht genug, ich bekomme noch zwei Pence.« Ebensogut kann einer sagen: »Sie haben mir vier Pence zuviel gegeben.« Sie haben fast immer recht. Ab und zu passiert ein Irrtum bei gleichem Namen.
Wir haben oft drei oder vier Daoud Mohammeds und müssen sie dann näher unterscheiden mit Daoud Mohammed Ibrahim oder Daoud Mohammed Suliman.
Max wendet sich dem Nächsten zu: »Wie heißt du?«
»Ahmad Mohammed.«
Ahmad Mohammed hat nicht viel vorzuzeigen. Genaugenommen ist überhaupt nichts Brauchbares darunter, doch eine winzige Aufmunterung muß sein, darum wählt Max

einige Keramikscherben aus, wirft sie in den Korb und notiert ein paar Pfennige.
Dann sind die Korbjungen an der Reihe. Ibrahim Daoud präsentiert etwas ganz Besonderes, das sich leider, leider als das abgebrochene Mundstück einer geschnitzten arabischen Pfeife entpuppt. Doch jetzt kommt der kleine Abdul Jehar und kramt schüchtern ein paar Perlchen und noch einen anderen Gegenstand heraus, den Max sich begeistert schnappt. Es ist ein nicht zerstörtes Rollsiegel aus relevanter Zeit – ein beachtlicher Fund. Klein-Abdul wird belobigt und im Buch mit fünf Francs eingeschrieben. Das löst erregtes Volksgemurmel aus, denn ohne Zweifel bildet für die Arbeiter, lauter geborene Spieler, die Unberechenbarkeit des Erfolgs die Hauptattraktion. Es ist ganz erstaunlich, wie gewissen Trupps das Glück treu bleibt. Wenn ein Gebiet neu aufgeteilt wird, meint Max manchmal: »Diesen Außenrand gebe ich Ibrahim und seiner Gruppe, die haben in der letzten Zeit viel zu viel gefunden. Der gute alte Regengeorge hat immer Pech gehabt, ich stelle ihn an einen guten Platz.«
Doch siehe da! Auf Ibrahims Gebiet, dem Armenviertel der alten Stadt, findet sich in einem Tongefäß versteckt ein ganzer Berg goldener Ohrringe – vielleicht die Aussteuer einer Tochter in alten Zeiten –, und Ibrahims Bakschisch schnellt nach oben. Regengeorge hingegen, auf einem vielversprechenden Friedhof eingesetzt, wo die Funde nur so hervorpurzeln sollten, stößt auf unerklärlich wenig Gräber. Die Männer mit dem Bakschisch nehmen höchst lässig ihre Arbeit wieder auf. Max macht weiter, bis zum letzten Trupp. Es ist jetzt eine halbe Stunde vor Sonnenuntergang. Die Trillerpfeife erklingt. Alle schreien »*Fidos! Fidos!*«, werfen ihre Körbe in die Luft, fangen sie wieder auf und rennen jauchzend Hals über Kopf den Hang hinab.
Wieder ist ein Arbeitstag zu Ende. Die Männer aus den drei bis fünf Kilometer entfernten Dörfern machen sich auf den Heimweg. Unsere in Schachteln und Körben verpackten

Funde werden hinuntergetragen und sorgfältig in Mary verstaut. Die paar Männer, die am Weg wohnen, klammern sich an Marys Dach fest. Wir fahren heimwärts. Feierabend.

Wie ein merkwürdiger Zufall es fügt, graben wir genau an derselben Stelle einen Brunnen, wo schon im Altertum einer bestand. Das hat eine solche Wirkung, daß bereits wenige Tage später fünf ernste, bärtige Ehrenmänner Max bei seiner Heimkehr ihre Aufwartung machen. Sie sind, wie sie ihm erklären, viele Meilen weit aus ihren Dörfern gekommen. Sie brauchen Wasser. Und der Khwaja wisse, wo die alten Brunnen der Römer verborgen sind. Wenn er ihnen die betreffenden Stellen angibt, werden sie dem Khwaja ewig dankbar sein.
»Es ist Zufall, daß wir gerade den Platz gewählt haben, wo es früher schon einen Brunnen gab«, entgegnet Max.
Die ernsten Ehrenmänner lächeln höflich und ungläubig.
»Du bist voll Weisheit, Khwaja, das ist uns hier bekannt. Die Geheimnisse des Altertums sind für dich ein offenes Buch. Wo die alten Städte lagen, wo die Brunnen – das alles weißt du. Darum gib uns an, wo wir graben sollen, und du wirst mit Geschenken belohnt.«
Maxens Protest verhallt im Leeren. Man hält ihn vielmehr für einen Zauberer, der seine Künste verschweigt.
»Zum Kuckuck, hätten wir nur niemals diesen blödsinnigen römischen Brunnen erwischt«, bemerkt Max verdrossen, »das hat mir was Schönes eingebrockt.«
Die Auszahlung des Lohnes ist eine hochkomplizierte Angelegenheit. Der französische Franc gilt als die offizielle Landeswährung, doch kursierte in dieser Gegend so lange der türkische Mejidi, daß die konservativen Einheimischen sich mit nichts anderem zufrieden geben. Auch in den Basaren wird in dieser türkischen Währung gehandelt, obwohl die Banken sie nicht anerkennen. Unsere Arbeiter weigern sich stur, anderes Geld anzunehmen als Mejidi.

Sobald wir die Lohnsumme von der Bank in der offiziellen Währung geholt haben, wird Michel in den Basar geschickt, um sie in illegale Mejidi einzutauschen, die einzige Währung am Platze.
Der Mejidi ist eine riesige, gewichtige Münze. Michel schleppt dem Zusammenbrechen nahe ganze Tabletts voll davon an. Er leert sie auf dem Tisch aus. Alle Münzen sind schmutzig und stinken nach Knoblauch. Die Abende vor dem Zahltag sind ein Alptraum, wenn wir, beinahe erstickend, die Mejidi abzählen müssen.
Michel erweist sich in vielerlei Hinsicht als ein Schatz: er ist ehrlich und pünktlich und äußerst gewissenhaft. Er kann zwar weder lesen noch schreiben, doch hat er die verwickeltsten Abrechnungen im Kopf, wenn er mit einer langen Einkaufsliste, manchmal bis zu dreißig Posten, vom Markt heimkehrt und mir von jedem einzelnen Stück den Preis angibt und das richtige Wechselgeld hinlegt. In seiner Buchführung unterläuft ihm nicht der kleinste Fehler.
Andererseits ist Michel maßlos hochfahrend, maßlos händelsüchtig im Umgang mit Mohammedanern, maßlos halsstarrig und mit einer schweren Hand begabt bei allen Maschinen. »*Forca!*« ruft er mit glimmenden Augen, und alsbald ertönt ein unheilverkündender Knall.
Noch verheerender wirkt sich seine Sparsamkeit aus. Faulende Bananen und vertrocknete Orangen finden zu seinem Leidwesen nicht unseren Beifall.
»Gab es denn kein frisches Obst?«
»Doch, aber viel teurer, das hier ist billig und ökonomisch.«
Ein großes Wort: *Economia*. Es kostet uns einiges bei so viel Abfall.
Michels dritter Wahlspruch heißt: »*Sawi proba.*« (Probier's)
Er stößt ihn mit allen möglichen Untertönen aus, schmeichelnd, hoffnungsvoll, vertrauensvoll, manchmal verzweiflungsvoll. Das Ergebnis ist fast immer ein Unglück.

Als unsere Waschfrau sich grundlos mit der Ablieferung meiner Baumwollkleider verspätet, stürze ich mich wagemutig in das schantungseidene Deux-pièce, das mich in die Gattin des Statthalters des Britischen Weltreichs verwandelt – bislang hatte mir der Mut dazu gefehlt.
Max wirft einen einzigen Blick auf mich.
»Was hast du denn angezogen?«
Ich verteidige mich mit dem Hinweis, das Kleid sei praktisch und luftig.
»Das kannst du nicht tragen«, sagt Max, »zieh es sofort aus.«
»Ich muß es tragen, ich habe es gekauft.«
»Das Kleid ist einfach grauenvoll. Du siehst aus wie die allerwiderlichste Memsahib, direkt aus Hinterindien importiert.«
Traurig gebe ich zu, daß ich das fast vermutet habe.
Zum Trost meint Max: »Zieh doch das grüne an mit dem Tell-Halaf-Rautenmuster.«
Verärgert brummele ich ihn an: »Wenn du bloß nicht immer meine Kleider in der Fachterminologie beschreiben würdest!«

Auf unserem Weg durch Hanzir, ein kleines Dorf, hören wir folgendes Gespräch mit.
»Wer sind denn diese Leute?«
»Ausländer, die hier graben.«
Ein alter Mann betrachtet uns tiefernst. »Wie schön sie sind«, seufzt er dann, »sie sind voller Geld!«
Eine alte Frau wirft sich Max entgegen. »Khwaja! Gnade! Lege Fürsprache ein für meinen Sohn! Sie haben ihn nach Damaskus geholt, ins Gefängnis. Er ist ein guter Mensch, er hat nichts getan, gar nichts, ich schwöre es.«
»Warum wurde er dann ins Gefängnis gesteckt?«
»Ohne Grund. Welche Ungerechtigkeit! Rette ihn für mich.«
»Aber was hat er angestellt, Mutter?«

»Nichts, ich schwöre zu Gott! Das ist die Wahrheit, Gott ist mein Zeuge. Er hat nur einen Mann getötet.«

Eine neue Sorge beschäftigt uns: Mehrere Arbeiter aus Djérâbloûs sind erkrankt. Wir haben sie in Zelten in Tchârher Bâzâr untergebracht, drei Mann sind bettlägrig. Keiner von den anderen will sich ihnen nähern und Essen oder Wasser bringen. Für uns eine schwierige Lage.
Diese Distanz zu allen Kranken ist sehr merkwürdig. Aber eine Gemeinschaft, in der das menschliche Leben keinen besonderen Wert besitzt, ist in jeder Beziehung merkwürdig.
»Sie sterben, wenn sie nichts zu essen bekommen«, mahnt Max.
Die Arbeitskollegen zucken die Schultern: »*Inschallah*, wenn es Gottes Wille ist.«
Obschon widerwillig besinnen sich die Vorarbeiter auf ihren Zivilisationsstandard und leisten murrend ein paar Hilfsdienste. Taktvoll schneidet Max die Frage der Hospitalisierung an: Er kann sich bei der französischen Behörde dafür verwenden, daß die beiden Schwerkranken in die Klinik aufgenommen werden.
Jahja und Alawi sind voller Zweifel. Man verliert seine Würde, wenn man in die Klinik geht, denn dort passieren würdelose Dinge. Da ist der Tod allemal vorzuziehen.
Wilde Vermutungen von Fehldiagnosen und Versäumnissen schießen mir durch den Kopf. »Was hat denn ihre Würde verletzt?«, frage ich, und Max bohrt nach.
Nach einer langen Reihe mir unverständlicher Fragen und Antworten erklärt mir Max: »Ein Mann wurde in die Klinik aufgenommen und erhielt ein Klistier...«
»Und?« frage ich, gespannt auf die Fortsetzung.
»Das ist alles«, sagt Max.
»Ist der Mann gestorben?«
»Nein, aber das wäre ihm viel lieber gewesen!«
»Wirklich?« Ich kann es nicht glauben.

Max bestätigt: »Doch, so ist es. Der Mann kehrte kummerzerfressen in sein Dorf zurück. Die Schande war zu groß, lieber wäre er gestorben.«
Für uns, mit den westlichen Vorstellungen von der Bedeutung menschlichen Lebens, ist es schwierig, diese fremden Wertmaßstäbe zu verstehen. Dem Orientalen fällt das leicht. Der Tod kommt, er ist so unvermeidlich wie die Geburt, und ob er früher oder später kommt, hängt von Allahs Willen ab. Dieser Glaube, diese Ergebenheit besiegt, was zum Fluch unserer Welt geworden ist: die Angst. Sie kennen wahrscheinlich nicht das Freisein von Bedürfnissen, aber ganz gewiß das Freisein von Furcht. Muße gilt ihnen darum als gesegneter, natürlicher Zustand, Arbeit hingegen als unnatürlicher Zwang.
Mir fällt jener alte, weißbärtige Bettler in Persien ein. Er hatte einen noblen Gesichtsausdruck und sprach trotz seiner ausgestreckten Hand mit Stolz: »Gib uns, o Prinz, eine winzige Gabe aus deinem Überfluß. Mir liegt daran, meinem Tod tunlichst auszuweichen.«

Das Problem, was mit den beiden Schwerkranken geschehen soll, verschärft sich. Max fährt nach Qamichlîyé und unterbreitet dem französischen Kommandanten unsere Nöte. Offiziere sind immer hilfsbereit, Max wird mit dem französischen Militärarzt bekannt gemacht, der zu unserem Hügel mitkommt, um die Patienten zu untersuchen.
Er bestätigt unsere Befürchtungen, daß es um beide Männer schlimm steht. Der eine ist nach seiner Meinung schon in gefährdetem Zustand zu uns gestoßen, es bestand nie viel Hoffnung, daß er je gesunden würde. Der Arzt empfiehlt, beide in die Klinik zu bringen. Die Männer lassen sich überreden und werden sofort eingeliefert. Der Militärarzt in seiner Güte hinterläßt uns auch ein gewaltig wirksames Abführmittel, das sogar einem Pferd zu Stuhlgang verhelfen soll. Das brauchen wir ganz gewiß, denn pausenlos überschütten die Araber Max mit anschaulichen Schilderungen

ihrer Verstopfung, und normale Abführmittel zeitigen nicht die geringste Wirkung.

Der eine Kranke ist in der Klinik gestorben, der andere erholt sich sehr gut. Die Todesnachricht gelangt erst zwei Tage später zu uns samt der Mitteilung, daß die Beerdigung bereits stattgefunden hat.
Mit ernstem Gesicht spricht Alawi bei uns vor. »Es handelt sich um euren guten Ruf«, sagt er.
Mir wird leicht mulmig. Mit dem guten Ruf wird immer operiert, wenn es um Geld geht.
»Dieser Mann«, fährt Alawi fort, »ist fern seiner Heimat gestorben und wurde hier begraben. In Djérâbloûs setzt euch das in ein sehr schlechtes Licht.«
»Aber wir können doch nichts dafür, daß dieser Mann gestorben ist«, argumentiert Max, »er war ja schon krank, als er zu uns kam. Und wir haben ihm mit allen Mitteln zu helfen versucht.«
Alawi schiebt den Tod beiseite. Was ist schon der Tod? Es geht nicht um den Tod des Mannes, sondern um sein Begräbnis. »In welcher Lage befinden sich die Verwandten dieses Mannes, seine Familie? Da er in der Fremde begraben ist, müssen sie ihre Heimat verlassen, um bei seinem Grab zu sein. Ein Mann ist entehrt, wenn er nicht in seiner Heimat begraben ist.«
Max sagt: »Ich weiß nicht, was sich jetzt noch machen läßt. Schließlich ist der Mann unter dem Boden. Was schlägst du denn vor, Alawi? Ein Geldgeschenk an die Hinterbliebenen?«
»Ja, das wäre annehmbar. Doch lieber möchte ich vorschlagen, die Leiche zu exhumieren.«
»Was? Sie wieder ausgraben?«
»Ja, Khwaja. Schickt den Toten zurück nach Djérâbloûs, er wird dann in Ehren bestattet und kein Fleck fällt auf euren guten Ruf.«
Max zweifelt, ob sich das durchführen läßt.

Zuletzt fahren wir doch nach Qamichlîyé, um uns bei den französischen Behörden zu erkundigen. Sie halten uns für vollkommen verrückt. Wider Erwarten nimmt dadurch Maxens Entschlossenheit zu. »Natürlich ist das ganze absurd«, gibt er zu, »aber läßt es sich nicht doch einrichten?«
Der Arzt zuckt die Schultern. »Aber ja, es läßt sich machen, mit Formularen, vielen Formularen natürlich. *Et des timbres, beaucoup de timbres.*«
»Gewiß«, sagt Max, »ohne die geht's nicht.«
Nun kommt die Sache ins Rollen. Ein Taxifahrer, der in Bälde nach Djérâbloûs zurückfährt, übernimmt begeistert den Auftrag, die angemessen desinfizierte Leiche zu transportieren. Ein Vetter des Verstorbenen soll sie begleiten. Zuerst also die Exhumierung, dann das Ausfüllen zahlloser Formulare und das Aufkleben der *timbres,* und dann amtet der Militärarzt mit einer großen Spraydose Formalin. Die Leiche wird in den Sarg gelegt, noch mehr Formalin versprüht, der Sarg versiegelt und vom Taxifahrer in die passende Lage gehievt.
»Holla«, schreit er, »das wird eine lustige Reise. Wir müssen gut aufpassen, daß wir unseren Bruder unterwegs nicht verlieren.«
Das ganze Unternehmen gewinnt jene überschäumende Ausgelassenheit, wie sie nur noch ein irischer Leichenschmaus kennt. Das Taxi braust unter lautem Gesang davon; der Fahrer und der Vetter genießen spürbar dies herrliche, ja festliche Ereignis.
Max seufzt auf vor Erleichterung, er hat die letzte Marke aufgeklebt und die letzte Gebühr bezahlt.
»So«, meint er, »das hätten wir erledigt.«
Das stimmt keineswegs, die Reise des toten Abdullah Hamid bietet sich für ein poetisches Heldenlied an, denn er scheint vorerst keine Ruhe zu finden.
Die Leiche kommt pünktlich in Djérâbloûs an, dort wird sie mit dem schicklichen Klagegeschrei empfangen und – wie

wir noch merken sollen – mit einem gewissen Stolz auf ihren so glanzvollen Transport. Man veranstaltet eine große Feier, und, Allahs Segen erflehend, fegt der Taxifahrer weiter nach Aleppo. Erst danach fällt jemand auf, daß die überaus wichtigen Formulare mit ihm verschwunden sind.
Nun herrscht kopfloses Durcheinander. Ohne die Formulare kann der Tote nicht beerdigt werden. Muß er also nach Qamichlîyé zurückkehren? Darüber gibt es heiße Diskussionen, Telegramme gehen an die französischen Behörden in Qamichlîyé, an uns und an die höchst fragwürdige Adresse des Taxifahrers in Aleppo. Doch alles wird arabisch lässig gehandhabt. Und Abdullah Hamid bleibt derweil unbeerdigt.
Ängstlich frage ich Max, wie lange die Wirkung des Formalins vorhält. Wir besorgen eine neue Kollektion von Formularen mit sämtlichen *timbres* und schicken sie nach Djérâbloûs. Da trifft die Nachricht ein, daß die Leiche mit dem Zug nach Qamichlîyé befördert werden soll. Dringende Depeschen schwirren hin und her. Urplötzlich kommt das gute Ende: Der Taxifahrer taucht wieder in Djérâbloûs auf und schwenkt die Formulare. »Bloß ein Versehen!« ruft er.
Die Beerdigung findet endlich nach Brauch und Sitte statt. Unser guter Ruf ist, laut Alawi, gerettet. Die französische Behörde hält uns immer noch für verrückt. Doch die Arbeiter billigen ernst unsere Handlungsweise. Michel hingegen kränkt das völlige Fehlen von *economia*. Um seinen Gefühlen Luft zu verschaffen, hämmert er in aller Frühe unter unserem Fenster auf *tutti*, bis es ihm streng verboten wird.
Tutti ist eine umfassende Bezeichnung für alle Sorten und Arten von Benzinkanistern. Ich kann mir nicht vorstellen, wie Syrien ohne Kanister zurechtkäme! Frauen holen darin Wasser vom Brunnen, Kanister werden in Streifen geschnitten, zum Dachdecken verwendet oder zu Hausreparaturen. Es ist Michels Ehrgeiz, wie er mir einmal anvertraut, ein Haus nur aus *tutti* zu besitzen. »Es wird schön sein«, sagt er träumerisch, »ein wunderschönes Haus!«

5 Die Saison geht zu Ende

Tchârher Bâzâr wird ein rechter Erfolg, und Mister B. reist aus London an, um uns in den letzten vier Wochen zu entlasten. Es macht Spaß, B. und Mac zu beobachten, wenn sie zusammen sind, dieses so gegensätzliche Paar. B. ist so soziabel wie Mac ungesellig. Beide kommen glänzend miteinander aus, obwohl sie sich gegenseitig mit verblüfftem Staunen betrachten.

Als wir einmal nach Qamichlîyé fahren wollen, fragt B. plötzlich voll Besorgnis: »Ist doch ziemlich herzlos, den guten Mac den ganzen Tag allein zu lassen? Vielleicht sollte ich ihm lieber Gesellschaft leisten.«

»Mac ist sehr gern allein«, versichere ich B.

Er sieht mich ungläubig an und verschwindet im Zeichenbüro.

»Hör mal, Mac, soll ich dableiben? So ein Tag allein ist doch schrecklich langweilig.«

Ein Hauch der Verwunderung zieht über Macs Gesicht. »Aber nein«, sagt er, »ich habe mich darauf gefreut.«

»Ein merkwürdiger Bursche, dieser Mac«, meint B., als es uns auf der Fahrt nach Qamichlîyé von einer tiefen Spur in die andere schüttelt. »Sie erinnern sich an den Sonnenuntergang gestern Abend? Einfach herrlich! Ich war auf dem Dach und habe ihn mir angesehen. Mac stand auch schon oben. Ich war wohl ein bißchen überschwenglich, aber Mac hat den Mund nicht aufgemacht. Keine einzige Antwort hat er mir gegeben! Dabei ist er sicher wegen des Sonnenunterganges hinaufgestiegen.«

»Ja, er geht abends oft auf das Dach.«
»Da ist es doch absurd, daß er kein Wort sagt.«
Ich stelle mir vor, wie Mac still und reserviert auf dem Dach steht, während B. neben ihm in laute Begeisterung ausbricht. Gewiß sitzt Mac nachher in seinem peinlich aufgeräumten Zimmer auf dem Plaid und führt Tagebuch ...
»Ich glaube, Sie denken doch auch, oder nicht ...« bohrt B. hartnäckig weiter, um jäh aufzuhören, als Michel, der den Wagen mit teuflischen Absichten über die Straße schwenkt, das Gaspedal durchtritt und auf eine Gruppe von Arabern – zwei alte Frauen, ein Mann, dazu ein Esel – losschießt.
Sie stieben schreiend auseinander, und Maxens Groll erreicht einen neuen Höhepunkt.
»Was hast du Klotz dir denn dabei gedacht?« faucht er Michel an, »du hättest sie um ein Haar getötet!«
Das war, mehr oder minder, auch Michels Absicht.
»Was macht's schon aus?« fragt er und wirft die Hände in die Luft, so daß der Wagen führerlos weiterfährt. »Sind doch Mohammedaner.«
Nach dieser, von seinem Standpunkt aus höchst christlichen Äußerung, versinkt er in das Schweigen des unverstandenen Märtyrers. Das sind mir schöne Christen, scheint er zu überlegen, diesen Schwächlingen fehlt die Kraft des Glaubens.
Max ordnet ein für alle Mal an, daß jeder Mordanschlag auf Mohammedaner unterbleibe.
Traurig murmelt Michel vor sich hin: »Dabei wäre es das beste, wenn alle Mohammedaner tot wären.«

Außer unseren üblichen Besorgungen in Qamichlîyé – ein Gang zur Bank, die Einkäufe bei Yannakos und ein Höflichkeitsbesuch bei den Franzosen – hat B. noch etwas Spezielles zu erledigen: Er muß ein Paket aus England mit zwei Schlafanzügen abholen. Wir erhielten eine offizielle Nachricht, besagtes Paket liege auf der Post, und so gehen wir zur Post.

Der Postdirektor ist abwesend, wird aber von einem Untergebenen mit Glasauge zur Pflicht gerufen. Gähnend erscheint er, herausgeputzt mit einem knallig gestreiften Schlafanzug. Obwohl aus dem tiefsten Schlummer gerissen, ist er höflich und liebenswürdig, schüttelt allen die Hand und erkundigt sich nach unserer Grabung. Haben wir Gold gefunden? Darf er uns zu einem Kaffee einladen? Nachdem so der Höflichkeit Genüge getan wurde, peilen wir unser postalisches Anliegen an. Die für uns bestimmten Briefe gehen an das Postamt in Aâmoûda – keine glückliche Lösung, da der ältliche Postdirektor in Aâmoûda diese Briefe für so kostbar und wertvoll hält, daß er sie meist im Safe für Wertsachen einschließt und dann vergißt, sie auszuhändigen. Aber B.'s Paket blieb in Qamichlîyé liegen, und wir verhandeln nun über seine Herausgabe.

»Ja, gewiß, es gibt ein solches Paket«, meint der Postdirektor, »aus London in England. Ach, was muß diese Stadt groß sein. Wie gerne würde ich sie besuchen. Das Paket ist an Monsieur B. adressiert. Ach, dies ist Monsieur B., Ihr neuer Kollege?« Er schüttelt B. nochmals die Hand und murmelt ein paar Höflichkeitsfloskeln, die B. ebenso höflich wie volksverbunden in Arabisch erwidert.

Nach diesem Zwischenspiel kommen wir erneut auf das Paket zu sprechen. »Ja«, sagt der Postdirektor, »das Paket war hier, hier in diesem Büro. Aber es ist nicht mehr da, es wurde dem Zoll übergeben. Monsieur B. sieht doch bestimmt ein, daß er das Paket verzollen muß.«

B. erklärt, daß es sich um persönliche, getragene Kleidungsstücke handelt.

Der Postdirektor entgegnet: »Gewiß, gewiß, aber eben das betrifft den Zoll.«

»Dann müssen wir also zum Zoll?«

»Das ist der ordnungsgemäße Weg«, bestätigt der Postdirektor. »Doch heute ist es sinnlos. Mittwochs ist das Zollamt geschlossen.«

»Und morgen?«

»Morgen wird das Zollamt geöffnet sein.«
»Es tut mir leid«, wendet sich B. an Max, »jetzt muß ich morgen nochmal hierherfahren, um mein Paket zu holen.«
»Natürlich müssen Sie morgen herkommen«, sagt der Postdirektor, »aber morgen können Sie Ihr Paket nicht mitnehmen.«
»Warum nicht?«
»Sobald Sie alle Formalitäten beim Zoll erledigt haben, geht das Paket an die Post zurück.«
»Das heißt, ich soll nachher zu Ihnen kommen?«
»Genau, und morgen ist es sinnlos, weil die Post morgen geschlossen ist«, erklärt der Postdirektor triumphierend.
Wir behandeln das Thema im Detail, aber der Verwaltungsapparat bleibt stolzer Sieger. Offensichtlich gibt es in der ganzen Woche keinen einzigen Tag, an dem sowohl das Zollamt als auch die Post geöffnet haben.
Jetzt hacken wir auf dem armen B. herum. Warum in aller Welt kann er seine gräßlichen Schlafanzüge nicht mitbringen, statt sie mit der Post nachschicken zu lassen?
»Weil es sehr besondere Schlafanzüge sind.«
»Das mag wohl sein«, meint Max, »nachdem wir ihretwegen soviel Umtrieb haben. Der Kombi fährt jeden Tag zu den Ausgrabungen und zurück und versieht nicht den Postdienst nach Qamichlîyé.«
Wir wollen den Postdirektor beschwatzen, daß er B. die einschlägigen Blätter jetzt schon unterschreiben läßt, doch der Mann lehnt ab: Die Formalitäten der Post werden stets *nach* dem Zoll erledigt. Geschlagen und traurig räumen wir das Feld – der Postdirektor kann weiterschlafen.
Michel taucht glückstrahlend auf und erzählt, er habe mit Orangen das Geschäft seines Lebens gemacht. Zweihundert Orangen konnte er zu einem fantastischen Preis erwerben. Auch jetzt wird er wieder ausgeschimpft. Wie sollen wir denn zweihundert Orangen bewältigen, bevor sie faulen – d. h., wenn sie nicht schon faul *sind?*

»Ein paar davon«, gibt Michel zu, »sind vielleicht etwas überreif, aber sie waren eben spottbillig, und bei der Abnahme von zweihundert Stück gibt es einen gewaltigen Rabatt.«
Max erklärt sich zu einer Besichtigung der Orangen bereit, die ihm allesamt mißfallen, da die meisten bereits mit grünem Schimmel überzogen sind.
Traurig murmelt Michel: »*Economia.*«
Schließlich sind und bleiben es Orangen. Er verschwindet, um mit ein paar zum Sparpreis erstandenen Hühnern wiederzukehren, die wie üblich mit zusammengebundenen Füßen kopfunter an seiner Hand baumeln. Nachdem wir noch andere billige und weniger billige Einkäufe getätigt haben, machen wir uns auf den Heimweg.
Als ich mich bei Mac erkundige, ob er einen schönen Tag verbracht habe, antwortet er mit unverhülltem Enthusiasmus: »Herrlich war's!« Verständnislos starrt B. zu Mac hinüber und setzt sich auf einen nichtvorhandenen Stuhl. Das verschafft Macs herrlichem Tag einen frohen Abschluß. Ich habe nie jemanden derartig lachen sehen. Sogar während des Essens schüttelt es ihn hin und wieder. Hätten wir früher gewußt, was Macs Humor kitzelt, so wäre es leicht gewesen, eine Menge netter Späßchen zu liefern.

B. versucht unverdrossen, so mühsam es auch ist, Kontakt zu gewinnen. Wenn Max die Grabung beaufsichtigt und wir zu dritt zu Hause bleiben, wandert er wie eine verlorene Seele durchs Haus. Erst geht er ins Zeichenbüro und spricht Mac an, findet aber kein Echo; dann kehrt er betrübt bei mir ein, während ich eben mit Feuereifer die blutigen Einzelheiten eines Mordes in die Maschine tippe.
»Ach«, sagt B., »sind Sie fleißig?«
»Ja«, antworte ich kurz angebunden.
»Am Schreiben?«
»Ja!« (Noch kürzer angebunden.)
»Ich dachte«, fährt B. gedankenschwer fort, »ich könnte die

Etiketten und die Objekte hierherbringen. Das stört Sie doch bestimmt nicht?«
Ich muß hart bleiben und ihm klarmachen, daß ich unmöglich mit meiner Leiche zurechtkomme, wenn in meiner Nähe ein Lebender herumwurstelt, atmet und aller Wahrscheinlichkeit nach auch redet.
Niedergeschlagen verschwindet der gute B., verdammt zu einsamer stummer Arbeit. In mir festigt sich die Überzeugung, daß B. mit größter Leichtigkeit ein Buch schreiben könnte, während im gleichen Zimmer das Radio und ein Grammophon in voller Lautstärke dröhnen und einige Leute sich unterhalten.
Sobald Besucher zum Hügel oder ins Haus kommen, ist B. in seinem Element. Nonnen, französische Offiziere, archäologische Kollegen, Touristen – B. befaßt sich gern und kompetent mit ihnen.
»Hier hält ein Wagen und ein paar Leute steigen aus. Soll ich runtergehen, um nach ihnen zu sehen?«
»Ja, bitte, machen Sie das doch!«
Und allsogleich erscheint die Gruppe unter der kundigen Führung von B., der sich in jeder erforderlichen Sprache mit allen unterhält. Bei solchen Gelegenheiten ist B. sein Gewicht in Gold wert – was wir ihm auch versichern.
»Mac liegt das ja nicht so«, sagt B. und grinst.
»Mac liegt das ganz und gar nicht. Er probiert's nicht einmal«, bemerke ich streng.
Mac lächelt wie gewohnt freundlich und distanziert.

Mac hat, wie wir jetzt entdecken, eine Schwäche: DAS PFERD.
Das Schlafanzugproblem wird gelöst, indem B. Mac am Hügel absetzt und dann mit dem Wagen nach Qamichlîyé weiterfährt. Da Mac mittags heimkehren möchte, schlägt Alawi vor, er solle doch reiten, der Scheich besitze mehrere Pferde. Sofort leuchtet Macs Gesicht auf, die liebenswürdige Korrektheit macht ungeduldiger Vorfreude Platz.

Von da an reitet Mac nach Hause, sobald sich nur der kleinste Vorwand anbietet.
»Khwaja Mac«, meint Alawi, »spricht nie, er pfeift. Wenn der Junge mit der Meßlatte nach links gehen soll, dann pfeift er. Wenn er den Maurer braucht, dann pfeift er. Und jetzt würde er sich gerne ein Pferd heranpfeifen.«
B.'s Schlafanzüge sind immer noch in den Klauen des Zollamtes, welches die exorbitante Summe von acht Pfund verlangt. B. weist darauf hin, daß jeder Schlafanzug nur zwei Pfund kostete, und verweigert die Zahlung. Damit beschwört er eine höchst schwierige Situation herauf. Was, möchte der Zollbeamte wissen, soll er mit dem Paket anfangen. Es wird dem Postdirektor zurückgeschickt mit der Auflage, es weder B. auszuhändigen noch es außer Landes zu lassen. Wir vergeuden viele Tage und Stunden mit Fahrten nach Qamichlîyé zu hitzigen Beratungen. Der Direktor der Bank wird zu Hilfe gerufen sowie die Offiziere der Services Spéciaux. Sogar ein hoher Würdenträger der maronitischen Kirche, zu Besuch beim Bankdirektor, mischt sich ein. Mit seiner Purpurrobe, dem riesigen Kreuz und einem dicken Haarknoten macht er gewaltigen Eindruck. Der bedauernswerte Postdirektor kommt fast um seinen Schlaf, obwohl er ständig seinen Schlafanzug trägt. Mit Windeseile entwickelt sich die Sache zu einem internationalen Fall.
Und plötzlich ist alles erledigt. Der Zöllner von Aâmoûda bringt uns das Paket ins Haus. Das Problem wurde gelöst: Dreißig Schilling Zollgebühren, *douze francs cinquante pour les timbres, et des cigarettes, n'est-ce pas?* Einige Zigarettenpäckchen werden ihm zugesteckt. »*Voilà, Monsieur.*« Der Zöllner strahlt, B. strahlt, wir alle strahlen und schauen B. beim Auspacken zu.
Stolz hält er den Inhalt des Pakets hoch. »Gegen Moskitos. Es ist meine Spezialerfindung«, verkündet er. »Macht das Moskitonetz überflüssig!«
»In dieser Gegend ist mir kein einziger Moskito begegnet«, meint Max.

»Natürlich gibt es Moskitos«, sagt B. »Das weiß jeder. Stille Wasser.«
Ich schaue Mac an. »Hier gibt es kein stilles Wasser«, sage ich, »Mac hätte es längst entdeckt.«
Aber B. behauptet: »Im Norden von Aâmoûda ist ein Teich, also stilles Wasser.«
Max und ich wiederholen, daß wir niemals einen Moskito gehört oder gesehen haben. B. ignoriert das, da er jetzt seine Erfindung erläutert.
Die Schlafanzüge sind aus weißer Waschseide in einem Stück genäht mit einer Kapuze, die Ärmel enden in Fausthandschuhen. Vorne geht ein Reißverschluß hoch, so daß nur Augen und Nase einem Moskitoangriff ausgesetzt bleiben. »Und das Ein- und Ausatmen durch die Nase vertreibt alle Moskitos«, frohlockt B.
Max wiederholt noch einmal frostig, daß es hier keine Moskitos gibt.
B. bleibt dabei: Sobald wir, von Malaria gepackt, stöhnten und mit den Zähnen klapperten, würden wir tief bereuen, uns seiner Idee verschlossen zu haben.
Plötzlich bricht Mac in Gelächter aus. Fragend sehen wir ihn an.
»Mir fällt eben ein, wie Sie sich damals hinsetzten, als kein Stuhl dastand«, sagt er und verzieht sich unter heiterem Glucksen.
Aus tiefem Schlaf weckt uns in dieser Nacht ein gräßliches Gezeter. Wir springen aus dem Bett in der Annahme, daß Diebe bei uns eingebrochen sind, und sausen ins Eßzimmer. Dort heult und hüpft und rennt wie wahnsinnig eine weiße Gestalt herum. »Um Himmels willen! B., was ist denn los?« ruft Max. Erst glauben wir, B. habe den Verstand verloren, doch dann geht uns ein Licht auf: irgendwie hat sich eine Maus in seinen moskitosicheren Schlafanzug eingeschlichen – und der Reißverschluß klemmt. Es ist heller Tag, bevor unser Lachen verebbt. Nur B. wirkt nicht so heiter.
Die Hitze nimmt zu, und viele neue Blumen blühen auf. Ich

bin kein Botaniker, so kenne ich ihre Namen nicht und – ehrlich gesagt – mir liegt auch nichts daran. (Was für einen Genuß zieht man schon aus dem Wissen, wie die Dinge genannt werden?) Es gibt blaue und malvenfarbene Blüten, die wie winzige Lupinen und wilde Tulpen aussehen, goldgelbe, den Ringelblumen ähnliche, und braunrote, zarte Dolden. Alle Hügel deckt ein Farbenmantel, das ist wahrhaftig die »fruchtbare« Steppe. Ich gehe in unseren Antikenraum, um mir ein paar passende Töpfe auszuleihen. Als Mac sie zeichnen will, sucht er vergeblich – sie stehen voller Blumen.
Unser Hausbau schreitet rasch voran. Das hölzerne Gerüst steht schon, jetzt werden die Mauern aus Lehmziegeln hochgeführt. Das sieht sehr gut aus. Ich gratuliere Mac, der neben mir auf dem Hügel steht. »Das wird viel besser als meine Toilette!«
Der erfolgreiche Architekt stimmt mir zu, doch klagt er bitter über die Arbeiter, die keine Ahnung haben, was Genauigkeit ist. Das mag wohl sein. Verdrossen bemerkt Mac, daß sie bloß lachen und nichts ernst nehmen. Da lenke ich unser Gespräch auf Pferde, was Mac aufheitert.
Bei der zunehmenden Hitze wird auch das Temperament unserer Arbeiter immer hitziger. Max setzt die Bußen für eingeschlagene Köpfe herauf und faßt schließlich einen verzweifelten Entschluß. Jeden Morgen müssen die Männer vor Arbeitsbeginn ihre Waffen abgeben. Diese Anordnung ist sehr unbeliebt, die Männer gehorchen nur widerwillig. Vor Maxens Augen werden Knüppel, Keulen und lange, mordblinkende Messer bei Michel hinterlegt, der sie in Mary einschließt. Bei Sonnenuntergang händigen wir sie den Eigentümern wieder aus. Wir verschwenden viel Zeit mit dieser lästigen Prozedur, doch die Arbeiter bleiben vor gefährlichen Verletzungen bewahrt.
Ein jezidischer Arbeiter beklagt sich, daß er vor Durst beinahe umkommt. Wenn er kein Wasser erhält, kann er nicht weiterarbeiten.

»Aber hier ist doch Wasser, warum trinkst du nicht?«
»Dieses Wasser darf ich nicht trinken, es stammt aus dem Brunnen, in den der Sohn des Scheichs heute morgen Salat geworfen hat.«
Den Jeziden verbietet nämlich ihre Religon, Salat zu erwähnen oder etwas anzufassen, was damit in Berührung gekommen ist; nach ihrem Glauben hielt sich der Satan ehemals im Salat auf.
Max erwidert: »Dir wird man ganz gewiß Lügen erzählt haben. Heute morgen habe ich den Sohn des Scheichs in Qamichlîyé getroffen und er hat mir gesagt, daß er schon seit zwei Tagen dort ist. Man wollte dich nur reinlegen.«
Wir rufen eine Arbeiterversammlung ein zwecks Verwarnung: Niemand darf die jezidischen Kollegen anlügen oder wegen ihres Glaubens verfolgen. »Bei dieser Ausgrabung sind alle Brüder!« Mit fröhlichem Augenzwinkern tritt ein Mohammedaner vor. »Sie glauben an Christus, Khwaja, und wir an Mohammed, doch beide sind wir gegen den Teufel. Darum ist es unsere Pflicht, jene zu verfolgen, die an den Satan glauben, ihn anbeten und seine Herrschaft wünschen.«
»Dann kostet dich deine Pflichterfüllung künftig jedesmal fünf Francs«, entgegnet Max.
Ein paar Tage lang beschwert sich kein Jezide mehr bei uns. Die Jeziden sind merkwürdige und auffallend freundliche Leute, die den Satan hauptsächlich verehren, um ihn gnädig zu stimmen. Ihm wurde, wie sie glauben, von Gott die Welt übergeben, und auf die Zeit Satans soll die Zeit Jesu folgen, den sie wohl als Propheten anerkennen, aber einen Propheten bislang ohne Macht. Satans Name darf nie genannt werden und auch kein anderes Wort, das ähnlich klingt.
Ihr Heiligtum, die Grabstätte von Scheich 'Adi, liegt in den kurdischen Bergen bei Mosul, und als wir dort in der Nähe gruben, haben wir es besucht. Ich glaube, kein Ort der Welt besitzt solche Schönheit und solchen Frieden. In vielen Windungen steigt man einem Bach entlang durch Eichen-

Mit der berstend voll geladenen „Queen Mary" überqueren wir auf einer Fähre den Euphrat bei Raqqa.

Wasserrad in Hama.

Ein Esel transportiert Wasser.

Freigelegtes Grab. ▶

Tchârher Bâzâr – der tiefe Grabungsplatz. ▶

Beduinenfrauen mit Gestrüpp unterwegs.

Tchârher Bâzâr – Abstieg zur untersten Grabungsschicht.

Tchârher Bâzâr – die Fundamente unseres Expeditionshauses sind gelegt.

Tchârher Bâzâr – das Expeditionshaus nimmt Gestalt an: Kuppel und Gewölbe mit ausgekragten Steinen.

Tchârher Bâzâr – die Kuppel kurz vor der Vollendung. Das Innere des Hauses ist kühl und angenehm, denn die Kuppel gibt ein Gefühl der Weite.

Tchârher Bâzâr –
Expeditionshaus:
Bogengang und
Eingang.

Tchârher Bâzâr – Ansicht des Expeditionshauses von Südwesten. Der Kuppelbau, mitten im Nirgendwo, ist unser Zuhause geworden.

Tchârher Bâzâr – der Gewölbezwickel ist beinahe fertig.

wäldchen und an Granatapfelbäumen vorbei hoch in die Berge. Die Luft ist frisch und klar und rein. Die letzten Kilometer müssen zu Pferd oder zu Fuß zurückgelegt werden. Und so unschuldig ist dort der Mensch, daß die christlichen Frauen nackt in den Bächen baden können.
Plötzlich steht man vor den weißen Türmen des Heiligtums. Hier ist alles ruhig, sanft und friedlich. Es gibt Bäume, einen Hof, fließendes Wasser. Mit freundlichem Gesicht servieren Wächter Erfrischungen, und in vollkommener Stille sitzt man da und trinkt Tee. Im Innenhof befindet sich der Eingang zum Tempel, auf dessen rechter Seite eine geschnitzte schwarze Riesenschlange zu sehen ist. Die Schlange ist ein heiliges Tier, denn als die Arche Noah nach jezidischem Glauben auf dem Gebirge Sindschar strandete, rollte sich die Schlange zusammen, um das entstandene Loch zu stopfen. So konnte die Arche wieder weiterschwimmen.
Wir zogen dort unsere Schuhe aus und wurden in den Tempel geführt, wobei wir vorsichtig über die Schwelle stiegen, da man nie auf eine Schwelle treten darf. Man darf auch nicht seine Schuhsohlen zeigen – so ist das Sitzen auf dem Boden mit gekreuzten Beinen kein geringes Kunststück.
Das Innere ist dunkel und kühl und man hört Wasser rieseln aus der Heiligen Quelle, die in den Tiefen bis hin nach Mekka reichen soll. An hohen Festtagen wird in diesen Tempel der Kandelaber mit der Figur eines Pfauen gebracht. Der Pfau ist das Symbol Satans, einige meinen, weil dieses Wort sich von dem Verbotenen Namen am meisten unterscheidet. Jedenfalls stellt er Lucifer, den Sohn des Morgens dar, der Engel Pfauhahn des jezidischen Glaubens.
Wir traten aus dem Tempel und saßen noch in der stillen, friedvollen Kühle – keiner von uns beiden mochte von diesem Heiligtum in den Bergen herabsteigen in das Gewühl der Welt.
Die Grabstätte von Scheich 'Adi werde ich nie vergessen, auch nicht jenen vollkommenen, wunschlosen Frieden, der

mich dort erfüllte. Das Oberhaupt der Jeziden, der Mir, besichtigte einmal unsere Ausgrabung im Irak. Es war ein großer Mann mit traurigem Gesicht, ganz in Schwarz gekleidet, der sowohl die geistliche wie auch die weltliche Autorität verkörperte. Freilich wußten Gerüchte, daß gerade dieser Mir vollständig von seiner Tante beherrscht wurde, der »Khatūn von Scheich 'Adis Grabstätte«, sowie von seiner Mutter, einer schönen und ehrgeizigen Frau, die, wie es hieß, ihren Sohn unter Drogen setzte, um die Zügel der Macht in der Hand zu behalten.
Auf einer Reise durch das Sindschargebirge besuchten wir auch den Jeziden-Scheich jener Gegend, Hâmo Schero, einen Greis von neunzig Jahren, wie man uns erzählte. Während des Krieges von 1914 flüchteten Hunderte von Armeniern vor den Türken hierher, wo ihnen Schutz und Sicherheit gewährt wurde.

Ein wilder Streit bricht bei uns aus über den Ruhetag. Der Tag nach dem Zahltag ist jeweils frei. Die Mohammedaner verlangen, aufgrund ihrer Überzahl über die Christen, daß der Freitag zum Ruhetag bestimmt werde. Die Armenier wollen aber unter keinen Umständen an einem Sonntag arbeiten und schlagen vor, bei unserer christlichen Ausgrabung den Sonntag als Feiertag festzusetzen.
Wir ordnen an, daß die Arbeit jeweils am Dienstag ruhen soll, da er in keiner einzigen uns bekannten Religion als Feiertag gilt.
Abends kommen die Vorarbeiter zu uns nach Hause, trinken Kaffee und berichten von den anstehenden Schwierigkeiten und Problemen.
Heute ist der alte Abd es Salaam besonders wortreich. Seine Stimme erhebt sich zu einem leidenschaftlichen Monolog von solcher Dramatik, daß es meine Neugier weckt; trotz aufmerksamem Zuhören kann ich aber nicht folgen. Als Abd es Salaam einmal Atem schöpft, erkundige ich mich bei Max, worum es geht.

Max erwidert nur ein einziges Wort: »Verstopfung.«
Als er mein Interesse wahrnimmt, wendet sich Abd es Salaam mir zu und überschüttet mich mit weiteren rhetorisch brillanten Einzelheiten über seinen Zustand.
Max erklärt: »Er schluckt Enos Abführmittel, Beechams Abführmittel, pflanzliche Laxative und Rhizinusöl. Er beschreibt dir jetzt haargenau, wie ihm bei jeder Medizin zumute war und wie nie der gewünschte Erfolg eintrat.«
Klar, dies ist ein Fall für die Pferdemedizin des französischen Arztes. Max verabreicht ihm eine gewaltige Dosis. Hoffnungsvoll verläßt uns Abd es Salaam, und wir alle beten um eine glückliche Wirkung.
Ich habe jetzt sehr viel zu tun, da ich außer dem Zusammensetzen der Töpfe mich noch um das Entwickeln der Fotos kümmere. Eine »Dunkelkammer« wurde mir zugewiesen, die ein bißchen den verschwiegenen Örtchen des Mittelalters ähnelt.
Dort kann ich weder stehen noch sitzen und beim Entwickeln der Platten krieche ich auf allen Vieren herum oder knie mit gebeugtem Kopf. Fast erstickt vor Hitze tauche ich daraus auf und kann mich nicht mehr gerade halten. Aus der minuziösen Schilderung meiner Leiden ziehe ich großes Vergnügen, obwohl das Publikum recht unaufmerksam ist. Sein ganzes Interesse richtet sich auf die Negative und nicht auf die Laborantin.
Ab und zu fällt es Max ein, mir mit Wärme taktvoll zu danken: »Mein Liebes, du bist einfach fantastisch!« Er sagt es immer recht zerstreut.

Unser Haus steht! Von der Spitze des Hügels aus betrachtet, wirkt es wie eine Kirche mit seiner riesigen Kuppel, die sich weiß von dem sonnenverbrannten Boden abhebt. Das Innere ist kühl und sehr angenehm, denn die Kuppel gibt ein Gefühl der Weite. Die zwei Zimmer auf der einen Seite sind als Antikenraum und unser Schlafzimmer eingerichtet, auf der anderen Seite als Zeichenbüro und Macs und B.s ge-

meinsames Zimmer. Diesmal werden wir höchstens vierzehn Tage hier wohnen, die Erntezeit ist bereits gekommen, und jeden Tag lassen die Männer ihre Arbeit im Stich, um die Frucht einzubringen. Und die Blumen sind weg, über Nacht verschwunden, als die Beduinen von den Bergen heruntersstiegen, rund herum ihre braunen Zelte aufstellten und ihr Vieh langsam Richtung Süden zu weiden begann.
Nächstes Jahr kehren wir wieder, zurück in unser Heim, denn dieser Kuppelbau, mitten im Nirgendwo, ist unser Zuhause geworden.
In seinem schneeweißen Gewand umkreist der Scheich voller Anerkennung das Haus, seine fröhlichen kleinen Augen blitzen: Dies wird einmal sein Erbe, und schon jetzt genießt er den Zuwachs an Prestige.
Wie schön, England wiederzusehen, das grüne Gras, die großen Bäume und die Freunde. Wie schön aber auch, im nächsten Jahr erneut hierher zu kommen.
Mac zeichnet, er zeichnet streng stilisiert den Hügel, und ich bewundere seine Skizze sehr. Keine Menschen sind darauf, nur Linien und Schraffuren. Ich erkenne sogleich, daß Mac nicht nur Architekt ist, sondern auch ein begabter Maler, und bitte ihn, den Umschlag für mein neues Buch zu entwerfen.
B. platzt herein, um sich zu beschweren, daß alle Stühle schon gepackt sind – nirgends kann er sich hinsetzen.
»Warum wollen Sie sich denn setzen?« fragt ihn Max, »es gibt noch eine Unmenge Arbeit.«
Max geht, und B. wendet sich vorwurfsvoll an mich: »Ihr Mann ist so ein energischer Tatmensch!«
Wer würde das vermuten, wenn er Max an einem Sommernachmittag schlummernd antrifft? In England natürlich.
Ich denke an Devon, an rote Felsen und das blaue Meer. Ich freue mich auf die Heimkehr, auf meine Tochter und den Hund, auf Devonshire-Sahne und Äpfel und ein Bad – ich seufze auf vor Begeisterung.

6. Das neue Team

Unsere Funde sind vielversprechend, darum sollen wir die Ausgrabungen für eine Periode lang fortsetzen. Wir bilden aber ein neues Team. Mac macht bei einer Ausgrabung in Palästina mit, plant aber, zum Schluß für ein paar Wochen zu uns zu stoßen. Aus diesem Grunde nehmen wir einen neuen Architekten in unseren Stab auf, und als zusätzliches Mitglied den Obristen. Max möchte nämlich außer in Tchârher Bâzâr noch ein bißchen in Tell Brak graben, und dann könnte der Obrist an einem Ort zum Rechten schauen und Max am anderen. Max, der Obrist und unser neuer Architekt fahren zusammen weg, während ich mehrere Wochen später abreise.

Ungefähr vierzehn Tage vor dem Aufbruch ruft unser neuer Architekt an und möchte Max sprechen, doch Max ist ausgegangen. Der Architekt wirkt sorgenvoll, so frage ich: »Kann ich Ihnen helfen?«

Er erklärt: »Es handelt sich um unsere Reise. Ich bin hier bei Cook und möchte meine Fahrkarte bestellen. Nun sagt man mir, daß es den von Max angegebenen Ort gar nicht gibt.«

Ich kann ihn beruhigen. »Das behaupten die immer. Niemand fährt dahin, wo wir hinfahren, und so haben sie natürlich die Namen noch nie gehört.«

»Sie glauben, daß ich eigentlich nach Mosul möchte.«

»Das stimmt aber nicht.« Dann geht mir ein Licht auf. »Haben Sie Qamichlîyé oder Nusaybin verlangt?«

»Qamichlîyé, so heißt das Nest doch?«

»So heißt es, doch die Station, die auf der anderen Seite der

Grenze in der Türkei liegt, heißt Nusaybin. Qamichlîyé hingegen ist syrisch.«
»Das erklärt alles. Max hat nicht irgend etwas Besonderes erwähnt, das ich noch mitnehmen soll?«
»Nicht daß ich wüßte. Sie haben doch genügend Bleistifte eingepackt?«
»Bleistifte?«, wiederholt er überrascht. »Ja, natürlich.«
»Sie brauchen davon jede Menge!«, sage ich.
Ohne den unheilschwangeren Sinn meiner Worte voll zu erfassen, legt er auf.

Meine Reise nach Istanbul verläuft friedlich, und auch mein Kontingent Schuhe passiert den türkischen Zoll ungeschoren. In Haidar Pascha finde ich in meinem Abteil eine dicke Türkin vor, die hier bereits sechs Koffer, zwei merkwürdig geformte Körbe, mehrere gestreifte Reisetaschen und diverse Proviantpakete verstaut hat. Als ich noch meine zwei Koffer und eine Hutschachtel untergebracht habe, ist für unsere Beine kein Zentimeter Platz frei.
Eine schlankere und auch lebhaftere Dame hat die Dicke zum Zug begleitet. Sie spricht mich auf französisch an, und wir plaudern freundlich miteinander. »Fahren Sie nach Aleppo? Meine Cousine steigt ja vorher aus. Können Sie Deutsch? Meine Cousine versteht ein paar Brocken.«
»Leider, leider nein.«
»Und Türkisch? Wirklich, kein Wort Türkisch? Was für ein Pech. Meine Cousine kann kein Französisch. Was machen wir nur? Wie wollen Sie sich mit ihr unterhalten?«
»Offensichtlich können wir uns nicht unterhalten.«
»Es ist ein Jammer«, meint die lebhafte Dame. »Für Sie beide wäre das Gespräch sehr anregend gewesen. Doch vor Abfahrt des Zuges sollten wir uns so viel wie möglich erzählen. Sie sind verheiratet, ja?«
Ich bekenne mich zum Ehestand. »Und Kinder? Sie haben gewiß viele Kinder? Meine Cousine hat bloß vier, aber«, fügt die Dame stolz hinzu, »drei davon sind Jungen.«

Mir ist klar, daß England an Prestige verliert, wenn ich mich mit einer Tochter voll und ganz zufrieden erkläre. Ohne Scham erfinde ich noch ein paar Söhne hinzu.
»Wunderbar!« sagt die Cousine strahlend. »Und jetzt zu den Fehlgeburten. Wieviel Fehlgeburten haben Sie überstanden? Meine Cousine hier hat fünf hinter sich, zwei im dritten Monat, zwei im fünften und dann noch eine Totgeburt im siebenten.«
Noch zögere ich, ob ich ebenfalls eine Fehlgeburt bieten soll, um die freundliche Stimmung zu steigern, als zu meinem Glück ein Pfiff ertönt und die lebhafte Cousine aus dem Abteil und durch den Flur eilt. »Ihr müßt euch alle Einzelheiten mit Zeichen mitteilen«, ruft sie uns noch zu.
Welch beängstigende Aussicht! Doch wir kommen mit Nicken, Lächeln und Deuten sehr gut zu Rande. Meine Reisegefährtin bietet mir aus ihrem umfangreichen Vorrat üppige Portionen von stark gewürzten Sachen an, und ich bringe ihr als Gegengabe einen Apfel aus dem Speisewagen mit. Als die Proviantkörbe ausgepackt werden, haben wir für unsere Füße noch weniger Platz, und der mit Moschus vermischte Essensdunst haut einen beinahe um.
Vor dem Schlafen vergewissert sich meine Mitreisende, daß das Fenster gut und fest verschlossen ist. Ich ziehe mich auf das obere Bett zurück und warte, bis ein sanftes, rhythmisches Schnarchen von unten heraufdringt.
Ganz leise gleite ich nun herab und öffne heimlich das Fenster einen Spalt breit. Unbemerkt klettere ich wieder in die Höhe. Am Morgen empfängt mich eine ausladende Pantomime der Überraschung, nachdem das offene Fenster entdeckt worden ist. Gebärdenreich versucht die Türkin mir klarzumachen, daß sie keine Schuld trifft. Ihrer Meinung nach hatte sie das Fenster geschlossen. Ich versichere ihr mit Gesten, daß ich sie nicht einen Moment verdächtigt habe; solcherlei – so deute ich an – kommt eben vor.
Als wir das Reiseziel der Türkin erreichen, verabschiedet sie sich mit ausgesuchter Höflichkeit. Wir beide lächeln,

nicken, verbeugen uns und drücken unser Bedauern aus,
daß die Sprachbarriere einen ausführlichen Plausch über die
wesentlichen Lebenserfahrungen verhindert hat.
Beim Mittagessen sitze ich einer netten alten Amerikanerin
gegenüber. Nachdenklich betrachtet sie die Frauen, die
draußen auf dem Feld arbeiten.
»Die Ärmsten«, seufzt sie dann, »ob die wirklich wissen,
daß sie frei sind?«
»Frei?« Ich kann ihrem Gedankengang nicht recht folgen.
»Aber ja, sie tragen doch keinen Schleier mehr. Mustafa
Kemal hat das alles abgeschafft. Jetzt sind sie frei.«
Auch ich betrachte die Frauen auf dem Feld. Sie erwecken
nicht den Eindruck, als ob dieses Recht ihnen etwas bedeutet. Ihr Tageslauf erweist sich als unaufhörliche Tretmühle,
und ich bezweifle sehr, ob sie sich je den Luxus des Verschleierns gönnen konnten. Bei uns draußen bedeckt keine
Arbeiterfrau ihr Gesicht. Doch ich lasse mich darüber auf
keine Diskussion ein.
Die Amerikanerin ruft die Bedienung herbei und bittet um
ein Glas heißes Wasser. »*Je vais prendre*«, erklärt sie dann,
»*des remèdes.*«
Der Mann schaut sie verblüfft an. »Möchten Sie Kaffee?«
fragt er, »oder ein Glas Tee?« Nur mit Mühe bringen wir
ihm bei, daß klares heißes Wasser verlangt wird.
»Nehmen Sie ein Laxativ mit mir?«, fragt meine neue
Freundin so herzlich, als ob sie mich zu einem Cocktail einladen würde.
Ich verzichte dankend, da ich mir nichts daraus mache.
»Aber ein Laxativ tut Ihnen gut«, insistiert sie.
Es fällt mir sehr schwer, einer drastischen Generalreinigung
meines Körpers zu entkommen. Ich flüchte in mein Abteil
und frage mich, wie Abd es Salaam wohl in diesem Jahr mit
seiner Verstopfung fertig wird.

In Aleppo unterbreche ich meine Reise, um dort auf Maxens
Wunsch einiges einzukaufen. Da ich noch einen Tag Zeit

habe, bis der nächste Zug nach Nusaybin geht, schließe ich mich zwei Ausflüglern an, die mit dem Auto Kalat Siman besuchen. Die beiden sind ein Bergbauingenieur und ein fast ganz ertaubter Geistlicher, der sich aus irgendeinem Grund in den Kopf gesetzt hat, der Ingenieur – mir bislang völlig unbekannt – wäre mein Mann.
»Ihr Mann spricht ausgezeichnet Arabisch«, bemerkt er auf unserer Rückfahrt und tätschelt gütig meine Hand.
Ich brülle ziemlich verlegen: »Gewiß, aber er ist nicht . . .«
»Aber doch«, meint der Geistliche vorwurfsvoll, »er ist ein gründlicher Kenner des Arabischen.«
»Er ist nicht mit mir verheiratet«, trompete ich.
»Ihre Frau spricht offenbar kein Wort Arabisch«, wendet sich der Geistliche an den Bergbauingenieur, worauf dieser puterrot anläuft.
»Sie ist nicht . . .« sagt er mit Stentorstimme.
»Nein«, entgegnet der Geistliche, »sie ist nicht ausgebildet im Arabischen, das dachte ich schon.« Er lächelt. »Sie müssen ihr Unterricht geben.«
Unisono schreien wir: »Wir sind nicht verheiratet!«
Daraufhin blickt uns der Geistliche streng und mißbilligend an. »Warum nicht?«
»Ich gebe es auf«, flüstert mir der Ingenieur hilflos zu.
Als wir beide hellauf lachen, strahlt das Gesicht des Geistlichen von neuem Milde aus. »Ich verstehe«, sagt er, »ihr habt euch mit mir einen kleinen Scherz erlaubt.«
Der Wagen fährt vor dem Hotel vor und der Kirchenmann steigt vorsichtig aus, nachdem er seinen weißen Bart aus einem ellenlangen Schal gewickelt hat. Voll Wohlwollen lächelnd dreht er sich zu uns um. »Ich wünsche Ihnen beiden noch viele und glückliche gemeinsame Jahre.«

Glorreiches Eintreffen in Nusaybin! Wie immer hält der Zug an einer Stelle, wo das Trittbrett gut anderthalb Meter über dem mit spitzen, lockeren Steinen bedeckten Boden

schwebt. Ein freundlicher Mitreisender springt herab und räumt die Steine weg, so daß ich aussteigen kann, ohne mir den Fuß zu verstauchen. In der Ferne sehe ich Max heraneilen und Michel, unseren Fahrer. Da fallen mir Michels drei Beschwörungsformeln wieder ein: *Forca* beim Einsatz von roher Gewalt (meist mit unglückseligem Ausgang), *Sawi Proba* und *Economia* als volkswirtschaftliches Prinzip, weshalb wir früher schon mit leerem Benzintank in der Wüste steckenblieben.
Noch bevor die beiden Männer da sind, sagt ein uniformierter Türke streng zu mir: »Ihren Paß«, nimmt ihn an sich und springt auf das Trittbrett.
Große Begrüßungsszene. Ich schüttle Michels ledrige Hand, er sagt: »*Bonjour*. Wie geht es Ihnen?« und fügt arabisch an: »Gott sei gelobt«, da meine Reise so gut verlaufen ist. Verschiedene Hilfskräfte schleppen die Koffer ab, die der Schlafwagenschaffner aus den Fenstern schmiß. Ich erwähne meinen Paß, der sich samt dem uniformierten Türken in Luft aufgelöst hat.
Die Blaue Mary, unser Kombi, wartet in alter Treue. Als Michel die rückwärtige Türe öffnet, bietet sich mir ein vertrauter Anblick: ein paar gemarterte, fest aneinander gebundene Hühner, Benzinkanister und aufgeschichtete Säcke, die sich schließlich als menschliche Lebewesen entpuppen. Mein Gepäck wird auf die Hühner und die Leute geschoben, dann tut sich Michel nach meinem Paß um. Aus Angst, daß Michel *Forca* anwenden könnte und somit einen internationalen Zwischenfall heraufbeschwört, geht Max hinterdrein. Nach zwanzig Minuten kommen sie frohgelaunt zurück.
Wir brausen los – wir knarren, schlingern, holpern rein in die Schlaglöcher, raus aus den Schlaglöchern. So überqueren wir die türkisch-syrische Grenze und sind fünf Minuten später in der aufstrebenden Stadt Qamichlîyé.
Wir müssen noch viel erledigen, bevor wir nach Hause fahren können. Als erstes besuchen wir den Laden des Herrn Yannakos. Dort werde ich begrüßt, man bietet mir den

Stuhl hinter dem Tresen an und kocht Kaffee. Unterdessen befaßt sich Michel mit dem Kauf eines Pferdes, das mit einem Karren Wasser aus dem Jarh Jarh zu unserer Ausgrabungsstätte auf Tell Brak befördern soll. Nach seiner Ansicht hat Michel ein treffliches Pferd gefunden, ein Pferd von ganz besonderer *economia*. »Wieviel *economia* bringt das Pferd?« erkundigt sich Max mißtrauisch. »Ist es gut? Groß? Ausdauernd? Lieber ein gutes Pferd, das etwas mehr kostet, als ein minderwertiges Tier zum Billigpreis.«

Einer der Säcke ist aus dem Wagen gekrabbelt – offenbar übernimmt dieser Rüpel später den Wasserdienst. Er verstehe etwas von Pferden, läßt er uns wissen. So soll er Michel begleiten, um über das Tier Bericht zu erstatten. Unterdessen kaufen wir bei Herrn Yannakos Obstkonserven, Wein (von zweifelhafter Qualität), Makkaroni, Zwetschgen- und Apfelmarmelade ein sowie andere Leckereien. Dann besuchen wir das Postamt und unseren alten Freund, den unrasierten Postdirektor in seinem schmutzigen Schlafanzug. Der Schlafanzug ist offenkundig im vergangenen Jahr weder gewaschen, noch gewechselt worden. Wir nehmen unsere Zeitungsstöße in Empfang und ein oder zwei Briefe, weisen hingegen drei Briefe zurück, die in europäischer Handschrift an einen Herrn Thompson adressiert sind, obwohl der Postdirektor sie uns geradezu aufdrängt, und gehen zur Bank.

Die Bank, ein Steingebäude, ist hoch, kühl, leer und enorm ruhig. In der Mitte sitzen auf einer Bank zwei Soldaten, ein Greis, der durch malerisch bunte Lumpen und einen hennaroten Bart auffällt, und ein Junge in zerschlissener europäischer Kleidung. Friedlich hocken sie da, starren vor sich hin und spucken ab und zu auf den Boden. Ein geheimnisvolles Bett mit schmuddeligen Wolldecken steht in einer Ecke. Der Angestellte hinter dem Schalter begrüßt uns erfreut. Als Max einen Scheck einlösen möchte, werden wir in das Büro von *M. le Directeur* gebeten. *Monsieur le Directeur* ist massig, kaffeebraun und ein Schwätzer. Er empfängt uns mit der größten Liebenswürdigkeit und bestellt auch gleich Kaffee. Er ist von Alexandretta als Nachfolger des *directeur* vom letzten Jahr zu seinem tiefen Schmerz hierher versetzt worden. Denn dort, sagt er, findet wenigstens eine Spur gesellschaftlichen Lebens statt, während hier (er wirft die Hände empor) »*on ne peut même pas faire un bridge! Non*«, fährt er mit wachsender Frustration fort, »*pas même un tout petit bridge.*« (Anmerkung: Worin unterscheidet sich wohl ein Bridge von einem ganz kleinen Bridge? Beide brauchen doch gewiß vier Spieler.)

Eine halbe Stunde bereden wir die politische Lage und die Annehmlichkeiten von Qamichlîyé. »*Mais tout de même on fait de belles constructions*«, stellt er voll Anerkennung fest. Offenbar wohnt er in einem dieser modernen Häuser. Sie haben kein elektrisches Licht, keine sanitären Einrichtungen, keinen Komfort – doch das Haus ist immerhin eine *construction*, »*une construction en pierre, vous comprenez!* Madame kann sie auf der Fahrt nach Tchârher Bâzâr vom Auto aus sehen.«

Ich verspreche ihm, die Augen offen zu halten.

Dann kommen wir auf die hiesigen Scheiche zu sprechen. »Es ist überall das gleiche«, erklärt er, »Landbesitzer ohne einen einzigen Sou in der Tasche. Und immer verschuldet.«

Mehrmals unterbricht der Kassier unsere Unterhaltung, indem er Max fünf oder sechs Formulare zum Unterschreiben vorlegt und kleinere Beträge, zum Beispiel sechzig Centimes, einzieht *pour les timbres*.

Zwischendurch wird Kaffee serviert, und nach vierzig Minuten erscheint der kleine Kassier zum letzten Mal mit drei Papieren und seinem »*et deux francs quarante-cinq centimes pour les timbres, s'il vous plaît*«.

Man bedeutet uns, dies sei die Abschlußzeremonie, jetzt könne das Geld ausbezahlt werden. »*C'est à dire, si nous avons de l'argent ici.*«

Kein Geld da? Kühl weist Max darauf hin, daß er die Bank

schon vor einer Woche von seiner Absicht in Kenntnis gesetzt hat, den Scheck einzulösen. Der Kassier zuckt lächelnd die Schulter. »Wir können ja nachsehen.«
Zu unserem Glück endet alles befriedigend, das Geld kommt zum Vorschein, Marken werden geklebt – wir können gehen. Draußen sitzen dieselben Leute immer noch auf der Bank, starren vor sich hin und spucken auf den Boden.
Wir kehren in unser Stammgeschäft zurück. Dort erwartet uns schon unser kurdischer Wasserführer und berichtet, daß Michels Pferd – nein, ein Pferd kann man es nicht nennen. Im Grunde ist es überhaupt kein Pferd, sondern eine alte Frau. Jawohl, eine alte Frau. Soviel zu Michels *economia*. Max will sich das Pferd ansehen, und ich setze mich wieder auf meinen Platz hinter dem Tresen.
Herr Yannakos junior plaudert stockend mit mir über das Weltgeschehen. »*Votre roi*«, sagt er, »*votre roi – vous avez un nouveau roi.*«
»Stimmt«, bekräftige ich, »wir haben einen neuen König.«
Hart kämpft Herr Yannakos, um Gedanken auszudrücken, die seine Wortgewalt übersteigen. »*Le roi d'Angleterre*«, fährt er fort, »*grand roi – plus grand roi dans tout monde – aller comme ça.*« Er behilft sich mit einer sprechenden Gebärde. »*Pour une femme.*«
Abdanken wegen einer Frau – das begreift er nicht. Es ist einfach nicht zu glauben! Besitzen Frauen in England einen so außergewöhnlichen Wert? »*Le plus grand roi au monde*«, sagt er ganz ehrfürchtig.
Max, der Kurde und Michel treffen ein. Michel, durch die Zurückweisung seines Pferdes nur einen Moment lang gedämpft, ist vom alten Schwung beseelt. Sie wollen jetzt ein Maultier erwerben. Michel brummelt, ein Maultier sei fürchterlich teuer, der Kurde meint, es behalte seinen Wert allemal. Zusammen suchen sie den Mann, dessen Cousine zweiten Grades mit einem Mann verheiratet ist, der jemand kennt, der einen Maulesel verkaufen möchte.

Unerwartetes Auftauchen unseres halbschlauen Boys Mansur. Er strahlt mich an und schüttelt mir herzlich die Hand. Er brauchte mehrere Monate, bis er das Tischdecken gelernt hat, und auch jetzt noch kann er urplötzlich den Tee mit zahllosen Gabeln servieren. Seine Geisteskräfte werden schon vom Bettenmachen aufs äußerste beansprucht. Und alle seine Bewegungen sind langsam und störrisch – Mansur erinnert bei seinen Verrichtungen stets an einen gut dressierten Hund.
Ob wir in das Haus seiner Mutter – die notabene unsere Wäsche besorgt – kommen wollen und viele Antiken ansehen?
Wir gehen mit. Das Zimmer ist blitzblank geputzt und festlich geschmückt. Zum dritten Mal innerhalb von zwei Stunden trinke ich Kaffee. Die Antiken werden vorgezeigt: römische Glasfläschchen, Glas- und Tonscherben, ein paar Münzen und eine Menge Trödel. Max sortiert alles in zwei Haufen und macht für den einen sein Angebot. Eine Frau tritt ein, die offensichtlich am Gewinn beteiligt ist. Es ist fraglich, ob sie erst den Kauf abschließt oder mit Zwillingen niederkommt. Ihr Anblick läßt sogar Fünflinge erwarten. Sie hört sich Mansurs Übersetzung an und schüttelt den Kopf.
Wir verabschieden uns. Da die Verhandlungen über das Maultier begonnen haben, wollen wir die Wasserfässer begutachten, die das Maultier mit dem Karren transportieren soll. Wieder hat Michel einen Bock geschossen. Er bestellte ein Wasserfaß von ungeheuren Ausmaßen, das nicht auf den Karren paßt und jedes Pferd oder Maultier zur Strecke bringt. »Aber ein großes Wasserfaß ist mehr *economia* als zwei kleine«, jault Michel. »Und mehr Wasser hat auch darin Platz!«
Wir sagen Michel, er sei ein Gimpel und solle sich in Zukunft an seinen Auftrag halten. Hoffnungsvoll regt er an: »*Sawi proba!*« Doch wir rotten auch dieses zarte Pflänzchen Hoffnung aus.

Als nächstes treffen wir den Scheich, *unseren* Scheich. Mehr als je gleicht er mit seinem hennagefärbten Rauschebart Heinrich VIII. Er trägt sein gewohntes weißes Gewand und hat ein smaragdgrünes Tuch um den Kopf gewunden. In heiterster Laune schlägt er kurzerhand einen Ausflug nach Bagdad vor, obwohl er seinen Paß erst in vielen Wochen erwarten kann. »Bruder«, sagt er zu Max, »alles, was mein ist, ist auch dein. Dir zuliebe habe ich dieses Jahr nicht gesät, damit du über all mein Land verfügen kannst.«
Mein Mann entgegnet: »Wie glücklich preise ich mich, daß so viel Edelmut dir Gewinn bringt. Dieses Jahr straft hier alle mit einer Mißernte. Wer gesät hat, verliert sein Geld. Ich muß dir zu deinem Scharfsinn gratulieren.«
Damit ist der Ehrerbietung Genüge getan, und man trennt sich im besten Einvernehmen.
Wir steigen in die Blaue Mary ein. Michel wirft noch eine Ladung Kartoffeln und Orangen auf meine Hutschachtel, die darunter rettungslos zusammenbricht. Die Hühner gakkern, mehrere Araber und Kurden möchten mitfahren, doch nur zwei dürfen einsteigen. Sie quetschen sich zwischen die Hühner, die Kartoffeln und mein Gepäck – los geht's nach Tchârher Bâzâr.

7 Alltag

Tiefbewegt sehe ich *unser* Haus auftauchen. Da steht der Kuppelbau, einer Kirche gleich, die einem würdigen Heiligen geweiht ist.

Wie mir Max erzählt, birst der Scheich vor Stolz auf dieses Haus. Bewundernd umkreist er es hie und da mit seinen Freunden. Und Max argwöhnt, daß der Scheich bereits Geld darauf leiht unter der Vorspiegelung, er wäre der Hausbesitzer und wir wohnten dort nur zur Miete.

Mary hält, indem Michel wie immer die Bremsen malträtiert (*Forca*), und alle stürzen herbei, um uns zu begrüßen. Ich sehe vertraute und neue Gesichter.

Dimitri, der Koch, ist wieder da mit seinem langen, sanften, geradezu mütterlichen Gesicht. Er trägt lange Hosen aus geblümtem Musselin und freut sich wahnsinnig. Er nimmt meine Hand, drückt sie an seine Stirn, um mir dann hoheitsvoll eine Holzkiste mit vier neugeborenen Welpen vorzuführen – unsere künftigen Wachhunde. Der Boy Ali war schon letztes Jahr bei uns, jetzt streckt er die Nase in die Luft, weil eine zweite Küchenhilfe minderen Ranges eingestellt wurde – Ferhid. Über Ferhid läßt sich wenig sagen, er fällt bloß durch seinen ewig bekümmerten Ausdruck auf – diese Seelenlage sei bei ihm chronisch, versichert Max.

Wir haben auch einen neuen Hausboy, Subri. Subri ist groß, wild und intelligent. Lächelnd bleckt er seine gold-weiß gesprenkelten Zähne.

Der Obrist und »Buckel« warten auf uns mit dem Tee. Der Obrist schwärmt für militärische Genauigkeit und hat be-

reits den neuen Brauch eingeführt, daß sich die Arbeiter bei der Austeilung des Bakschisch wie Soldaten aufreihen müssen. Sie finden das spaßig. Der Obrist wendet auch viel Zeit ans Aufräumen. Wenn Max nach Qamichlîyé fährt, schlägt jeweils des Obristen große Stunde. Er verkündet uns auch gleich, das Haus blitze vor Ordnung. »Was einen festen Platz besitzt, wurde placiert, was frei herumschwirrte, hat sein Plätzchen gefunden!«
Diese Ordnung wird uns noch viele Ungelegenheiten bereiten.
»Buckel« ist unser neuer Architekt; er erhielt seinen Spitznamen nach einer harmlosen Beobachtung, die er auf der Anreise dem Obristen mitteilte. Als der Zug sich Nusaybin näherte, zog »Buckel« in der Morgendämmerung das Rouleau hoch und beschaute sich mit Interesse die Gegend, wo er die nächsten Monate verbringen sollte.
»Eine sonderbare Landschaft«, stellte er fest. »Rundum lauter Buckel.«
»Buckel!« empörte sich der Obrist. »Weißt du denn nicht, du respektloser Bursche, daß in jedem Buckel eine Stadt steckt, viele tausend Jahre alt?«
Und von da an hieß unser neuer Kollege eben Buckel.
Weitere neue Errungenschaften muß ich noch kennenlernen, darunter einen gebrauchten Citroën, den der Obrist »Poilu« getauft hat.
Poilu erweist sich als temperamentgeladener Genosse. Aus irgendeinem triftigen Grund benimmt er sich vorzugsweise beim Obristen schlecht, indem er, statt anzufahren, bockt oder an einer mißliebigen Stelle einen Zusammenbruch inszeniert. Eines Tages dämmert mir des Rätsels Lösung und ich erkläre dem Obristen: »Das alles ist Ihre Schuld!«
»Was heißt *meine* Schuld?«
»Es war ein Fehler, ihn Poilu zu taufen. Schließlich läuft unser Kombi unter Queen Mary, darum hätten Sie Ihren Citroën wenigstens Kaiserin Joséphine nennen müssen. Dann hätten Sie auch keine Scherereien mit ihm.«

Der Obrist, ein notorischer Verehrer von Zucht und Ordnung, erklärt: »Es ist zu spät. Poilu bleibt Poilu und muß lernen, sich zu benehmen.«
Ich schiele zu Poilu hinüber, der den Obristen mit einem verwegenen Blick zu mustern scheint. Poilu – da lasse ich mir nichts abmarkten – faßt jetzt das schwerste militärische Vergehen ins Auge: Meuterei.
Danach begrüßen mich die Vorarbeiter. Jahja gleicht mehr als je einem fröhlichen Hund, Alawi ist von gewohnter Schönheit, und der alte Abd es Salaam schwatzt immer noch so viel. Ich erkundige mich bei Max, ob Abd es Salaam weiterhin so schrecklich verstopft ist. »Fast an jedem Abend wurde sein Leiden gründlich diskutiert«, stöhnt Max.
Zuletzt besuchen wir den Antikenraum. Der erste Arbeitsabschnitt von zehn Tagen wurde soeben mit einem großartigen Ergebnis abgeschlossen: nahezu hundert Tontäfelchen. Es herrscht allgemeiner Jubel. Übernächste Woche wollen wir mit der Ausgrabung in Tell Brak beginnen.
Mir kommt's vor, als ob ich nie weggewesen wäre aus unserem Haus in Tchârher, obwohl es durch die fanatische Ordnungsliebe des Obristen aufgeräumt ist wie nie zuvor. Das bringt mich auf die traurige Geschichte vom Camembert.
Max hatte in Aleppo sechs Camemberts erstanden im Glauben, einen Camembert könnte man wie holländischen Käse lagern. Von den sechs Rädern wurde eines vor meiner Ankunft verzehrt, und als der Obrist beim Räumen auf die restlichen fünf stieß, stapelte er sie säuberlich zuhinterst in einem Eßzimmerschrank. Binnen kurzem, zugedeckt von Zeichenblättern, Schreibmaschinenpapier, Zigaretten, türkischem Konfekt etc., ruhten sie im Dunkeln ungesehen, vergessen, doch, bitte sehr, nicht geruchlos.
Nach vierzehn Tagen schnupperten wir überall und nährten groteske Vermutungen.
»Wenn ich nicht wüßte, daß wir keine Kanalisation haben . . .« äußerte Max.

».. . und das nächste Gasrohr dreihundert Kilometer weit weg ist ...«
»Es muß eine tote Maus sein.«
»Eine tote Ratte mindestens.«
Als der Aufenthalt im Haus unerträglich wird, machen wir uns auf die Suche nach der hypothetischen Ratte im Verwesungszustand. Erst dann entdecken wir eine klebrige, stinkende Masse, vormals fünf Räder Camembert, die nach dem Reifestadium bis zur x-fachen Überreife gediehen sind.
Vorwurfsvolle Augen richten sich auf den Obristen, während die grausigen Reste Mansur anvertraut werden, damit er sie möglichst weit weg vom Haus feierlich vergrabe. Mit Emphase erläutert Max dem Obristen: »Dies bestätigt doch meine alte Rede: Aufräumen ist ein Laster.«
Der Obrist widerspricht: »Das Wegräumen der Käse war recht und gut, zu tadeln sind die zerstreuten Archäologen, die vergessen, daß sie Camembert ins Haus einschleppten.«
»Es war schon grundfalsch«, mische ich mich ein, »Camembert auf Vorrat zu kaufen.«
»Warum überhaupt Camembert?«, fragt Buckel. »*Ich* kann ihn sowieso nicht ausstehen.«
Mansur trägt das gräßliche Zeug weg und vergräbt es gehorsam, aber gleichwohl verwirrt. Khwajas mögen offenbar so etwas, denn sie bezahlten ja gutes Geld dafür. Warum muß er nun die Sachen vernichten, deren Qualitäten jetzt so viel deutlicher als früher zutage treten? Arbeitgeber haben eben Schrullen.
Die Probleme, mit denen die Dienstboten am Khâboûr sich auseinandersetzen, sind nicht zu vergleichen mit den Problemen des Hauspersonals in England. Überspitzt ausgedrückt: hier ist der Arbeitgeber als solcher das Hauptproblem. Unsere Launen und Vorurteile, Neigungen und Abneigungen wirken auf einen Einheimischen fantastisch und bar jeder Logik. Zum Beispiel werden verschiedene Tücher aus ähnlichem Stoff mit verschiedenfarbigen Rändern für

verschiedene Zwecke ausgegeben. Warum dieser Umstand?

Wenn Mansur eine Teedecke mit blauem Rand nimmt, um die verschmutzten Scheinwerfer des Wagens abzuwischen, erscheint eine erzürnte Khatūn vor dem Haus und kanzelt ihn ab. Warum? Die Decke hat doch den Schmutz tadellos beseitigt. Mansur wird ebenfalls unverdient gerüffelt, als ein Blick in die Küche zeigt, daß er das Frühstücksgeschirr mit einem Bettuch abtrocknet.

»Aber«, protestiert Mansur, der sich rechtfertigen möchte, »ich nehme ja gar kein sauberes Laken, sondern ein verdrecktes.«

Unverständlich, daß diese Bemerkung alles noch schlimmer macht.

Genauso bereitet eine andere Erfindung unserer Zivilisation, das Besteck, einem geplagten Hausboy ständig Kopfschmerzen. Mehr als einmal habe ich durch einen offenen Türspalt beobachtet, wie Mansur sich ein Herz faßte und den Mittagstisch deckte. Erst legt er das Tischtuch auf, wobei er sehr gründlich beide Möglichkeiten ausprobiert und jeweils weit zurücktretend die künstlerische Wirkung prüft. Wie erwartet entzückt ihn das Tischtuch, wenn es quer liegt und auf zwei Seiten anmutig lang herabwallt, während links und rechts die Platte zwei bis drei Zentimeter hervorschaut. Er nickt beifällig, um dann mit gefurchter Stirne in einen billigen, mottenzerfressenen Korb aus Beirut zu starren, in dem wohlsortiert das Besteck liegt. Mansur stößt hier auf unlösbare Probleme. Mit allen Zeichen geistiger Anstrengung legt er sorgfältig eine Gabel auf jede Untertasse und links neben jeden Teller eine Messer. Wieder tritt er zurück und prüft schiefen Hauptes das Arrangement. Dann schüttelt er seufzend den Kopf – eine innere Stimme sagt ihm, daß er es nicht getroffen hat. Seine Vermutung wächst, daß er nicht einmal am Ende unseres Aufenthaltes das Prinzip der wechselnden Kombinationen von Messer, Gabel und Löffel erfassen wird. Selbst wenn er den Teetisch deckt – die leichteste Aufgabe des Tages – und ihn mit einer einzelnen Gabel ziert, erntet er kein Lob. Aus unerforschlichen Gründen verlangen wir nämlich zu einer Mahlzeit, bei der es nichts Nennenswertes zu schneiden gibt, ein Messer. Macht das Sinn?

Mit einem neuen Seufzer widmet sich Mansur seiner schwierigen Aufgabe, entschlossen, uns heute zu erfreuen. Er kneift die Augen zusammen, legt rechts neben jeden Teller zwei Gabeln und fügt links im Wechsel Messer oder Löffel hinzu. Er rückt die Teller zurecht, nachdem er sich vorgebeugt und mit kräftigem Pusten noch das kleinste Staubkörnchen weggefegt hat. Taumelnd nach so viel geistiger Arbeit meldet er dem Koch, der Tisch sei gedeckt, man könne das Omelette aus dem Backofen holen, das in den zwanzig Minuten des Warmhaltens eine exquisite lederartige Qualität erlangt hat.

Ferhid wird nach uns ausgeschickt. Er kommt mit Grabesmiene, als müßte er eine schwere Katastrophe berichten. Ein Stein fällt uns vom Herzen, als er schlicht das Essen ankündigt.

Heute werden wir nach Ansicht von Dimitri mit einem Festbankett verwöhnt. Hors d'oeuvre: harte Eier mit Mayonnaise reichlich übergossen, Sardinen, Sardellen und kalte Bohnen. Der nächste Gang ist Dimitris Spezialität: Gefüllte Hammelkeule. Die Füllung, Reis, Rosinen und Gewürze, näht er höchst geheimnisvoll mit einem langen Faden in das Fleisch ein. Wenn der Faden bei Tisch aufgeschnitten wird, quillt die Füllung hervor, doch vom Fleisch ist nichts zu entdecken. Erst am Schluß stoßen wir auf das echte Schaf, als wir den Knochen einmal umgedreht haben. Zum Dessert: Dosenbirnen, weil wir alle Dimitris einzige Süßspeise nicht mögen. Sein Karamelpudding wurde mit Kochverbot belegt. Und nun gibt der Obrist feierlich bekannt: »Ich habe Dimitri ein Käsegericht gezeigt.«

Teller werden herumgereicht. Darauf schwimmt ein Stückchen arabisches Brot in heißem Fett, das schwach nach Käse schmeckt. Wir erklären dem Obristen, sein Käsegericht sei absolut kein Erfolg. Türkisches Konfekt und herrliche kandierte Früchte aus Beirut werden aufgetragen – da platzt der Scheich herein zu einem kleinen Besuch am Abend. Seit unserer Entscheidung, in Tchârher zu graben, hat sich seine Position gewandelt: Aus einem hoffnungslosen Bankrotteur ist ein Mann geworden, auf den jede Sekunde Gold regnen kann. Die Vorarbeiter haben uns erzählt, daß er sich eine hübsche Jezidin als Nebenfrau zulegte sowie seine Schulden gewaltig vergrößerte dank neuer Kreditwürdigkeit. Unbestreitbar ist er glänzender Laune. Wie immer bis zu den Zähnen bewaffnet, schleudert er sein Gewehr in eine Ecke und verbreitet sich über die Vorzüge eines soeben erstandenen automatischen Revolvers.

»Sehen Sie« – und er zielt direkt auf den Obristen –, »der Mechanismus ist hervorragend einfach. Man legt den Finger an den Abzug – so – und schießt eine Kugel nach der anderen.«

Gequält fragt der Obrist, ob der Revolver geladen ist.

»Natürlich!« Der Scheich ist überrascht. Was nützt ihm ein ungeladener Revolver?

Der Obrist, gepackt vom echten Horror des Militärs vor geladenen Waffen, wechselt prompt den Platz, während Max den Scheich mit türkischem Konfekt von seinem neuen Spielzeug abzulenken sucht. Der Scheich greift mit beiden Händen zu, lutscht des Lobes voll seine Finger ab und strahlt in die Runde. Er bemerkt, daß ich mich mit dem Kreuzworträtsel der *Times* beschäftige. »Ach, Ihre Frau kann lesen?« wendet er sich an Max. »Kann sie auch schreiben?«

»Ja, gewiß.«

»Eine sehr gebildete Khatūn«, meint der Scheich mit Hochachtung.

»Teilt sie auch Arznei aus an Frauen? Wenn das der Fall ist, schicke ich meine Frauen an einem Abend her, damit sie der Khatūn alle ihre Leiden erzählen.«

»Die Frauen des Scheichs sind uns willkommen«, antwortet Max, »aber meine Frau versteht kaum Arabisch.«
»Das werden wir arrangieren! Das werden wir arrangieren!«, sagt der Scheich heiter.
Max erkundigt sich nach der Bagdadreise.
»Das klappt noch nicht. Ein paar Hindernisse, reine Formalitäten, stehen im Wege.«
Scharfsinnig schließen wir, daß es sich bestimmt um finanzielle Hindernisse handelt. Es heißt, der Scheich habe das von uns erhaltene Geld bereits ausgegeben nebst dem Tribut, den er bei den Arbeitern aus seinem Dorf erhoben hat.
»Als El Baron . . .«, fängt er an.
Doch bevor ein Vorschuß in Gold zur Sprache kommt, hintertreibt Max diese Absicht mit der Frage nach der ordnungsgemäßen Quittung über die sechzig syrischen Pfund, die der Scheich schon in der Tasche hat. »Die Regierung will sie sehen.«
Der Scheich gibt sofort den Pumpversuch auf. »Draußen steht ein lieber Verwandter und Freund von mir. Er hat ein böses Auge. Könnten Sie sich das einmal ansehen und ihm helfen?«
Wir gehen hinaus in die Nacht, und mit einer Taschenlampe prüfen wir das Auge. Es ist eine blutige Masse, deren Behandlung ganz gewiß unsere Kräfte übersteigt. »Mit diesem Auge müssen Sie zum Arzt«, rät Max, »so schnell wie möglich.«
Der Scheich nickt. »Dann soll mein Freund nach Aleppo gehen. Können Sie ihm einen Empfehlungsbrief an Dr. Altounjan mitgeben?«
Max sagt zu und macht sich gleich daran. Er schaut auf. »Das ist also ein Verwandter von Ihnen?«
»Ja.«
»Name?«
»Sein Name?« Der Scheich ist etwas verblüfft. »Ich weiß es nicht. Ich muß ihn erst fragen.«

Der Scheich verschwindet wieder im Dunkeln und kehrt mit der Auskunft zurück: »Mein Verwandter heißt Mahmoud Hassan.«
»Mahmoud Hassan«, wiederholt Max bei der Niederschrift.
»Oder brauchen Sie den Namen aus seinem Paß?«, fällt dem Scheich ein. »In seinem Paß steht Daoud Suliman.«
Verwirrt fragt Max: »Wie heißt er denn nun wirklich?«
»Nennen Sie ihn, wie Sie wollen«, erklärt der Scheich großzügig.
Max überreicht den Brief, der Scheich sammelt seine kriegerische Ausrüstung wieder ein, wünscht uns fröhlich alles Gute und verschwindet mit seinem geheimnisvollen Begleiter in der Nacht.
Der Obrist und Buckel geraten sich über König Eduard VIII. und Mrs. Simpson in die Haare. Dann diskutieren sie über die Ehe im Allgemeinen, was wie selbstverständlich zum Thema Selbstmord führt.
Da breche ich auf und gehe zu Bett.

Ein heftiger Wind heute Morgen. Bis Mittag steigert er sich zu einem Sandsturm. Buckel ist mit einem Tropenhelm auf den Hügel gekommen, was ihm bei dem heulenden Sturm recht zu schaffen macht. Zu guter Letzt wickelt sich der Kinnriemen um seinen Hals. Hilfsbereit wie immer eilt Michel herbei.
»*Forca*«, schreit er und zieht kräftig daran.
Buckel, dem Ersticken nahe, läuft puterrot an.
»*Beaucoup forca*«, muntert sich Michel auf, packt noch stärker zu, und Buckel wird schwarz. Wir können ihn gerade noch rechtzeitig retten.
Erbittert streiten sich nach der Arbeit unser Heißsporn Alawi und Serkis, der Zimmermann. Der Anlaß dazu war ein Nichts, doch führt es möglicherweise zu mörderischen Konsequenzen.
Max muß mit seiner sogenannten »Standpauke für Klipp-

schüler« eingreifen. »Jeden Tag«, meint er zu mir. »eigne ich mich besser zu einem Schuldirektor, so leicht kommen mir die widerlichen Moralpredigten über die Lippen.«
Seine Worte sind höchst eindrucksvoll. »Denkt ihr etwa, daß ich, Khwaja Obrist und Khwaja Meßlatte uns immer einig sind? Daß wir nicht auch streiten wollen? Fangen wir deshalb an zu schreien oder ziehen wir ein Messer? Nein! Wir stellen das alles hintan. Hier kommt zuerst die Arbeit. Nur die Arbeit. Wir beherrschen uns, bis wir wieder in London sind.«
Betroffen versöhnen sich Alawi und Serkis, und die rührende Höflichkeit, mit der jeder dem anderen bei der Türe den Vortritt läßt, ist ein erhebender Anblick.

Wir haben ein Rad gekauft, ein ganz billiges japanisches Rad. Sein stolzer Besitzer ist Ali, denn unser Boy soll zweimal die Woche nach Qamichlîyé fahren, um die Post zu holen.
Frohgemut startet er in der Morgendämmerung, und wir erwarten ihn zur Teestunde zurück.
Am Nachmittag wende ich mich besorgt an Max: »Das ist doch eine lange Fahrt! Qamichlîyé liegt vierzig Kilometer entfernt.« Ich überschlage flüchtig: 40 Kilometer hin und 38 zurück, und meine dann: »Das ist doch zuviel für den Jungen, da übernimmt er sich.«
Max (dieser herzlose Mensch!) entgegnet: »Ach, das glaube ich nicht.«
»Der ist bestimmt völlig erschöpft«, murmele ich und mache mich auf die Suche nach dem überarbeiteten Ali.
Endlich begreift Dimitri, was ich meine. »Ali? Ali ist seit einer halben Stunde aus Qamichlîyé zurück. Wo er jetzt steckt? Er ist mit dem Rad die acht Kilometer nach Guiré Zîl Sérhîr gefahren, um dort seinen Freund zu besuchen.«
Meine Sorge um Ali schwindet jäh, insbesondere als er strahlend und ohne die geringsten Zeichen von Müdigkeit abends bei Tisch serviert.

Max flüstert mir mit leisem Spott zu: »Erinnere dich an Swiss Miss.«
Swiss Miss! Sie gehörte zu fünf Welpen aus einer Promenadenmischung, die während unserer ersten Grabung in Arpachiyah nahe Mosul in unserem Haushalt lebten. Sie jubilierten (oder beruhigten sich), wenn man sie bei ihren Namen Wollknäuel, Boujy, Weißfang, Wildfang und Swiss Miss rief.
Boujy starb jung, weil er zuviel *klechah* gefressen hatte, einen ungeheuer schwer verdaulichen Kuchen, den christliche Sekten an Ostern essen. Unsere christlichen Vorarbeiter hatten uns *klechah* als Geschenk gebracht, eine echte Verlegenheit, wie sich bald herausstellte.
Nachdem wir die Wirkung an uns selbst erprobt hatten und ein unschuldiger Gast, ein junges Mädchen, das beim Tee herzhaft zugelangt hatte, ernstlich an Darmbeschwerden erkrankt war, verfütterten wir heimlich Boujy die Reste. Ungläubig kroch Boujy in die Sonne heraus, verschlang die fette Köstlichkeit und starb. Er starb – wie beneidenswert! – in Ekstase.
Unter den übriggebliebenen vier Hunden war Swiss Miss als Herrchens Liebling der Boß. Sie erschien immer bei Max, kaum war er bei Sonnenuntergang mit seiner Arbeit fertig, und er suchte ihr alle Zecken aus dem Pelz. Dann stellten sich die Hunde in einer Reihe vor der Küche auf, Swiss Miss zuvorderst, man rief jeden Hund mit Namen, und er trat heran und bekam sein Fressen.
Dann brach sich Swiss Miss bei einem Abenteuer ein Bein und kehrte hinkend zurück, ein schwerkranker Hund. Sie überlebte jedoch. Als der Tag unserer Abreise nahte, lastete mir das Schicksal von Swiss Miss schwer auf der Seele. Wie konnte sie mit ihrem lahmen Bein ohne uns ihr Dasein fristen? Da gab's nur einen Ausweg: den Gnadentod. Man konnte sie doch nicht Hungers sterben lassen. Max wollte davon nichts wissen. Er versicherte mir zuversichtlich: »Swiss Miss schlägt sich durch.«

»Ja, vielleicht die anderen«, gab ich zu, »die schon, aber Swiss Miss ist ein Krüppel.«
Wir stritten hin und her, mit steigendem Engagement auf beiden Seiten. Am Ende siegte Max, wir reisten ab, nachdem wir einem alten Gärtner – ohne große Hoffnungen – Geld in die Hand gedrückt hatten mit der Bitte, »nach den Hunden zu sehen und vor allem Swiss Miss nicht zu vergessen«. In den folgenden zwei Jahren sorgte ich mich immer wieder um Swiss Miss' Schicksal, ich machte mir Vorwürfe, daß ich mich nicht durchgesetzt hatte. Als wir uns auf der Durchreise von neuem in Mosul aufhielten, besuchten wir unser altes Haus. Es war leer, nirgends eine Spur Leben.
Ich flüsterte Max zu: »Was ist wohl aus Swiss Miss geworden?«
Da hörten wir ein Knurren. Auf den Eingangsstufen saß ein Hund, ein abstoßend häßlicher Hund (Swiss Miss war auch in ihrer Jugend keine Schönheit gewesen!). Er erhob sich, und sofort fiel mir sein lahmes Bein auf. Wir riefen: »Swiss Miss!« und sie wedelte ganz wenig mit dem Schwanz, knurrte aber leise weiter. Und nun krabbelte aus dem Gebüsch ein Junges hervor und strebte zu seiner Mutter. Swiss Miss hatte offenbar einen hübschen Gemahl gefunden, denn das Kleine war ein besonders süßes Hündchen. Mutter und Kind betrachteten uns gelassen, allerdings ohne uns zu erkennen.
»Siehst du«, triumphierte Max, »ich habe dir doch gesagt, sie schlägt sich durch. Die ist ja richtig dick. Swiss Miss besitzt Verstand, und damit hat sie überlebt. Stell dir vor, was für Freuden sie verpaßt hätte, wenn wir sie hätten sterben lassen!«
Seit jenem Vorfall werde ich mit einem mahnenden »Swiss Miss« beschwichtigt, wenn ich mich wieder einmal in unnötige Ängste steigere.
Wir haben doch kein Maultier gekauft, sondern ein Pferd. Ein echtes Pferd und keine alte Frau, ein imposantes Tier, ein Prinz unter seinesgleichen. Und mit dem Pferd – an-

scheinend sind sie unzertrennlich – erschien ein Kirgise.
»Welch ein Mann!« schwärmt Michel, und vor Bewunderung kippt ihm die Stimme ins Falsett, »die Kirgisen wissen über Pferde einfach alles, sie leben nur für die Pferde. Wieviel Gedanken und Fürsorge wendet dieser Mann an sein Tier. Pausenlos kümmert er sich um sein Wohlergehen. Und dazu ist er so höflich! Und manierlich – zu mir!« Unbeeindruckt erklärt Max, man werde ja sehen. Der Kirgise wird zu uns gebracht. Mit seinem munteren Gesicht und den hohen Stiefeln erinnert er mich ans Russische Ballett.

Heute erhalten wir Besuch von Maxens französischem Kollegen aus Mari, sein Architekt begleitet ihn. Wie so viele französische Architekten gleicht er einem untergeordneten Heiligen – das liegt an dem dünnen, faden Bärtchen. Er sagt kein einziges Wort außer höflich ablehnend: »*Merci, Madame*«, wenn ich ihm etwas anbiete. »Er leidet an einer Magenverstimmung«, erklärt M. Parrot.
Nach einem gemütlichen Beisammensein verabschieden sie sich. Wir bewundern das Auto, doch M. Parrot meint traurig: »*Oui, c'est une bonne machine, mais elle va trop vite. Beaucoup trop vite.*« (Was für ein Wagen, der immer zu schnell fährt!) »*L'année dernière elle a tué deux de mes architectes.*«
Dann steigen sie ein, der heilige Architekt sitzt am Steuer. Plötzlich brausen sie mit hundert Stundenkilometer staubumwölkt davon, über Rillen und Schlaglöcher schleudern sie durch das kurdische Dorf – höchstwahrscheinlich fällt noch ein weiterer Architekt, den das Schicksal seiner Vorgänger nicht schrecken konnte, der Geschwindigkeit dieses Motors zum Opfer. Offenbar ist immer das Auto schuld, nie der Mann, dessen Fuß auf den Gashebel drückt.

Die französischen Truppen setzen ein Manöver an, was sofort die martialische Neugier unseres Obristen weckt. Sein

eifriges Interesse findet bei den Offizieren keine Gegenliebe. Man betrachtet ihn mit Mißtrauen.
»Die halten Sie für einen Spion«, erkläre ich ihm.
»Ein Spion? Ich?«, fragt der Obrist entrüstet. »Was für eine Idee!«
»Das denken sie aber von Ihnen.«
»Ich hab' doch nur ein paar einfache Fragen gestellt, rein technischer Art. Und die Burschen sind immer ausgewichen.«
Der gute Obrist ist rechtschaffen enttäuscht, er hätte so gerne gefachsimpelt und wird so schmählich zurückgeschlagen.
Das Manöver beschäftigt auch unsere Arbeiter, doch unter anderem Vorzeichen. Ein ernster Mann mit Bart fragt Max: »Khwaja, werden die *'asker* mich stören?«
»Nein, keineswegs. Die Truppen haben mit der Ausgrabung nichts zu tun.«
»Ich rede nicht von der Arbeit, sondern von meinem Geschäft.«
»Und was ist das?«
»Zigarettenschmuggel.«
Das Schmuggeln von Zigaretten über die Grenzen des Irak wird mit wissenschaftlicher Systematik betrieben. An einem bestimmten Tag fahren die Zöllner mit dem Wagen im Dorf vor, am nächsten Tag die Schmuggler.
»Kehren die Zollbeamten nie um und durchsuchen das Dorf ein zweites Mal?«, will Max wissen.
Vorwurfsvoll schauen die Männer ihn an. »Natürlich nicht, sonst gäbe es eine Katastrophe.« Das Geschäft blüht, und unsere Arbeiter rauchen fröhlich: hundert Zigaretten kosten sie zwei Pence.
Max fragt ein paar Arbeiter, wieviel sie für ihren Lebensunterhalt ausgeben. Wenn sie in einem entfernten Dorf wohnen, bringen sie meist einen Sack Mehl mit, der ungefähr zehn Tage vorhält. Jemand in »unserem« Dorf backt ihnen daraus Brot, da es offenbar unter ihrer Würde ist, selbst

Hand anzulegen. Gelegentlich haben sie Zwiebeln bei sich und Reis; saure Milch bekommen sie wohl von den Leuten aus der Umgebung. Nachdem wir alles zusammengerechnet haben, stellen wir fest, daß ein Arbeiter ungefähr zwei Pence in der Woche für sich ausgibt.
Zwei Arbeiter aus der Türkei wenden sich ebenfalls besorgt an Max: »Machen die *'asker* wirklich keine Schwierigkeiten, Khwaja?«
»Warum sollten sie denn?«
Offenbar sind die Türken schwarz über die Grenze gekommen. Einer unserer Facharbeiter beruhigt sie: »Es ist alles in Ordnung, ihr tragt ja das *Kefiyaed*.«
Nur ungern benützt man in jenem Teil des Orients eine Mütze. Araber und Kurden, das *Kefiyaed* auf dem Kopf, weisen mit höhnischem Finger auf den unglücklichen Mann und schreien »Türke, Türke!«, wenn einer nach der Vorschrift von Mustafa Kemal eine europäische Kopfbedeckung aufgesetzt hat.
»Unsanft ruhet das Haupt mit Mütze« heißt es in dieser Gegend.
Heute Abend meldet unser Kümmerer Ferhid nach dem Essen im Trauerton, daß der Scheich seine Frauen gebracht habe. Sie sollen die Khatün konsultieren.
Das macht mich leicht nervös. Anscheinend wird mein ärztliches Wissen höchlich gerühmt – völlig zu Unrecht. Während die Kurdinnen ohne die geringste Hemmung Max minuziös ihre Leiden schildern, damit er es mir übersetzt, besuchen mich die Araberinnen nur, wenn ich allein bin. Wir unterhalten uns dann meist pantomimisch. Kopfschmerzen sind ganz einfach vorzuzeigen und werden mit einem ehrfürchtig entgegengenommenen Asperin kuriert. Kranke und entzündete Augen erkenne ich schnell, doch die Anwendung von Borwasser ist um so schwieriger zu erklären.
»*Mai harr*«, sage ich. (warmes Wasser)
»*Mai harr*«, wiederholt der Patient.

Dann gebe ich gebärdenreich einen Schuß Borwasser hinein. »*Mithl hadha.*« Und zum Schluß die Pantomime: So sollen die Augen gebadet werden. Darauf die sprechende Geste meines Patienten, wie er einen kräftigen Schluck nimmt.
Ich schüttle den Kopf. Die Medizin ist äußerlich anzuwenden, an den *Augen*, das enttäuscht mein Gegenüber. Am nächsten Tag erzählt uns der Vorarbeiter, daß die Arznei der Khatūn Abu Suleimans Frau sehr geholfen habe. Erst badete sie damit die Augen, dann trank sie die Medizin bis zum letzten Tropfen aus.
Am häufigsten reiben sich die Leute ausdrucksvoll den Bauch. Das kann zweierlei heißen: a) akute Verdauungsstörungen, b) Unfruchtbarkeit. Doppeltkohlensaures Natron hat sich im ersten Fall außerordentlich wirksam gezeigt, und überraschenderweise auch im zweiten. »Das weiße Pulver der Khatūn hat im letzten Jahr Wunder gewirkt. Jetzt habe ich zwei kräftige Söhne – Zwillinge!«
Trotz der Rückschau auf meine glorreiche Vergangenheit schrecke ich vor dieser neuen Aufgabe zurück. Max, optimistisch wie immer, spricht mir Mut zu. Er hat vom Scheich erfahren, daß seine Frau ein Augenleiden hat – ein einfacher Fall für die Borwassertherapie.
Im Gegensatz zu allen Dorfbewohnerinnen sind die Frauen des Scheichs natürlich verschleiert. Darum tragen wir eine Lampe in einen kleinen Lagerraum, wo ich meine Patientinnen empfangen kann.
Der Obrist und Buckel brillieren in derben Witzen und versuchen nach Kräften, mir Angst zu machen, als ich bänglich in meine Praxis eile.
Im Dunkeln stehen ungefähr achtzehn Leute herum. Der Scheich begrüßt Max mit fröhlichem Gebrüll. Er winkt eine große verschleierte Gestalt herbei. Ich murmele die üblichen Floskeln und gehe voran in das kleine Gehäuse. Doch nicht eine Frau, nein, fünfe folgen mir nach und alle lachen aufgeregt und schwatzen.

Hinter uns schließt man das Tor. Max und der Scheich warten draußen, um, falls nötig, zu dolmetschen.
Ich bin etwas verwirrt durch die zahlreichen Frauen um mich herum. Sind sie *alle* mit dem Scheich verheiratet? Und brauchen sie *alle* einen ärztlichen Rat?
Herunter mit den Schleiern. Eine Frau ist jung und groß gewachsen – das muß die mit unserem Pachtgeld erworbene neue Jezidin sein. Die Hauptfrau ist viel älter: Sie wirkt wie fünfundvierzig und ist wahrscheinlich nicht über dreißig. Und all die reich geschmückten Damen gehören zu dem fröhlichen, gut aussehenden Volk der Kurden.
Die ältere Frau weist auf ihre Augen und verbirgt das Gesicht mit den Händen. O Gott, sie ist nicht mit Borwasser zu kurieren, sie leidet – nach meiner Ansicht – an einer schweren Sepsis. Mit erhobener Stimme teile ich Max mit: »Sie hat eine Blutvergiftung und sollte in Deïr-Ez-Zor oder Aleppo zum Arzt. Oder in ein Krankenhaus, wo sie die notwendigen Spritzen bekommt.«
Max übersetzt das dem Scheich. Der ist sehr betroffen. Unverzüglich meldet Max: »Deine Diagnose hat ihm tiefen Eindruck gemacht. Dasselbe hat er schon von einem Arzt in Bagdad gehört, der auch *des piqûres* empfahl. Nachdem du das auch meinst, will der Scheich diese Behandlung ernsthaft in Betracht ziehen. Er bringt seine Frau bestimmt einmal nach Aleppo.«
»Am besten so schnell wie möglich.«
»In diesem Sommer«, meint der Scheich dazu, »oder auf alle Fälle im Herbst. Es eilt ja nicht. Allahs Wille geschehe.«
Die Nebenfrauen oder sonstigen Gespielinnen untersuchen derweilen meine Kleider mit ekstatischem Entzücken. Ich gebe der Patientin ein paar schmerzstillende Aspirin-Tabletten mit und empfehle die Anwendung von warmem Wasser etc. Sie interessiert sich aber mehr für meine Garderobe als für ihre Krankheit. Ich biete rundum türkisches Konfekt an, und wir lachen und lächeln einander an und streicheln die Stoffe unserer Kleider.

Mit Bedauern verschleiern sich dann die Frauen, um sich zu verabschieden. Als nervöses Wrack kehre ich in unser Wohnzimmer zurück.
»Glaubst du«, erkundige ich mich bei Max, »daß der Scheich sie in ein Krankenhaus bringt?«
»Wohl kaum.«

Heute fährt Michel mit der schmutzigen Wäsche und einer langen Einkaufsliste nach Qamichlîyé. Er kann weder lesen noch schreiben, doch er behält alle Posten im Kopf nebst ihrem Preis. Er ist grundehrlich, was seine vielen beschwerlichen Eigenschaften aufwiegt; die würde ich folgendermaßen numerieren:
1. Sein hohes Jaulen.
2. Sein Hang, unter meinem Fenster auf »*tutti*« herumzuhämmern.
3. Seine vielversprechenden Versuche, Moslems auf der Straße zu ermorden.
4. Sein Widerspruchsgeist.

Heute sind eine Menge Filme zu entwickeln – ich lerne meine neue Dunkelkammer kennen, die mit Tisch und Stuhl zweifellos angenehmer ist, als das »kleine Örtchen« in Aâmoûda. Ich kann auch aufrecht darin stehen.
Weil dieser Anbau erst wenige Tage vor meiner Ankunft errichtet wurde, sind die Lehmziegel immer noch feucht. An den Wänden wachsen sonderbare Pilze, und wer an einem heißen Tag dort eingesperrt ist, kriecht halb erstickt wieder hervor.
Max hat dem kleinen Jungen, der draußen die Scherben wäscht, ein Stück Schokolade geschenkt, und heute Abend paßt ihn der Kleine ab. »Ich bitte dich, Khwaja, sag mir, wie diese Süßigkeit heißt. Sie schmeckt so köstlich, daß ich mir aus dem Zuckerzeug des Basars nichts mehr mache. Ich muß die neue Süßigkeit haben, und wenn sie einen Mejidi kostet!«

»Kommt's dir nicht vor«, frage ich Max, »als ob du einen Drogenabhängigen auf dem Gewissen hättest? Offenbar macht auch Schokolade süchtig.«

»Da hat der Alte im letzten Jahr ganz anders reagiert«, meint Max. »Als ich ihm Schokolade gab, bedankte er sich höflich und steckte sie in eine Tasche seines Gewandes. Unser vorwitziger Michel fragte natürlich, ob er nicht gleich versuchen wolle. ›Schokolade ist gut‹, beteuerte er. Schlicht sagt darauf der Alte: ›Sie ist *neu* und könnte schaden.‹«

Heute ist unser freier Tag, und wir fahren nach Brak, um dort die notwendigen Vorkehrungen zu treffen. Der Hügel liegt ungefähr anderthalb Kilometer vom Jarh Jarh entfernt, darum müssen wir als erstes das Wasserproblem lösen. Wir ließen zwar einen einheimischen Brunnenspezialisten graben, doch das brackige Wasser beim Hügel eignete sich nicht zum Trinken. Also wird das Wasser vom Fluß herbeigeschafft – mit dem Kirgisen, dem Karren, den Wasserfässern und dem Pferd, das keine alte Frau ist. Wir brauchen auch noch einen Wächter, der bei den Ausgrabungen wohnt.

Für uns mieten wir ein Haus in dem armenischen Dorf am Fluß. Dort stehen die meisten Gebäude leer, denn beim Bau der sehr aufwendig angelegten Siedlung fehlte es, soweit sich das beurteilen läßt, an Übersicht und Planung. Die Häuser (für europäische Augen wahrscheinlich elende Katen aus Lehmziegeln) wurden übertrieben groß und luxuriöser als notwendig gebaut, während das Wasserrad, von dem die Bewässerung und der ganze Erfolg des Unternehmens abhing, mangels Geld nachlässig ausgeführt war. Die Siedlung hatte ursprünglich eine genossenschaftliche Organisation. Werkzeuge, Vieh und Pflüge wurden gestellt und sollten später von der Gemeinschaft aus dem Gewinn zurückgezahlt werden. Doch es kam alles ganz anders; einem nach dem anderen hing das Leben in der Einöde zum Halse heraus, man wollte wieder in die Stadt zurück und verschwand

mit der gesamten Ausrüstung. Resultat: Alle Gerätschaften und Einrichtungsgegenstände mußten pausenlos ersetzt werden, und die Zurückgebliebenen gerieten zu ihrer Bestürzung immer tiefer in Schulden, so fleißig sie auch arbeiteten. Schließlich streikte noch das Wasserrad, da verfiel die Siedlung zu einem gewöhnlichen Dorf, einem recht trübsinnigen dazu. Unser verlassenes Mietshaus wirkt sehr imposant mit seinem ummauerten Hof und einem zweistöckigen »Turm«. Ihm gegenüber erstreckt sich ein langes Gebäude, in dem ein Zimmer neben dem anderen liegt mit je einer Türe zum Hof. Dort repariert Serkis, der Zimmermann, fleißig Türen- und Fensterrahmen, damit wenigstens ein paar Zimmer bewohnbar sind.
Michel wird eilig in ein mehrere Kilometer entferntes Dorf geschickt, um den neuen Wächter für den Hügel abzuholen samt einem Zelt.
Serkis meldet, daß die beiden Turmzimmer noch am besten erhalten sind. Zur Besichtigung steigen wir ein paar Stufen empor und überqueren ein kleines Flachdach. In dem einen Raum wollen wir zwei Feldbetten aufstellen, der andere soll als Eßzimmer dienen. Ein paar aufklappbare Bretter verschließen die Fensteröffnungen, doch Serkis wird uns Scheiben einsetzen.
Michel kehrt zurück mit der Nachricht, der Wächter, den er zum Hügel bringen soll, besitze drei Frauen, acht Kinder, zahllose Mehl- und Reissäcke sowie eine Menge lebendes Inventar. Unmöglich, alles im Kombi herzufahren. Was ist zu tun?
Er braust wieder weg mit drei syrischen Pfund in der Tasche; er soll das Menschenmögliche aufladen und den Rest auf gemieteten Eseln befördern lassen.
Plötzlich fährt der Kirgise singend und peitschenschwenkend mit dem Wasserkarren vor. Der Karren ist leuchtend blau und gelb bemalt, auch die Wasserfässer sind blau, der Kirgise trägt – wie auf der Bühne – hohe Stiefel und einen bunten Mantel. Mehr denn je erinnert er an das Russische

Ballett. Er steigt ab, knallt mit der Peitsche und grölt auf schwankenden Beinen: Er ist eindeutig betrunken.
Wieder eine von Michels Viechereien!
Der Kirgise wird gefeuert und ein Abdul Hassan übernimmt sein Amt, ein ernster, ja melancholischer Mann, der, wie er sagt, etwas von Pferden versteht.
Wir fahren nach Hause, und drei Kilometer vor Tchârher geht uns das Benzin aus. Wütend kanzelt Max Michel ab, der, ganz gekränkte Unschuld, mit lautem Jaulen die Hände zum Himmel hebt.
»Ich habe nur in Ihrem Interesse gehandelt. Ich wollte noch den letzten Tropfen Benzin ausnutzen.«
»Idiot! Habe ich dir nicht befohlen, den Tank aufzufüllen und einen Ersatzkanister mitzunehmen?«
»Der hätte doch keinen Platz gehabt. Oder wäre gestohlen worden.«
»Und warum hast du den Tank nicht aufgefüllt?«
»Weil ich sehen wollte, wie weit unser Vorrat reicht.«
»Esel!«
Michel murmelt besänftigend »*Sawi proba*«, worauf Max einen Tobsuchtsanfall bekommt. Wir alle würden am liebsten *Forca* anwenden, als Michel weiterhin mit Unschuldsmiene den ungerechten Anwürfen trotzt.
Max faßt sich wieder, kann aber die Bemerkung nicht unterdrücken, er verstehe jetzt den Massenmord an den Armeniern.
Endlich treffen wir zu Hause ein, und Ferhid überrascht uns mit seiner Kündigung. Er will »pensioniert« werden, da er das Herumstreiten mit Ali satt hat.

8 Allahs unendliche Güte

Größe muß mit Leiden bezahlt werden. Von unseren beiden Boys ist Subri, intelligent, gewandt, anpassungsfähig und immer heiter, unstreitig der bessere. Sein grimmiges Aussehen und das sorgfältig gewetzte Schlachtermesser, das er nachts unter sein Kopfkissen legt, haben nichts zu bedeuten, ebensowenig fällt der Umstand ins Gewicht, daß er seinen Urlaub ausschließlich im Gefängnis verbringt und Verwandte besucht, die in Damaskus oder sonstwo wegen Mordes einsitzen. Es sind alles notwendige Morde gewesen, wie Subri mit großem Ernst erklärt, um der eigenen oder der Familienehre willen. Und er fühlt sich in seiner Ansicht bestätigt durch die mäßig langen Haftstrafen.

Subri ist also ein Hausboy ganz nach Wunsch, doch Mansur als der dienstältere mußte ihm vorgesetzt werden. Obwohl Max Mansur mit »so dumm wie ehrlich« charakterisiert, finde ich ihn, offen gesagt, eine Aufgabe. Da er nun einmal der Chefboy ist, sorgt er für Maxens und mein Wohl, während die angeblich untergeordneten Herren, der Obrist und Buckel, von dem klugen und munteren Subri bedient werden.

Am frühen Morgen überkommt mich manchmal so etwas wie Haß. Mansur tritt nach sechsmaligem Anklopfen ein, wenn er seine Zweifel endlich besiegt hat, ob das wiederholte »Herein!« für ihn gemeint ist. Dann steht er schnaufend in unserem Schlafzimmer und balanciert höchst prekär zwei Tassen mit starkem Tee. Sein Schnaufen steigert sich zu lautem Keuchen, wenn er zu uns herüberschlurft und auf

dem Stuhl neben meinem Bett eine Tasse abstellt, wobei fast aller Tee in die Untertasse schwappt. Mansur strömt einen starken Geruch aus, bestenfalls nach Zwiebeln, schlimmstenfalls nach Knoblauch – beides ist um fünf Uhr morgens eine Zumutung.
Das Überschwappen erfüllt Mansur mit Verzweiflung. Kopfschüttelnd starrt er auf das Unglück, um dann Daumen und Zeigefinger in die Bescherung zu tunken.
Halb wach fauche ich: »Laß das!«
Mansur schreckt zusammen, schnurchelt laut, schlurft zu Max hinüber und wiederholt seinen Erfolg.
Dann wendet er sich dem Waschständer zu. Er packt die Emailleschüssel, trägt sie vorsichtig zur Türe und gießt das schmutzige Wasser aus. Dann stellt er die Schüssel wieder hin, gießt ungefähr zwei Zentimeter hoch Wasser ein und reibt mit einem Finger beflissen die Innenfläche aus. Dafür braucht er ungefähr zehn Minuten. Seufzend verschwindet er, kehrt mit einem Benzinkanister voll warmem Wasser wieder, setzt ihn ab, schlurft hinaus und schließt die Tür derart, daß sie wieder aufspringt.
Ich trinke meinen erkalteten Tee, stehe auf, reinige die Schüssel selber, gieße das Wasser aus, klinke die Tür richtig zu und beginne den Tag.
Nach dem Frühstück rüstet sich Mansur zum »Aufräumen des Schlafzimmers«. Er verschüttet größere Wassermengen in der Umgebung des Waschständers, doch dann führt er sorgfältig und überlegt seine erste Amtshandlung aus: das Abstauben. Das macht er nicht schlecht, nur kommt er nicht voran.
Tief befriedigt über sein Werk, holt Mansur einen der hier üblichen Besen und kehrt ungestüm den Boden. Nachdem er fürchterliche Staubwolken aufgewirbelt hat, so daß man kaum atmen kann, macht er die Betten. Da kennt er zwei Varianten. Nummer 1: Sobald man sich im Bett ausstreckt, sind die Füße ohne Decke. Nummer 2: Er schiebt die Laken soweit unter die Matratze, daß sie oben nur noch bis zur

Mitte reichen. Ich übergehe seine kleineren Idiosynkrasien wie das Aufschichten von Laken und Wolldecken im Wechsel oder das Überziehen eines Kissens mit zwei Bezügen. So viel Fantasie leistet Mansur sich nur bei frischer Bettwäsche.
Endlich nickt er zustimmend und stolpert erschöpft von der nervlichen Belastung und seinem Fleiß aus dem Zimmer. Er nimmt sich und seine Arbeit ungeheuer ernst, er ist eben sehr gewissenhaft. Das beeindruckt auch das übrige Personal. So sagt Dimitri, unser Koch, voller Überzeugung zu Max: »Subri ist ja recht willig und arbeitsam, aber er besitzt natürlich nicht Mansurs Wissen und Erfahrung und seine Ausbildung, wie Khwajas es gerne haben wollen.«
Um die Disziplin nicht zu untergraben, gibt Max ein erzwungenes zustimmendes Brummen von sich, während er und ich sehnsüchtig zu Subri hinüberschielen, wie er frohgemut die Wäsche des Obristen schüttelt und faltet.
In meinem Übereifer versuchte ich einmal, Mansur die tägliche Hausarbeit nach meinen Vorstellungen beizubringen. Ich scheiterte in jeder Hinsicht. Er wurde bloß verwirrt und eigensinnig.
»Die Ideen der Khatūn sind gar nicht praktisch«, klagte er Max, »warum soll ich denn die Zimmer *nach* dem Kehren abstauben? Ich wische den Staub von den Tischen auf den Boden, *dann* kehre ich ihn dort unten zusammen. So ist es doch vernünftig!«
Mansur weiß immer genau, was vernünftig ist. Als der Obrist für sein *leben* noch Marmelade wünschte, wurde er sofort von Mansur zurechtgewiesen: »Nein, das ist nicht nötig.«
Mansur besitzt einen militärischen Anhauch. So antwortet er, wenn man ihn ruft, unverzüglich mit »*Présent*«. Und mittags und abends bittet er zum Essen mit der schlichten Meldung: »*La soupe.*« Ganz in seinem Element ist Mansur bei der Zubereitung unseres Bades vor dem Abendessen, denn hier führt er die Aufsicht, ohne selber zu arbeiten. Un-

ter seinem Befehle blitzenden Auge schleppen Ferhid und Ali große Benzinkanister mit heißem oder auch kaltem (und vor allem schlammigem) Wasser aus der Küche herbei und richten die Wannen, runde Kupferdinger, die an überdimensionierte Einkochtöpfe erinnern. Später wanken Ferhid und Ali, noch immer von Mansur überwacht, mit den Kupfergefäßen hinaus und leeren sie meist direkt vor der Haustüre aus, so daß, wer gedankenlos nach dem Abendessen ins Freie tritt, auf dem nassen Schlick ausrutscht und der Länge nach hinschlägt.
Seit Ali zum Postboten mit Fahrrad avancierte, fühlt er sich über knechtische Hausarbeit erhaben. Dem geplagten Ferhid überläßt er das nie endende Rupfen der Hühner sowie das Ritual des Abwaschens, das ungeheure Seifenmengen und sehr wenig Wasser erfordert.
Wenn ich – was selten geschieht – die Küche betrete, um Dimitri die Zubereitung einer europäischen Speise zu »zeigen«, wird plötzlich der strengste Maßstab an Hygiene und allgemeine Reinlichkeit gelegt. Nehme ich eine anscheinend blitzsaubere Schüssel in die Hand, entreißt Dimitri sie mir und übergibt sie Ferhid. »Ferhid, wasch sie ab für die Khatūn.«
Ferhid reibt sie innen gewissenhaft mit Schmierseife aus, poliert einmal kräftig darüber und reicht mir die Schüssel. Ich ersticke mein Mißtrauen, wie wohl ein seifiges Soufflé schmeckt, reiße mich zusammen und koche weiter.
Das ganze Unternehmen ist eine ungeheure Zerreißprobe für meine Nerven. Zum einen herrscht in der Küche meist eine Temperatur von 42 Grad, und um diesen Raum so »kühl« zu halten, wird er bloß durch eine winzige Öffnung erhellt, was eine schweißtreibende Dämmerung erzeugt. Hinzu kommt meine Zerrüttung durch das uneingeschränkte Vertrauen und den Respekt, die sich in jedem Gesicht spiegeln. Und es gibt eine ganze Menge Gesichter um mich herum! Außer Dimitri, dem gequälten Ferhid und dem hochnäsigen Ali haben sich als weitere Beobachter ein-

gefunden: Mansur, Serkis, unser Zimmermann, der Wasserführer und alle Arbeiter, die zufällig im Hause zu tun haben. Die Küche ist klein, die Zahl der Anwesenden groß. Sie umdrängen mich und verfolgen mit bewundernden Augen jede meiner Handlungen. Ich werde nervös – da muß ja alles schiefgehen. Ein Ei fällt mir aus der Hand und zerbricht auf dem Boden. So unerschütterlich ist das Vertrauen in mich, daß eine gute Minute jeder glaubt, dieses Mißgeschick gehöre dazu.
Ich mache weiter, mir wird heiß und heißer und immer flatteriger zumute. Die Töpfe sind von einer mir ganz unbekannten Art, der Schneebesen besitzt zu meinem Erstaunen einen abnehmbaren Griff – alles, was ich in die Hand nehme, ist absonderlich in Form oder Größe ... Ich reiße mich zusammen und treffe den verzweifelten Entschluß: Das Soufflé gerate, wie es wolle, ich werde behaupten, es entspreche meinen Absichten.
Genaugenommen sind die Ergebnisse meiner Kochkünste sehr unterschiedlich. Zitronencrème hat einen Riesenerfolg, Mürbeteig-Plätzchen werden als ungenießbar heimlich vergraben, ein Vanille-Soufflé gelingt, o Wunder, während Chicken Maryland derart zäh ist, daß die Zähne darin steckenbleiben. Später merke ich, daß die Tiere zu frisch geschlachtet und obendrein grauenhaft alt waren.
Nachgerade weiß ich, welche Rezepte ich weitergeben kann und welche nicht. Von einem Gericht, das sofort gegessen werden muß, sollte man im Orient die Finger lassen. Omelettes, Soufflés und Chips werden unweigerlich eine Stunde im voraus zubereitet und zur Verfeinerung in den Backofen geschoben. Da nützt selbst der heftigste Protest nichts.
Doch alle noch so komplizierten Sachen, die eine lange Zubereitungszeit erfordern und sich zum Warmhalten eignen, geraten ausgezeichnet. Und kein Chef de Cuisine könnte Tag für Tag eine so perfekte Mayonnaise herstellen wie unser Dimitri.
Und noch eine andere kulinarische Eigentümlichkeit

möchte ich hier erwähnen: Im Familienjargon heißt dieses
Gericht »Biftek«. Stets von neuem erweckt die Ankündigung dieser Delikatesse Hoffnungen in uns – Hoffnungen,
die in Enttäuschung umschlagen, sobald eine Platte mit ein
paar knorpeligen, kringeligen Fleischstückchen aufgetischt
wird.
»Es schmeckt nicht einmal wie Rindfleisch«, stellt der Obrist traurig fest.
Und das erklärt natürlich alles – es gibt hier gar kein Rindfleisch. Der Fleischerladen ist eine höchst elementare Einrichtung. Von Zeit zu Zeit fährt Michel mit dem Kombi ins
nächste Dorf oder zu einem benachbarten Stamm; wenn er
bei seiner Rückkehr Marys hintere Tür aufreißt, purzeln
acht Schafe heraus.
Nach Bedarf werden diese Schafe eins ums andere geschlachtet, wobei ich den strikten Befehl gegeben habe, daß
das nicht direkt unter den Wohnzimmerfenstern geschehen
soll. Ich möchte auch nicht sehen, wie Ferhid mit einem
langen, scharf geschliffenen Messer in der Hand sich an die
Hühner anschleicht.
Die zimperlichen Anwandlungen der Khatūn betrachtet das
Personal nachsichtig als westliche Kuriosität.
Als wir bei Mosul gruben, erschien eines Tages unser alter
Vorarbeiter ganz aufgeregt bei Max. »Sie müssen morgen
mit Ihrer Khatūn nach Mosul! Dort ist ein großes Fest, eine
Frau wird gehängt! Ihre Khatūn wird viel Freude daran haben. Unter keinen Umständen darf sie das verpassen!«
Ihn überraschte, wie gleichgültig, eher angewidert ich auf
dieses Ereignis reagierte.
»Aber es ist eine Frau!«, wiederholte er eindringlich. »Das
kommt sehr selten vor, daß eine Frau gehängt wird. Diesmal
ist es eine Kurdin, die ihre drei Ehemänner vergiftet hat.
Sowas kann die Khatūn doch nicht verpassen wollen. Nein!«
Meine eiserne Ablehnung, mir das anzusehen, setzte mich
in seinen Augen ziemlich herab. Traurig zog er ab, um die
Hinrichtung allein zu genießen.

Auch sonst übernimmt uns unerwartetes Feingefühl. Das Schicksal unserer Hühner und Puten (unangenehme, kollernde Biester) läßt uns sehr kalt, doch einmal kauften wir eine niedliche, fette Gans. Unglücklicherweise war sie sehr gesellig, sie hatte unverkennbar im Dorf Familienanschluß gehabt. So versuchte sie entschlossen, am ersten Abend zu Max ins Bad zu steigen. Und immer wieder schob sie eine Tür auf, reckte den Schnabel vor und gab hoffnungsvoll zu verstehen »ich bin so allein«. Mit der Zeit waren wir ganz verzweifelt: Keiner von uns brachte es über sich, die Gans schlachten zu lassen. Schließlich ergriff der Koch die Initiative, und die Gans wurde mit einer würzigen Füllung nach einheimischer Art aufgetragen – ein herrlicher Anblick. Sie duftete auch verlockend, doch uns blieb der Bissen im Halse stecken. Ein solch umdüstertes Mahl hatten wir noch nie erlebt.
Eines Tages häuft Buckel Schmach und Schande auf sein Haupt: Dimitri tischt uns stolz ein Lamm auf, Kopf, Füße, Klauen, alles dran. Buckel schaut einmal hin und rennt wie der Blitz aus dem Zimmer.
Aber zurück zu unserem »Biftek«. Wird ein Schaf geschlachtet und zerlegt, ißt man es in dieser Reihenfolge: Die Schulter oder ein ähnliches Stück mit der eingenähten Füllung aus Gewürzen und Reis, Dimitris berühmte Spezialität, zuerst; dann die Keulen; dann eine Platte mit den sogenannten »eßbaren Innereien«; darauf eine Art Eintopf mit Reis und zum Schluß die unrühmlichen Reste des Schafes, die es nicht wert waren, bei den besseren Gerichten mitzuwirken. Sie werden entschlossen und lange gebraten, bis sie zusammengeschnurrt und ledern das berüchtigte »Biftek«, ergeben.

Wir sind sehr zufrieden mit unserer Arbeit auf dem Hügel, seine untere Hälfte erwies sich nämlich als prähistorisch. Wir haben an einer Stelle einen »Suchgraben« gelegt und von der obersten Schicht bis zum natürlichen Boden gegraben. Das ergab fünfzehn aufeinanderfolgende Besiedlungen, davon die unteren zehn prähistorisch sind. Nach 1 500 v. Chr. war der Hügel nicht mehr besiedelt – vermutlich wegen der Instabilität des Untergrunds. Wie immer finden sich als zufällige Eindringlinge ein paar römische und auch islamische Grabstätten, die wir ebenfalls römisch nennen, um die Empfindlichkeit unserer Moslems zu schonen. Doch die Männer sind ein respektloser Haufen. »Jetzt graben wir deinen Großvater aus, Abdul!« »Nein, das ist doch deiner, Daoud!« Sie lachen und witzeln drauflos.

Wir haben viele interessante tierförmige Stempelsiegel gefunden, alle von einem wohlbekannten Typ. Doch auf einmal kommen mehrere höchst merkwürdige Figürchen zutage: Ein kleiner, geschwärzter Bär erscheint, ein Löwenkopf und dann eine sonderbar primitive menschliche Gestalt. Max hatte gleich Verdacht geschöpft, doch die menschliche Gestalt machte das Maß voll. Wir haben einen Fälscher unter uns.

»Und einen recht geschickten Burschen dazu«, bemerkt Max, als er das Bärchen voll Anerkennung herumdreht. »Sehr anständig gemacht.«

Wir ermitteln weiter. Die Objekte tauchen an einer bestimmten Ecke unserer Ausgrabung auf und werden meist von dem einen oder anderen Bruder entdeckt, die beide aus einem ungefähr zehn Kilometer entfernten Dorf kommen. Plötzlich bringt ein Mann, aus demselben Dorf stammend, einen höchst zweifelhaften »Löffel aus Bitumen« – er will ihn an einem ganz anderen Platz gefunden haben. Er erhält wie gewohnt sein Bakschisch, und wir schweigen.

Doch am Zahltag gibt es die große Enthüllungsszene. Max zeigt die Funde und hält eine kräftige Standpauke. »Das ist reine Gaunerei«, wettert er und zerstört die Sachen vor aller Augen; nur den Bär behält er als Kuriosität. Die fündigen Arbeiter werden entlassen und ziehen fröhlich unter lauten Unschuldsbeteuerungen von dannen. Am nächsten Morgen kichern die Männer bei der Arbeit. »Der Khwaja weiß alles über alte Sachen, er ist sehr gebildet. Dem kann man nichts vormachen.«

Max ist traurig – zu gerne hätte er erfahren, wie die Fälschungen hergestellt wurden. Ihre handwerkliche Qualität hat seinen ungeteilten Beifall.

Wir können uns jetzt ein Bild machen, wie Tchârher vor 5 000 bis 3 000 Jahren ausgesehen hat. In vorgeschichtlicher Zeit muß hier eine vielbegangene Handelsstraße durchgeführt haben, die Harran mit Tell Halaf verband und weiter dem Jabal-Sinjâr-Gebirge entlang in den Irak zum Tigris vorstieß und schließlich das alte Ninive erreichte. Tchârher gehörte zu den weitverstreuten Handelszentren.

Manchmal rührt uns ein persönlicher Zug: Ein Töpfer, der sein Zeichen auf den Boden eines Keramikgefäßes geritzt hat, ein Versteck in der Mauer, wo ein Gefäß voll goldener Ohrringe steht – vielleicht die Mitgift der Tochter des Hauses. Oder – schon näher an unsere Gegenwart gerückt: Ein Metallplättchen, auf das um das Jahr 1600 herum der Name »Hans Krauwinkel aus Nürnberg« eingraviert wurde. Es lag in einem islamischen Grab, ein Hinweis, daß zwischen diesem abgelegenen Gebiet und Europa eine Verbindung bestanden hat.

Ungefähr 5 000 Jahre alt sind ein paar wunderschön geritzte Gefäße, nach meiner Ansicht von hoher handwerklicher Kunst. Aus jener Zeit stammen auch »Madonnen«, Frauenfigürchen mit einem Turban und üppigen Brüsten, sie sind grotesk und primitiv und spendeten dennoch Trost und Hilfe.

Und dann die faszinierende Entwicklung des Bukranion auf der Keramik. Diese Verzierung ist zu Beginn ein einfacher Rinderschädel, der immer stärker stilisiert wird, bis den naturalistischen Ursprung nur noch sieht, wer die Zwischenstufen kennt. Zu meiner Bestürzung ist wahrhaftig das schlichte Muster eines meiner Seidenkleider haargenau ein Bukranionmotiv. Immerhin klingt Bukranion besser als »Tell-Halaf-Rautenmuster«.

Der Zeitpunkt für den ersten Spatenstich in Tell Brak ist gekommen – ein sehr feierlicher Augenblick. Mit vereinten Kräften haben Serkis und Ali ein bis zwei Zimmer in Ordnung gebracht. Der Wasserführer, das prinzliche Pferd, das keine alte Frau ist, der Wagen, die Wasserfässer – alles steht bereit.
Der Obrist und Buckel übernachten in Brak, um am Morgen schon in aller Frühe auf dem Hügel anzufangen.
Max und ich treffen um acht Uhr ein. Der Obrist hat leider eine betrüblich unruhige Nacht verbracht im Kampf mit Fledermäusen. Anscheinend ist das Turmzimmer buchstäblich von Fledermäusen besetzt, und die verabscheut der Obrist aus ganzer Seele. Buckel berichtet, wie er bei jedem Aufwachen den Obristen im Zimmer herumturnen sah, wobei er wild mit seinem Frottiertuch auf die Fledermäuse einschlug.
Wir schauen eine Weile den Arbeiten auf dem Hügel zu.
Der schwermütige Wasserführer erzählt mir eine lange Geschichte voll bitteren Leids, wie mir scheint. Als Max dazustößt, bitte ich ihn, sie doch zu ergründen.
Es stellt sich heraus, daß der Wasserführer in der Nähe von Djérâbloûs eine Frau und zehn Kinder besitzt und das Fernsein der Familie ihm das Herz zerreißt. Könnte er einen Vorschuß erhalten, um die Seinen herkommen zu lassen? Ich setze mich für eine positive Antwort ein. Max hat Zweifel.
»Eine Frau im Haus«, meint er, »bringt Verdruß.«
Auf dem Rückweg nach Tchârher begegnen uns viele Arbeiter – in Gruppen wandern sie über Land zu der neuen Grabungsstätte.
»*El hamdu lillah*«, rufen sie herüber, »habt ihr morgen Arbeit für uns?«
»Ja, wir haben Arbeit für euch.«
Sie loben Gott und ziehen weiter.

Wir verbringen zwei ruhige Tage zu Hause, dann übernehmen wir turnusgemäß die Aufsicht in Brak. Die Grabung

hat zwar noch nichts Nennenswertes zutage gefördert, wirkt aber vielversprechend, denn die Mauern der Häuser etc. stammen aus der gesuchten Periode.
Heute weht ein kräftiger Südwind, ihn verabscheue ich am meisten, er stimmt mich gereizt und nervös. Aufs Schlimmste gefaßt ziehen wir los, mit Gummistiefeln, Regenmänteln und Schirmen ausgerüstet. Serkis' Beteuerungen, er habe das Dach repariert, nehmen wir nicht weiter ernst. Heute Nacht erleben wir – um es mit Michels Worten auszudrücken – ein Beispiel von *Sawi Proba*.
Der Weg nach Brak führt über Land ohne Straße. Als wir zwei von unseren Arbeitern überholen, die zur Ausgrabung marschieren, hält Max und bietet ihnen zu ihrem Jubel einen Platz in Mary an. Ein Hund folgt den beiden auf dem Fuß, mit einem zerfransten Strick um den Hals; die Männer steigen ein, und Michel will starten.
»Was ist mit dem Hund?« fragt Max, »den können wir auch mitnehmen.«
»Das ist nicht unser Hund«, sagen sie, »er war plötzlich da, einfach so, mitten in der Wüste.«
Wir sehen uns den Hund genauer an. Obwohl er nicht reinrassig ist (soweit wir das beurteilen können), stellt er eindeutig eine europäische Mischung dar. Er hat etwas von einem Scotch und etwas von einem Cairn-Terrier und in der Farbe erinnert sein Fell an einen Rauhhaar-Terrier. Der Hund ist ungeheuer lang, hat glänzende Bernsteinaugen und eine recht gewöhnliche zartbraune Nase. Er schaut uns weder traurig an, noch ängstlich, noch voller Selbstmitleid – ganz im Gegensatz zu den Hunden des Orients. Vielmehr setzt er sich bequem hin und mustert uns frohgemut mit einem leichten Schwanzwedeln.
Max beschließt, ihn mitzunehmen; Michel soll ihn holen und ins Auto stecken. Michel schaudert.
»Er wird mich beißen«, erklärt er unschlüssig.
»Ja, ja«, stimmen die beiden Araber zu, »ganz gewiß. Der Hund will dein Fleisch. Laß ihn lieber hier, Khwaja.«

»Michel, nimm den Hund und tu ihn endlich rein!« befiehlt Max. Michel kratzt seinen Mut zusammen und nähert sich dem Hund, der ihm freundlich den Kopf zuwendet.
Michel zieht sich eilig zurück. Ungeduldig springe ich heraus, packe das Tier und steige wieder ein. Durch das Fell hindurch kann ich alle seine Rippen spüren. Wir fahren weiter, und in Brak wird unser Neuling Ferhid übergeben, der ihm ein reichliches Mahl vorsetzen soll. Wir überlegen uns einen Namen und taufen ihn schließlich Miss Ostapenko (eine Gestalt aus meiner gegenwärtigen Lektüre). Daß der Hund ausschließlich Hiyou gerufen wird, ist Buckels Schuld. Hiyou besitzt einen wunderbaren Charakter. Lebensgierig, unerschrocken, fürchtet sie weder Tod noch Teufel. Sie ist gleichmäßig guter Laune und tut grundsätzlich nur, was *sie* will. Offenbar besitzt sie – was sonst nur Katzen zugesprochen wird – neun Leben. Eingesperrt findet sie garantiert Mittel und Wege, um herauszuschlüpfen, und als sie umgekehrt einmal ausgesperrt war, fraß sie ein sechzig Zentimeter großes Loch in die Lehmziegelmauer, nur um hereinzukommen. Sie steht bei jeder Mahlzeit da und strahlt eine solche Dringlichkeit aus, daß niemand ihr widerstehen kann – sie bettelt nie, sie fordert!
Ich bin überzeugt, daß jemand Hiyou mit einem um den Hals gebundenen Stein ertränken wollte und daß sie mit ihrem kräftigen Lebenswillen den Strick durchbiß, ans Ufer schwamm und dann durch die Wüste trottete, bis sie sich mit ihrem unfehlbaren Instinkt den beiden Männern anschloß. Ihr Verhalten bestätigt übrigens meine Theorie: Sie geht auf Zuruf überall hin mit, außer in Richtung Jarh Jarh. Da stellt sie sich nachdrücklich quer zum Weg, schüttelt sozusagen den Kopf und kehrt um. »Nein, danke«, gibt sie zu verstehen, »ich mag nicht ertränkt werden. Lästige Angelegenheit.«

Zu unserer Erleichterung hören wir, daß der Obrist eine ruhigere Nacht gehabt hat. Serkis verjagte die meisten Fle-

dermäuse, als er das Dach reparierte, und zusätzlich hat der Obrist eine geniale Vorrichtung ersonnen mit einer großen Waschschüssel, in die alle Fledermäuse am Schluß hineinfallen und ertrinken. Der Aufbau des hochkomplizierten Mechanismus hat, wie wir seinen Ausführungen entnehmen, natürlich die Nachtruhe des Erfinders beträchtlich verkürzt.
Wir gehen zum Hügel und suchen uns ein windgeschütztes Plätzchen für unser Picknick. Auch dort noch schlucken wir mit jedem Bissen viel Sand und Staub. Jedermann ist vergnügt, sogar der Wasserführer fährt mit einem gewissen Stolz zum Jarh Jarh und zurück. Er führt das Wasser bis zum Fuß des Hügels, von wo es, in Krüge abgefüllt, durch Esel hinauftransportiert wird. Es ist wie in der Bibel, mich rührt das an.
Sobald *Fidos* gepfiffen wird, starten der Obrist und Buckel in Queen Mary nach Tchârher, während wir unseren Zweitagedienst in Brak übernehmen.
Das Turmzimmer sieht sehr hübsch aus mit den Matten auf dem Boden, auf denen ein paar kleine Teppiche liegen. Wir haben einen Krug, eine Waschschüssel, einen Tisch, zwei Stühle, zwei Feldbetten, Handtücher, Laken, Wolldecken, ja sogar Bücher. Die Fenster sind sehr locker eingesetzt. Wir gehen zu Bett nach einem sonderbaren Mahl, von Ali gekocht und von einem umdüsterten Ferhid serviert. Es besteht größtenteils aus flüssigem Spinat, worin ein paar winzige Inseln schwimmen – wieder einmal »Biftek«, wie uns scheint.

Wir schlafen gut. Es zeigt sich nur eine einzige Fledermaus, die Max mit einer Taschenlampe hinauslockt. Wir wollen dem Obristen sagen, mit seinen mehreren hundert Fledermäusen habe er sich ja gewaltig verschätzt – bestimmt eine Folge des Alkohols. Um vier Uhr fünfzehn wird Max mit Tee geweckt und geht zum Hügel. Ich schlafe wieder ein, bis mein Tee um sechs Uhr kommt. Zum Frühstück um acht ist Max wieder da. Nun wird aufgefahren: weiche Eier, Tee, arabisches Brot, zwei Töpfe Marmelade und eine Dose Puddingpulver (!) mit Vanillegeschmack. Wenige Minuten später erscheint ein zweiter Gang: Rührei.

»*Trop de zèle*«, murmelt Max, und aus Angst vor dem Auftauchen eines Omelettes läßt er dem unsichtbaren Ali ausrichten, daß wir wirklich ausreichend versorgt sind. Mit einem Seufzer führt Ferhid den Auftrag aus, er kehrt verwirrt und mit gerunzelter Stirn wieder zurück. Wir befürchten eine größere Katastrophe – aber nein, er fragt schlicht: »Soll man Orangen zu Ihrem Picknick gében?«

Buckel und der Obrist kommen mittags zu uns herüber. Bei dem heulenden Wind hat Buckel Schwierigkeiten mit seinem Helm. Hilfsbereit eilt Michel wieder herbei, um mit *Forca* nach dem Rechten zu sehen, doch in Erinnerung an das letzte Mal weicht ihm Buckel mit Geschick aus.

Im allgemeinen besteht unser Mittagessen aus kaltem Fleisch und Salat, doch Ali, der ehrgeizige, schwang sich in höhere Regionen auf. So essen wir gebackene Auberginen, halb warme, halb gare Scheiben, dazu fetttriefende kalte Bratkartoffeln, kleine runde »Bifteks«, eisenhart gebraten. Der Salat, schon vor Stunden mit Sauce gemischt, ist nur noch eine Orgie in öligem Grün.

Max: »Ich dämpfe Alis wohlgemeinte Anstrengungen ja nur ungern, aber er muß seine schöpferischen Kräfte zügeln.«

Wir treffen Abd es Salaam an, wie er die Mittagspause mit einer langen, grauenvoll moralischen Ansprache an die Arbeiter ausfüllt.

»Seht, wie gut ihr es habt«, ruft er armeschwenkend, »wird nicht alles für euch getan und euch sogar das Denken abgenommen? Ihr dürft euer Essen mitbringen und hier im Hof des Hauses verzehren, ihr erhaltet reichlichen Lohn; ob ihr etwas findet oder nicht, das Geld wird ausgezahlt. Welche Großherzigkeit! Welch ein Edelmut! Und das ist noch nicht alles. Außer dem Riesenlohn bekommt ihr Geld für jeden einzelnen Fund! Wie ein Vater wacht der Khwaja über euch, er verhindert sogar, daß ihr euch körperlichen Schaden zufügt! Wenn ihr krank seid und Fieber habt, so gibt er euch Medizin. Sind eure Därme verschlossen, verabreicht er euch ein Abführmittel mit erstklassiger Wirkung. Was für ein einmalig glückliches Geschick ist euch zuteil geworden. Und noch mehr der Großzügigkeit für euch: Müßt ihr etwa durstgequält arbeiten? Müßt ihr etwa selber für Trinkwasser sorgen? Nein, nein und abermals nein. Obwohl in keiner Weise dazu verpflichtet, läßt er in seiner großen Güte für euch das Wasser unentgeltlich zum Hügel führen, den ganzen Weg vom Jarh Jarh herüber. Der Wassertransport mit Pferd und Wagen ist sehr teuer. Denkt an die Kosten, denkt an seine Ausgaben! Wie wundersam gut habt ihr es doch, daß ein solcher Mann euch Arbeit gibt!«

Wir stehlen uns weg, und Max bemerkt gedankenvoll: »Ich wundere mich, wieso keiner der Arbeiter diesen Abd es Salaam ermordet. *Ich* würde es tun an ihrer Stelle.«

Buckel entgegnet: »Im Gegenteil, die Arbeiter schlürfen das.«

Tatsächlich, sie nicken oder grunzen zustimmend, und einer wendet sich dem anderen zu: »Er spricht sehr vernünftig. Man bringt Wasser für uns her. Ja, wir werden wirklich großzügig behandelt. Er hat recht. Wir haben es gut. Ein weiser Mann, dieser Abd es Salaam.«

Buckel kann gar nicht verstehen, wie die Männer das aushalten. Doch ich bin anderer Ansicht, ich erinnere mich, daß ich als Kind hochmoralische Geschichten gierig verschlang. Die Araber sehen das Leben ähnlich direkt und naiv. Der sprücheklopfende Abd es Salaam ist beliebter als Alawi mit seiner moderneren, weniger frömmelnden Einstellung. Zudem ist Abd es Salaam ein großer Tänzer, und am Abend tanzen die Männer von ihm angeführt im Hof des Braker Hauses langwierige, komplizierte Figuren – genauer: *ein Muster* – manchmal bis tief in die Nacht hinein. Wie sie das schaffen und morgens um fünf Uhr schon wieder auf dem Hügel stehen, bleibt mir ein Rätsel. Genauso rätselhaft ist, wie die Arbeiter aus Dörfern, die drei, fünf und zehn Kilometer entfernt liegen, jeden Tag pünktlich auf die Minute bei Sonnenaufgang eintreffen. Ohne Wecker oder Armbanduhr brechen sie zwanzig Minuten oder über eine Stunde vor Arbeitsbeginn auf und sind weder zu spät noch zu früh an ihrem Platz. Und es erstaunt mich auch, wie sie beim *Fidos*-Pfiff – Arbeitsschluß ist eine halbe Stunde vor Sonnenuntergang – ihre Körbe in die Luft werfen, lachend ihre Hacke schultern und fröhlich die ganzen zehn Kilometer nach Hause rennen – jawohl, *rennen*. Dabei haben sie nur eine halbe Stunde Frühstücks- und eine volle Stunde Mittagspause und sind nach unseren Begriffen von klein auf unterernährt. Gewiß, sie arbeiten recht gemächlich, und nur ab und zu graben sie aus einem Überschuß an Frohsinn wie irre los oder stieben herum – im Grunde freilich müssen sie körperlich hart arbeiten. Der Mann mit der Hacke ist noch am besten dran, denn sobald er die Oberfläche seines Areals aufgehauen hat, kann er sich hinsetzen und eine Zigarette rauchen, während seine Kollegen mit der Schaufel die Körbe füllen. Die Korbjungen haben keine Ruhepause, wenn sie nicht selber dafür sorgen. Darin sind sie ganz geschickt, indem sie zum Abladeplatz trödeln oder den Inhalt der Körbe mit einem übertriebenen Zeitaufwand durchwühlen.

Alle sind so herrlich gesund. Augenkrankheiten kommen allerdings häufig vor, und Verstopfung beschäftigt viele Gemüter. Soviel ich weiß, gibt es heute auch zahlreiche Tuberkulosefälle, ein Geschenk der westlichen Zivilisation. Doch die Regenerierungskräfte der Araber grenzen ans Wunderbare. Ein Mann fährt seinem Gegner mit dem Messer über den Kopf – die Wunde sieht scheußlich aus. Der Verletzte bittet sie ärztlich zu versorgen und zu verbinden, doch schaut er uns verblüfft an, wenn wir ihm vorschlagen, vor Arbeitsschluß nach Hause zu gehen. »Deswegen? Wegen einem kleinen bißchen Kopfweh?« Und nach zwei oder drei Tagen ist alles verheilt, trotz der einwandfrei unhygie-

nischen Behandlung, der sich der Mann, kaum daheim, zweifelsohne selber unterzieht.
Ein Arbeiter, fiebernd und mit einem großen, schmerzhaften Furunkel am Bein, wird von Max nach Hause geschickt. »Du bekommst denselben Lohn, wie wenn du hier geblieben wärst.« Brummig trabt der Mann davon. Doch am Nachmittag entdeckt Max ihn plötzlich an seinem Arbeitsplatz. »Was machst du denn hier? Ich habe dich doch heimgeschickt!«
»Ich ging auch nach Hause, Khwaja (acht Kilometer). Aber dort war es langweilig. Keine Unterhaltung. Bloß Frauen. Darum bin ich umgekehrt. Und sieh nur, es war gut so, die Geschwulst ist aufgeplatzt.«

Heute fahren wir nach Tchârher und die beiden anderen kommen nach Brak. Diese Rückkehr ins eigene Haus empfinden wir als großen Luxus. Wir stellen fest, daß der Obrist geschäftig überall Zettel aufgeklebt hat mit meist ehrenrührigen Aufschriften. Zudem hat er mit solchem Eifer aufgeräumt, daß wir nichts mehr finden. Wir sinnen auf Rache. Schließlich schneiden wir aus alten Zeitungen Bilder von Mrs. Simpson aus und heften sie im Zimmer des Obristen an die Wand.
Es muß vieles fotografiert werden, und ich entwickle wieder. Als ich an diesem heißen Tag aus meiner pilzübersäten Dunkelkammer krieche, komme ich mir wahrhaftig auch wie ein Pilz vor. Das Personal hat die Aufgabe, mich mit verhältnismäßig sauberem Wasser zu versorgen. Erst wird der grobe Schmutz weggefiltert, und dann seiht man das Wasser durch Watte in verschiedene Eimer. Wenn ich es für die Negative verwende, sind nur noch ein paar Sandkörner und etwas Staub aus der Luft darin, so daß die Resultate ganz befriedigend ausfallen.
Ein Arbeiter bittet Max um fünf Tage Urlaub.
»Warum?«
»Ich muß ins Gefängnis.«

Heute ist ein denkwürdiger Tag wegen unseres Rettungseinsatzes. In der Nacht hatte es geregnet und am Morgen war der Boden noch immer sumpfig. Gegen zwölf Uhr tauchte ein abenteuerlich aussehender Reiter auf, der mit verwegener Kühnheit heranpreschte, als ob er eine Siegesnachricht überbrächte. Tatsächlich meldet er eine Hiobsbotschaft. Der Obrist und Buckel sind auf der Fahrt zu uns halb im Schlamm versunken. Der Reiter muß mit zwei Schaufeln ausgerüstet umgehend zurückgaloppieren, während wir eine Rettungsmannschaft in Poilu losschicken: fünf Männer unter der Leitung von Serkis; sie laden Schaufeln und Bretter ein und fahren unter fröhlichem Gesang ab. Max ruft ihnen nach, ja nicht selber im Schlamm steckenzubleiben. Und gerade das passiert, doch – Glück im Unglück – nur ein paar hundert Meter von unserer »gefallenen« Mary entfernt, deren Hinterachse sich fest in den sumpfigen Boden eingegraben hat. Fünf geschlagene Stunden haben die Insassen bis zur Erschöpfung den Kombi auszugraben versucht, von Michel beinahe in den Wahnsinn getrieben, der mit seinem sich überschlagenden Falsett wohlgemeinte Ermahnungen und Kommandos jaulte. »*Forca! Forca!*« – und der dritte Wagenheber kracht. Mit Hilfe unserer Athleten (die Auswahl der Rettungsmannschaft richtete sich nach den Muskelpaketen) und unter der kundigeren Leitung von Serkis bequemt sich Mary, aus dem Schlamm aufzutauchen, und zwar fährt sie so plötzlich an, daß sie alle von Kopf bis Fuß vollspritzt. Ein gähnendes Loch bleibt zurück, der Obrist tauft es »Marys Grab«.
Während unseres letzten Aufenthaltes in Brak hat es ziemlich stark geregnet, und Serkis' Dach war den erhöhten Anforderungen keineswegs gewachsen. Zudem schwingen die Fensterläden (einfache Bretter!) auf, so daß Windstöße und Regenschauer durch das Zimmer fegen. Ganz schrecklich gießt es an unserem »Feiertag«, die Arbeit wird also nicht aufgehalten, nur unser geplanter Ausflug zum Kawkab, einem Vulkan, fällt ins Wasser.

Dieser Feiertag führt um ein Haar zu wildem Aufruhr. Die zehntägige Arbeitszeit endete an einem Samstag, und Abd es Salaam, der den Männern den freien Tag ankündigen soll, blökt, dieser schafsdumme Mensch, laut heraus: »Morgen ist Sonntag, *deshalb* wird nicht gearbeitet.«
Sofort setzt drohendes Volksgemurmel ein. Was! Sollen all die guten und vornehmen Moslems beleidigt werden wegen zwanzig miesen armenischen Christen? Ein besonders Hitziger, Abbas 'Id mit Namen, will einen Streik organisieren. Da hält Max eine Rede des Inhalts, wenn er Sonntag, Montag, Dienstag, Mittwoch, Freitag oder Samstag zum Feiertag erkläre, sei daran nicht zu rütteln. Abbas 'Id aber solle sich nie wieder auf dem Hügel zeigen. Als die Armenier durch triumphierendes Gekicher ihre Ermordung geradezu herausfordern, werden sie ermahnt, sich ruhig zu verhalten.
Dann ist Zahltag. Max verschwindet in Mary, während Michel mit Geldsäcken beladen aus dem Haus wankt. Die Mejidis wurden – dem Himmel sei Dank! – aus dem Verkehr gezogen, die syrische Valuta ist jetzt *de rigueur*. Die Säcke werden im Kombi verstaut, am Fenster des Fahrersitzes taucht Maxens Gesicht auf (er gleicht erstaunlich einem Schalterbeamten, der am Bahnhof Fahrkarten verkauft), Michel holt einen Stuhl in den Kombi und verwaltet das Bargeld, indem er die Münzen aufeinandertürmt. Mit einem tiefen Seufzer bedenkt er, wieviel Geld in muselmanische Hände überwechselt.
Max öffnet ein riesiges Hauptbuch – der Spaß beginnt. Aufgerufen tritt ein Team nach dem anderen vor und erhält seinen Lohn. Mit ungeheuren Rechenkunststücken haben wir in der vergangenen Nacht bis zum Morgengrauen das tägliche Bakschisch eines jeden Arbeiters nachgeprüft und zu seinem übrigen Lohn addiert.
Fortunas Launen fallen an einem Zahltag besonders auf: Einige Männer erhalten beachtliche Zulagen, andere wieder gehen fast leer aus. Scherze und Witzeleien schwirren durch die Luft, denn alle, auch die vom Glück nicht Begünstigten,

sind fröhlich. Eine große hübsche Kurdin rennt zu ihrem Mann, der eben sein Geld zählt.
»Wieviel hast du bekommen? Zeig es mir!«
Skrupellos schnappt sie sich den ganzen Betrag und entschwindet.
Zwei vornehm wirkende Araber drehen höflich ihr Gesicht weg, abgestoßen von diesem wenig fraulichen (auch wenig männlichen) Benehmen.
Die Kurdin tritt wieder vor ihre Lehmhütte und beschimpft lauthals ihren Mann, wie er einen Esel nur so losbinden könne. Der Kurde, ein stattlicher, gut aussehender Kerl, seufzt traurig. Wer will mit einem kurdischen Ehemann tauschen?
Es gibt hier ein Sprichwort: Wenn dich ein Araber in der Wüste ausplündert, schlägt er dich, schont aber dein Leben. Ein kurdischer Räuber plündert dich aus und bringt dich zu seinem Vergnügen um.
Vermutlich beweist der Pantoffelheld außer Hause doppelten Grimm.
Endlich sind nach zwei Stunden alle Löhne ausbezahlt. Eine kleine Verwechslung zwischen Daoud Suleiman und Daoud Suleiman Mohammed wurde zu beider Befriedigung berichtigt. Abdullah kehrt lächelnd um, weil er irrtümlich zehn Francs zuviel erhalten hat, während der kleine Mahmoud mit schriller Stimme mehr als nur 45 Centimes haben will: »Zwei Teile von Schmuckstücken, ein Gefäßrand, ein Obsidianstückchen, Khwaja, und alles am letzten Donnerstag!« Alle Ansprüche und Gegenforderungen sind überprüft und geregelt. Wir bitten um Auskunft, wer weiterarbeiten und wer gehen will. Fast alle gehen. »Aber nach den nächsten zehn Tagen – wer weiß, Khwaja?«
»Ja«, erwidert Max, »wenn ihr euer Geld ausgegeben habt.«
»Du sagst es, Khwaja.«
Freundlich grüßend verabschieden sie sich. An diesem Abend hallt unser Hof von Tanz und Gesang wider.

Ein herrlich warmer Tag in Tchârher. Der Obrist platzt vor Wut über Poilu, der ihn in letzter Zeit aber auch an jedem Tag im Stich ließ. Bei sämtlichen Zusammenbrüchen erschien Ferhid, versicherte tröstlich, daß der Wagen vollkommen in Ordnung sei, und wenn er diesen Befund demonstrieren will, springt Poilu sogleich an. Der Obrist fühlt sich dadurch doppelt beleidigt. Michel kommt dazu und erklärt mit seiner Fistelstimme, daß man bloß den Vergaser zu reinigen braucht. Dann produziert Michel sein Lieblingskunststück: Er saugt das Benzin in seinen Mund, gurgelt ausgiebig damit und schluckt es. Der Obrist betrachtet ihn mit vor Mißbilligung versteinertem Gesicht. Michel nickt ihm fröhlich lächelnd zu, fragt: »*Sawi proba?*« und zündet sich eine Zigarette an. Uns stockt der Atem – werden aus Michels Kehle Flammen schießen? Nichts geschieht.
Vier Arbeiter werden wegen ständigen Streitens entlassen. Alawi und Jahja reden nach einem Zank nicht mehr miteinander. Ein kleiner Teppich wurde uns gestohlen. Voller Unwillen eröffnet der Scheich darüber ein Untersuchungsverfahren, das wir mit Vergnügen aus der Ferne beobachten. Weiß gekleidete, bärtige Männer sitzen im Kreis und stecken die Köpfe zusammen. »Sie treffen sich draußen in der Ebene«, erklärt uns Mansur, »damit niemand die vertrauliche Verhandlung belauschen kann.«
Der »Prozeß« endet ganz orientalisch. Der Scheich versichert uns, daß er jetzt weiß, wer die Täter sind; er wird alles in die Hand nehmen und den Vorleger zurückerstatten. In Wahrheit passiert Folgendes: Er verprügelt seine sechs Hauptfeinde, erpreßt sehr wahrscheinlich noch ein paar dazu, der Vorleger taucht nicht auf. Doch der Scheich ist hochmunter und anscheinend wieder bei Kasse.
Heimlich kommt Abd es Salaam zu Max. »*Ich* kann dir sagen, wer den Vorleger gestohlen hat: der Schwager unseres Scheichs, der Chef der Jeziden, der ein sehr schlechter Mensch ist, aber eine wunderschöne Schwester besitzt.«

In Abd es Salaams Auge glimmt der Hoffnungsschimmer auf eine amüsante kleine Jezidenverfolgung. Doch Max verkündet entschlossen, daß der Vorleger als Verlust abzuschreiben sei. Basta! »In Zukunft«, faucht Max Mansur und Subri an, »muß man eben besser aufpassen und die Teppiche nicht draußen in der Sonne vergessen.«
Den nächsten betrüblichen Vorfall signalisiert das Erscheinen der Zollbeamten, die zwei Arbeiter festnehmen wollen, da sie geschmuggelte Zigaretten aus dem Irak rauchen. Die beiden haben wirklich Pech, denn genaugenommen rauchen 280 Männer (so viele weist unsere Lohnliste aus) geschmuggelte Zigaretten aus dem Irak. Ein Zollbeamter ersucht Max um eine Unterredung.
»Schmuggel ist ein sehr schweres Vergehen«, sagt er, »doch aus höflicher Rücksicht auf Euch, Khwaja, haben wir darauf verzichtet, die Schuldigen auf dem Grabungsplatz festzunehmen. Das könnte Eurer Ehre schaden.«
»Ich danke Ihnen für Ihre freundliche Rücksichtnahme«, entgegnet Max.
»Wir schlagen vor, daß Ihr, Khwaja, die beiden ohne Lohnzahlung entlaßt.«
»Das läßt sich kaum durchführen. Es ist nicht meine Sache, für die Einhaltung der hiesigen Gesetze zu sorgen. Ich bin Ausländer. Die beiden Männer haben sich vertraglich verpflichtet, für mich zu arbeiten, und ich habe mich verpflichtet, sie zu bezahlen. Ich kann ihnen den wohlverdienten Lohn nicht vorenthalten.«
Am Ende wird – mit Zustimmung der Schuldigen – beschlossen, daß man eine Geldstrafe vom Lohn abzieht und den Zollbeamten aushändigt. »*Inschallah*«, sagen die beiden achselzuckend, als sie zu ihrer Arbeit zurückkehren. Max mit seinem weichen Herzen schreibt den beiden Gesetzesbrechern in der folgenden Woche ein besonders hohes Bakschisch auf, so daß sie am Zahltag recht lustig sind. Sie glauben nicht an eine gute Tat von Max, sondern machen Allahs unendliche Güte für ihr Glück verantwortlich.

Wieder haben wir einen Ausflug nach Qamichlîyé unternommen, der nachgerade so reizvoll ist wie eine Fahrt nach Paris oder London. Unsere Wege gleichen sich immer mehr oder weniger: zum Laden von M. Yannakos, mit dessen Besitzer ein belangloses Gespräch geführt wird, zu der Bank mit ihren ewig langen Wartezeiten, diesmal aufgeheitert durch die Gegenwart eines hohen Kirchenfürsten der Maroniten in vollem Staat: mit juwelenbesetztem Kreuz, üppigem Haarwuchs und Purpurrobe. Max knufft mich, ich solle »Monseigneur« meinen Stuhl anbieten; ich gehorche widerwillig, eine erzprotestantische Aufwallung hat mich gepackt. (Anmerkung: Würde ich unter ähnlichen Umständen unserem Erzbischof von York den einzigen Stuhl anbieten, wenn zufällig gerade ich darauf säße? Vermutlich verzichtete er in einem solchen Falle dankend.) Der Archimandrit oder Großmufti oder was er nun ist, sinkt mit einem zufriedenen Seufzer auf den Stuhl und schenkt mir einen Blick voll Milde.

Es bedarf kaum der Erwähnung, daß Michel uns wieder bis aufs Blut reizt. Er tätigt absurde, doch hochgradig ökonomische Einkäufe und sieht sich mit Mansur zusammen nach einem zweiten Pferd um. Von der Reitleidenschaft gepackt, dringt Mansur hoch zu Roß bis in den Salon des Dorffriseurs vor, wo sich Max die Haare schneiden läßt. »Raus, du Schwachkopf!«, brüllt Max. »Das Pferd ist erstklassig«, entgegnet Mansur laut, »und ganz ruhig.« In diesem Moment bäumt es sich auf, und von zwei riesigen Vorderhufen bedroht rennt beim Friseur jedermann in Deckung.

Max setzt Mansur und das Pferd an die Luft und läßt sich die Haare fertig schneiden; Mansur den Kopf zu waschen, verschiebt er auf später.

In der Kaserne essen wir beim französischen Kommandanten einen köstlichen, raffinierten Lunch, laden ein paar Offiziere zu uns ein und kehren zu M. Yannakos zurück, um Michels neueste Enormitäten zu betrachten. Es sieht nach Regen aus, darum wollen wir unverzüglich heimfahren.

Das Pferd wurde gekauft – Mansur bettelt, daß er es nach Hause reiten darf.
Max sagt: »Du findest nie im Leben den Weg.«
Ich setze mich für Mansur ein. »Das ist doch eine hervorragende Idee. Bitte, erlaub's ihm.«
»Vom Reiten wirst du so steif, daß du dich nicht mehr bewegen kannst«, warnt Max.
Mansur behauptet, er werde nie vom Reiten steif.
Wir einigen uns, daß Mansur am folgenden Tag zu uns heraus reiten soll. Die Post hat einen Tag Verspätung, so kann er sie gleich mitnehmen.
Als wir – wie gewohnt mit unbequemen Hühnern und menschlichen Wracks im Kombi – zurückfahren, regnet es. Wir schliddern fantastisch, gelangen aber gerade rechtzeitig heim, bevor der Pfad sich in einen Sumpf verwandelt.
Der Obrist ist soeben aus Brak eingetroffen und hat ein neues Fledermausmartyrium hinter sich. Wohl war es ihm gelungen, die Tiere mit seiner Taschenlampe zur Waschschüssel zu locken, doch da er die ganze Nacht damit verbracht hat, schlief er nur sehr wenig.
Kühl bemerken wir: »*Wir* sehen in Brak keine Fledermäuse.«

Einer unserer Arbeiter kann sogar lesen und schreiben. Er heißt Jusuf Hassan und ist der größte Faulpelz auf dem Grabungsplatz. Sooft ich auf den Hügel komme, ich habe ihn noch kein einziges Mal bei der Arbeit überrascht. Entweder hat er eben seinen Fleck aufgehackt oder will gleich damit anfangen oder er macht eine Zigarettenpause. Auf seine Bildung ist er nicht wenig stolz und zu seiner eigenen und seiner Freunde Erheiterung schreibt er auf ein leeres Zigarettenpäckchen »Saleh Birro ist im Jarh Jarh ertrunken«. Alle ergötzen sich an diesem Zeugnis von gelehrtem Witz.
Das leere Päckchen rutscht in einen leeren Brotbeutel, wird in einen Mehlsack gestopft und termingerecht bringt man den Sack dahin zurück, von wo er gekommen ist, in das Dorf

Hanzir. Dort entdeckt ein Einwohner die Aufschrift, man läßt sie sich von einem Gelehrten vorlesen, und sofort eilt die Nachricht nach Germayir, Saleh Birros Heimatort. Erfolg: Am Mittwoch zieht eine lange Kavalkade – Männer, weinende Frauen, greinende Kinder – nach Tell Brak.
»Wehe uns! Welch ein Unglück«, jammern sie. »Unser lieber Saleh Birro ist im Jarh Jarh ertrunken. Wir wollen den Toten heimholen.«
Als erstes sehen sie Saleh Birro, der fröhlich das ihm zugewiesene Rechteck aushebt und hineinspuckt.
Staunen, Erklärungen. Zornentbrannt möchte Saleh Birro mit seiner Spitzhacke Jusuf Hassan den Kopf einschlagen. Auf beiden Seiten eilt ein Freund zur Unterstützung herbei, der Obrist marschiert heran und donnert: »Aufhören!« (Ein vergebliches Bemühen.) Dann versucht er herauszufinden, was eigentlich passiert ist.
Max hält Gericht und spricht das Urteil. Saleh Birro wird für einen Tag entlassen, a) wegen Prügelei, b) wegen Ungehorsams und Weiterkämpfens. Jusuf Hassan muß nach Germayir (vierzig Kilometer entfernt) wandern, dort alles aufklären und sich für seinen unglückseligen Einfall entschuldigen. Zusätzlich wird ihm für zwei Tage der Lohn einbehalten. Und die Moral von der Geschichte ist – worauf Max den engeren Kreis der Auserwählten hinweist –, daß Lesen und Schreiben hochgefährliche Errungenschaften sind.

Plötzlich erscheint Mansur, der wegen des Wetters drei Tage in Qamichlîyé festsaß, mehr tot als lebendig auf seinem Pferd. Erstens kann er kaum noch stehen und überdies hat er in Qamichlîyé einen großen und köstlichen Fisch gekauft, der ihm während der Wartezeit unter der Hand schlecht wurde. Aus unerfindlichem Grund hat er ihn mitgebracht! Hastig vergraben wir den Fisch, während Mansur ächzend in seinem Bett verschwindet und drei Tage unsichtbar bleibt. Wir genießen unterdessen die Dienste des klugen Subri.

Endlich findet unser Ausflug zum Kawkab statt. Mit außergewöhnlich gesammelter Miene bietet sich Ferhid als Führer an, da er »die Gegend kennt«. Wir überqueren den Jarh Jarh auf einer wackligen Brücke und folgen dann unserem todtraurigen Führer.

Abgesehen davon, daß Ferhid unterwegs vor Angst beinahe stirbt, geht alles in Ordnung. Den Kawkab haben wir zu unserer Orientierung immer vor Augen, nur der steinige Boden ist eine entsetzliche Strapaze, je näher wir dem erloschenen Vulkan kommen, desto mehr.

Vor dem Aufbruch herrschte in unserem Haus eine sehr gespannte Atmosphäre, da das Personal einen heftigen Streit über ein Stückchen Seife ausfocht. Frostig lehnen die Vorarbeiter die Teilnahme an dem Ausflug ab, doch der Obrist zwingt sie dazu. Sie steigen von entgegengesetzten Seiten in Mary ein und setzen sich Rücken an Rücken. Hinten kauert Serkis wie ein Huhn auf dem Boden und spricht mit keinem. Wer mit wem gestritten hat, ist kaum festzustellen. Doch bei der Besteigung des Kawkab ist alles vergessen. Unsere Erwartung, über einen Blumenteppich sanft bergan zu wandern, erfüllt sich nicht; steil wie eine Hauswand ragt der Abhang vor uns auf, und der Boden besteht aus rutschiger, schwarzer Asche. Michel und Ferhid sträuben sich entschlossen noch einen einzigen Schritt zu tun, während der Rest von uns einen Versuch wagt. Ich gebe bald auf, mache es mir bequem und schaue den anderen zu, wie sie rutschen, schnaufen und krabbeln. Welch ein Spektakel. Abd es Salaam kriecht vorwiegend auf allen Vieren hinauf.

Auf dem Rand eines kleinen Kraters picknicken wir. Hier blühen Tausende von Blumen, es ist ein vollkommener Augenblick. Rundum haben wir eine märchenhafte Aussicht mit der Bergkette des Jabal Sinjār vor uns. Der stille Frieden ist erquickend. Eine Welle des Glücks überspült mich, ich spüre, wie tief ich dieses Land liebe und wie hier das Leben mich ganz ausfüllt.

9 Mac ist wieder da

Unser Aufenthalt neigt sich dem Ende zu – Macs Ankunft rückt näher. Wir freuen uns auf ihn, und Buckel bombardiert alle mit Fragen, wie Mac denn wohl sei. Meine Antworten wecken häufig sein Staunen. Wir benötigen ein zusätzliches Kopfkissen, und obwohl wir in Qamichlîyé das teuerste Stück erwerben, ist das Kissen hart wie Stein.
»Darauf kann der Ärmste doch nicht schlafen«, meint Buckel.
Ich versichere ihm, daß es Mac egal ist, worauf er schläft.
»Wanzen und Flöhe beißen ihn nicht. Er hält sein Gepäck in Ordnung und läßt nichts herumliegen – außer seinem Plaid und dem Tagebuch«, fällt mir wieder ein.
Buckel schaut mich immer ungläubiger an.

Da Macs Ankunft auf einen unserer Feiertage fällt, planen wir mit aufwendiger Strategie einen archäologischen Ausflug. Um halb sechs Uhr morgens fährt der Obrist in Poilu nach Qamichlîyé, erstens, um Mac abzuholen, zweitens, um sich die Haare schneiden zu lassen – ein häufig wiederkehrendes Vorhaben, da der Obrist auf einen militärischen Bürstenschnitt hält.
Wir frühstücken um sieben Uhr und fahren um acht Uhr nach Aâmoûda, wo wir mit den beiden verabredet sind. Dann wollen wir gemeinsam Râs el Aïn besuchen, um uns in der Umgebung ein paar Hügel anzuschauen. (Wir kennen nur Arbeitsurlaub.) Subri und der sanfte Dimitri begleiten uns. Sie haben sich in Schale geworfen mit blinkenden Stie-

feln, dunkelroten, viel zu engen Anzügen und einer Melone auf dem Kopf. Durch bittere Erfahrungen klug geworden, trägt Michel seine Arbeitskleidung und beschränkt seinen Feiertagsputz auf weiße Gamaschen.
Aâmoûda stinkt wie eh und je. Es liegen sogar noch mehr verwesende Schafskadaver herum, als ich in Erinnerung habe. Mac und der Obrist sind noch nicht eingetroffen, woraus ich folgere, daß Poilu den Obristen wieder im Stich ließ.
Doch kurz darauf kommen sie. Freudige Begrüßung, ein paar Einkäufe, vor allem das ausgezeichnete hiesige Brot, dann soll's losgehen. Doch Poilu, von seinem guten Benehmen angeödet, hat sich einen Platten zugelegt. Während Michel und Subri den Reifen wechseln, drängt sich die Zuschauermenge eng und enger um uns – dieser hautnahe Kontakt war schon immer eine Angewohnheit der Aâmoûdaiten.
Endlich brechen wir auf, doch nach ungefähr einer Stunde erfreut uns Poilu mit der nächsten Ungezogenheit: der zweite Reifen ist platt. Erneute Reparaturarbeiten, wobei sich herausstellt, daß Poilus Ersatzteilgarnitur nichts taugt. Der Wagenheber ist kaputt und die Luftpumpe ein Fiasko. Subri und Michel vollbringen wahre Wunder, indem sie mit Nägeln und Zähnen die Schläuche zuklemmen.
Mit einer kostbaren Stunde Verspätung starten wir wieder. Dann stoßen wir auf ein unerwartet volles Wadi – so früh im Jahr eine Überraschung. Wir halten und diskutieren, ob wir es prestissimo durchqueren können.
Michel, Subri und Dimitri meinen: »Selbstverständlich gelingt es, wenn der barmherzige Gott uns hilft.«
Da wir aber, falls der Allmächtige der Hilfsbereitschaft ermangelt und Poilus Chassis nicht mit übernatürlichen Mitteln anheben mag, bestimmt elend stecken bleiben, entscheiden wir uns voll Bedauern für die Vernunft.
Die Dorfbewohner sind von unserem Entschluß sehr enttäuscht; wahrscheinlich trägt es wesentlich zu ihrem Le-

bensunterhalt bei, daß sie abgesoffene Wagen herausziehen. Michel watet in das Wasser, um die Tiefe zu prüfen, und wir alle starren fasziniert auf seine Dessous: weiße Baumwollunterhosen, die mit Bändchen um die Knöchel festgebunden werden – die Beinkleider eines viktorianischen Fräuleins.
Wir picknicken neben dem Wadi, danach plätschern Max und ich mit unseren Füßen im Wasser, bis plötzlich eine Schlange herausschießt und uns den Spaß verdirbt.
Ein alter Mann setzt sich zu uns. Auf die Grußworte folgt das übliche ausgedehnte Schweigen. Dann erkundigt er sich höflich: »Seid ihr Franzosen? Deutsche? Engländer?«
»Engländer.«
Er nickt. »Gehört dieses Land jetzt den Engländern? Ich habe es vergessen. Die Türken sind jedenfalls weg.«
»Ja«, bestätigen wir ihm, »seit dem Krieg sind die Türken weg.«
»Krieg?«, wiederholt der Alte verwirrt.
»Vor zwanzig Jahren fand doch ein Weltkrieg statt.«
Er denkt nach. »An einen Krieg kann ich mich nicht erinnern ... Ach ja, zu jener Zeit sind sehr viele 'asker über die Eisenbahn hin und her gegangen; das war also der Krieg? Wir haben gar nichts davon gemerkt. Der Krieg hat uns nicht berührt.«
Schweigen. Dann steht er auf, verabschiedet sich artig und ist verschwunden.
Wir fahren über Tell Bouaïda zurück. Dort haben Hunderte und Aberhunderte von Beduinen ihre schwarzen Zelte aufgeschlagen, da sie mit dem Frühling nach Süden ziehen, um ihre Herden zu weiden. Das Wadi Wajh enthält Wasser – überall treffen wir auf pulsierendes Leben. In vierzehn Tagen ist dann alles wieder leer und still.
Auf dem Hang des Tell Bouaïda hebe ich etwas auf, was eine kleine Muschel zu sein scheint, doch bei näherer Prüfung sich als Gegenstand aus Ton mit Farbspuren entpuppt. Das beschäftigt mich; ich grüble vergebens, wer wohl das Din-

gelchen gemacht hat und warum. Schmückte es ein Gebäude, ein Schminkgefäß oder eine Schüssel? Es stellt eindeutig eine Muschel dar. Wer dachte hier tief im Landesinneren vor Jahrtausenden an das Meer oder kannte es gar? Welche Fantasie und Kunstfertigkeit schuf solch ein Gebilde? Ich lade Max ein, meine Hypothesen zu teilen, doch er hält sich vorsichtig zurück: Wir haben nichts Vergleichbares. Aus Gefälligkeit will er Entsprechungen nachgehen, vielleicht seien ähnliche Objekte auch andernorts gefunden worden. Von Mac erwarte ich schon gar kein Interesse an meinen Spekulationen, das liegt nicht in seiner Natur. Buckel eignet sich dazu viel mehr, bereitwillig spielt er mit mir das Thema »Der Fund einer Tonmuschel« durch, bis es uns verleidet und wir gemeinsam über den Obristen herfallen, der sich für alles Römische begeistert – was für eine gräßliche Ketzerei bei einer Grabung wie der unseren. Ich lasse mich dann doch erweichen, extra für ihn eine römische Fibula (ein von uns verachteter Fund) zu fotografieren, ganz allein auf einer Platte.
Vergnügt kommen wir zu Hause an, der Scheich stürzt hervor.
»Ha! Der Khwaja Ingenieur!« Er küßt ihn herzhaft auf beide Wangen. Nicht endenwollendes Gekicher des Obristen, bis Max ihn warnt: »Nächstes Jahr sind Sie dran!«
»Ich soll mich von diesem widerlichen Alten küssen lassen?«
Ja, darauf wetten wir, auch wenn der Obrist in Würde erstarrt.
»Mac«, beteuert er, »wurde als Bruder mit einer innigen Umarmung empfangen, aber mir passiert das nicht.«
Der Obrist strahlt Entschlossenheit aus.
Stürmisch begrüßen die Vorarbeiter Mac mit einer arabischen Suada.
Mac ist sich treu geblieben, er antwortet englisch.
»Ach, der Khwaja Mac!« seufzt Alawi. »Er muß immer noch alles herbeipfeifen.«

Im Handumdrehen steht ein üppiges Essen auf dem Tisch, und nachher sitzen wir, behaglich müde, beisammen und genießen die Mac und dem Feiertag zu Ehren aufgestellten Köstlichkeiten (türkisches Konfekt, eingemachte Auberginen, Schokolade, Zigarren) und schwatzen für einmal nicht über Archäologie.

Wir kommen auf Religionen im allgemeinen zu sprechen, ein sehr komplexes Thema in jenem Gebiet, denn in Syrien wimmelt es von streng fanatischen Sekten, die sich alle, um der guten Sache willen, gegenseitig die Kehle durchschneiden würden. Dann wendet sich unsere Unterhaltung dem Gleichnis vom barmherzigen Samariter zu. Alle Geschichten aus dem Alten und Neuen Testament gewinnen hier an Belang und erdnaher Realität, da sie in die Alltagssprache und -ideologie eingebettet sind. Ein kleines Beispiel: Isebel erhielt bei den sittenstrengen Protestanten ihren beispielhaft schlechten Ruf, weil sie ihr Angesicht schminkte und ihr Haupt schmückte. Doch hierzulande schminken (oder tätowieren) alle ehrbaren Frauen ihr Gesicht und färben ihr Haar mit Henna. Daß Isebel zum Fenster hinausguckte, das ist das deutliche Zeichen unsittlichen Benehmens.

Ein Hauch aus dem Neuen Testament weht mich an, wenn Max auf meine Bitte hin seine Gespäche mit dem Scheich zusammenfaßt. Die beiden unterhalten sich fast nur in Gleichnissen. Jeder kleidet seine Wünsche oder Forderungen in eine Parabel, der andere vertritt seinen Standpunkt wieder mit einer Geschichte usw. Nichts wird je einfach und direkt gesagt.

Das Gleichnis vom barmherzigen Samariter ist hier überwältigend aktuell im Gegensatz zu Gegenden mit überfüllten Straßen, Polizei, Ambulanzen, Krankenhäusern und Sozialfürsorge. Wenn ein Mann neben der breiten Wüstenstraße von Hassetché nach Deïr-Ez-Zor liegen würde, könnte sich heute leicht die biblische Geschichte wiederholen, die anschaulich macht, wieviel Gewicht die Tugend der Barmherzigkeit bei den Wüstenvölkern besitzt.

»Wer von uns«, fragt Max plötzlich, »würde in einem solchen Fall seinem Mitmenschen beistehen, falls er ohne Zeugen, ohne den Zwang der öffentlichen Meinung handeln könnte? Niemand würde das Unterlassen der Hilfeleistung erfahren, niemand es kritisieren.«
»Da hilft doch jeder«, erklärt der Obrist mit fester Stimme.
»Wirklich?«, hakt Max nach. »Ein Mann liegt gefährlich verletzt am Wege. Bedenken Sie, daß der Tod bei den Arabern keine große Rolle spielt. Sie sind in Eile wegen dringlicher Geschäfte und möchten nicht aufgehalten werden. Sie wollen auch keine Scherereien, schließlich geht Sie der Mann nichts an. Und niemand wird je erfahren, daß Sie vorbeigerast sind und sich sagten, damit hätten Sie nichts zu tun, ein anderer sei bald zur Stelle etc. etc.«
Wir lehnen uns zurück, um nachzudenken, und wir fühlen uns bedrückt. Können wir wirklich auf unsere Humanität bauen?
Nach einer langen Pause äußert Buckel zögernd: »Ich glaube, ich würde . . . Ja, ich würde helfen. Vielleicht ließe ich ihn erst liegen – dann würde ich mich vor mir selber schämen und umkehren.«
Der Obrist stimmt zu: »Ja, so ist es. Man würde einfach Gewissensbisse haben.«
Max vermutet, er würde ebenso handeln, ist sich dessen aber nicht so sicher, wie er es gerne wäre. Und mir geht es wie ihm. Wir schweigen, bis mir auffällt, daß Mac – wie immer – zu der Unterhaltung nichts beigesteuert hat. »Was würden Sie tun, Mac?«
Mac, in angenehme Gedanken versunken, fährt auf. »Ich?« Es klingt eine Spur überrascht. »Ach, ich würde weiterfahren, ich würde nicht anhalten.«
»Nein? Bestimmt nicht?«
Interessiert schauen wir Mac an, der liebenswürdig den Kopf schüttelt. »Hier sterben die Leute wie die Fliegen. Da ist es meiner Ansicht nach egal, ob das früher oder später ge-

schieht. Ich erwarte auch nicht, daß einer wegen mir anhalten würde.«
Nein, das erwartet Mac nie und nimmer. Ruhig fährt er fort: »Man sollte bei seiner Sache bleiben, ohne sich pausenlos von Leuten oder Vorkommnissen der Umwelt ablenken zu lassen.« Immer noch schauen wir ihn voll Interesse an. Da habe ich eine Idee. »Und wenn es ein Pferd wäre, Mac, was dann?«, frage ich.
»Ein Pferd!« Sofort ist Mac ganz da, ein lebhaft bewegter Mensch. »Das ist etwas anderes. Natürlich würde ich mit allen Mitteln versuchen, ein Pferd zu retten.« Unser schallendes Gelächter quittiert er mit einem erstaunten Blick.

Heute ist Verstopfungstag. Abd es Salaams Unpäßlichkeit bildet schon seit Tagen ein brennendes Gesprächsthema. Er hat alle Abführmittel ausprobiert, weshalb er jetzt nach seiner Aussage »sehr geschwächt« ist. »Khwaja, ich möchte nach Qamichlîyé und mich mit einer Nadel stechen lassen, um meine Kraft wiederzuerlangen.«
Noch kritischer steht es um Saleh Hassan, dessen Inneres jeder Behandlung trotzt, angefangen von einem sanften Darmol bis zu einer halben Flasche Rhizinusöl.
Max greift auf die Pferdemedizin des Militärarztes aus Qamichlîyé zurück und verabreicht dem Patienten eine Riesendosis mit der Ankündigung, falls dessen Därme sich vor Sonnenuntergang regten, winke als Lohn ein reichlich bemessenes Bakschisch. Sofort scharen sich Freunde und Verwandte um Saleh Hassan, die ihn den ganzen Nachmittag rund um den Hügel schleppen und durch Zurufe oder Ratschläge aufmuntern, während sie mit ängstlichen Blicken den Sonnenstand verfolgen.
Es klappt haarscharf: Eine Viertelstunde nach *Fidos* hören wir Jubel und Beifall. Die Nachricht verbreitet sich mit Windeseile. Die Schleusen sind geöffnet! Eine begeisterte Menge begleitet den bleichen Dulder zu unserem Haus, wo ihm die versprochene Belohnung überreicht wird.

Immer mehr übernimmt Subri die Aufsicht über das Ganze; unseren Haushalt in Brak, der in keiner Weise seinen Ansprüchen genügte, hat er energisch auf Hochglanz gebracht. Wie alle Araber setzt Subri sich mit Eifer für unsere »Ehre« ein. Dank seiner Überredungskünste verzichtet Michel auf *economia* und kauft im Basar in Qamichlîyé Suppentassen. Samt einer gewaltigen Suppenterrine werden sie jeden Abend aufgetragen und füllen unser einziges Tischchen, so daß alles andere gefahrvoll auf dem Bett balanciert. Ferhid muß sich auch von seiner Überzeugung trennen, daß ein Messer Schöpflöffel und Gabel ersetzen kann, und so erwartet uns eine atemberaubende Auswahl an Besteck. Subri badet auch Hiyou, kämmt ihren verfilzten Pelz mit einem gigantischen Kamm (von Michel nur widerstrebend im Basar besorgt) und schmückt ihren Hals mit einer rosa Satinschleife. Hiyou ist ihm blind ergeben.

Die Frau des Wasserführers und drei seiner zehn Kinder sind eingetroffen. (»Deine Schuld«, reibt mir Max vorwurfsvoll hin.) Die Frau erweist sich als quengelig und widerwärtig, und die Kinder sind ungewöhnlich abstoßend mit ihren wahrhaft abscheulichen Nasen. Warum beschränkt sich die Rotznase als natürliche Daseinsform allein auf den menschlichen Nachwuchs? Welpen, junge Kätzchen und Esel leiden nicht darunter.

Die dankbaren Eltern halten die Kleinen an, ihren Wohltätern bei jeder sich bietenden Gelegenheit den Ärmel zu küssen, und sie tun es auch pflichtbewußt. Erfolglos suchen wir dieser Zeremonie zu entrinnen. Nachher sehen ihre Nasen immer viel besser aus, doch es entgeht mir nicht, daß Max mißvergnügt seinen Ärmel betrachtet.

Wir verteilen im Augenblick eine Menge Aspirin-Tabletten gegen Kopfschmerzen, denn es herrscht eine gewittrige Schwüle. Die Arbeiter vertrauen sowohl der östlichen als auch der westlichen Heilkunde. Kaum haben sie unser Aspirin heruntergeschluckt, rennen sie zum Scheich, der ihnen bereitwillig rotglühende Metallscheiben auf die Stirn legt, um den »bösen Geist« auszutreiben. Wessen Behandlung verdanken sie zum Schluß ihre Gesundheit? Ich weiß es nicht.

Mansur entdeckte bei seinem Morgenservice in unserem Schlafzimmer eine Schlange. Sie lag zusammengerollt im Korb unter dem Waschständer. Große Aufregung. Alles stürzt herbei, um beim Töten des Tieres dabei zu sein. Drei Nächte lausche ich vor dem Einschlafen ängstlich auf raschelnde Geräusche Dann vergesse ich es.
Beim Frühstück frage ich Mac: »Hätten Sie lieber ein weicheres Kissen?« und blinzele zu Buckel hinüber.
»Nein«, antwortet Mac überrascht. »Was ist denn mit meinem Kissen nicht in Ordnung?«
Triumphierend schaue ich Buckel an, der breit grinst.
»Ich habe Ihnen nicht geglaubt«, beichtet er nachher, »Ihre Mac-Geschichten schienen mir frei erfunden. Aber er ist schon ungewöhnlich. Was er anzieht, wird nie schmuddelig, zerrissen oder unappetitlich. Und wie Sie sagen, in seinem Zimmer liegt nichts herum außer seiner Decke und dem Tagebuch. Wie er das anstellt, ist mir ein Rätsel.«
Ich werfe einen Blick auf Buckels Zimmerhälfte (über die andere verfügt der Obrist); sie ist übersät mit Zeugnissen seiner überquellenden, ausgreifenden Persönlichkeit. Nur durch unentwegtes Bemühen verhindert der Obrist, daß sie bis auf seine Seite überschwappt.
Plötzlich hämmert Michel direkt unter dem Fenster auf Mary ein, worauf Buckel wie eine Rakete hinausschießt, um dem ein Ende zu setzen.
Max und Buckel kleiden sich konträr, seit die Hitze begonnen hat. Buckel legt ab, was er bloß ablegen kann, während Max nach arabischer Sitte alles Erdenkliche anzieht. Er wickelt sich in einen dicken Tweedmantel und schlägt den Kragen hoch – so merkt er gar nichts von der Sonne.
Mac wird, wie uns auffällt, nicht einmal braun.

Der kritische Zeitpunkt der Teilung rückt nah und näher. Am Ende der Ausgrabung kommt jeweils der Direktor – oder sein Stellvertreter – der *Services des Antiquités*, um alle Funde aufzuteilen. Im Irak wurde jedes Objekt einzeln durchgenommen, weshalb die Prozedur mehrere Tage dauerte.

In Syrien hingegen ist sie viel einfacher. Man überläßt es Max, alle Funde nach Belieben in zwei Gruppen aufzuteilen, dann erscheint der staatliche Beauftragte, prüft und wählt eine Sammlung für Syrien. Die andere wird verpackt und dem Britischen Museum zugeschickt. Enthält die Kollektion Syriens besonders interessante Objekte oder ein Unikat, bekommen wir die Sachen meist als Leihgabe, die in London untersucht, aufgestellt, fotografiert etc. werden können.

Das Aufteilen drückt einem schier das Herz ab, unweigerlich muß man etwas hergeben, was man für sein Leben gern behalten möchte. Gut, das ist eben auf der anderen Seite wieder auszugleichen. Max ruft uns alle zu seiner Unterstützung herbei, als er eine Fundgattung nach der anderen durchgeht. Zwei Reihen kleiner Steinklingen, zwei Reihen Amulette, Töpfe, Schmuckteile, Knochen- und Obsidian-Objekte. Dann werden wir einer nach dem anderen hereingebeten.

»Welche Kollektion würdest du jetzt wählen, A oder B?«
Pause, gründlich studiere ich beide Gruppen. »B.«
»So? Schön. Schick Buckel.«
»Buckel, A oder B?«
»B.«
»Obrist?«
»Ganz bestimmt A!«
»Mac?«
»Lieber B.«
»Hm«, brummt Max, »B hat offensichtlich Übergewicht.«
Er nimmt ein bezauberndes kleines Steinamulett, das einen

Pferdekopf darstellt, legt es zu A, ersetzt es bei B durch ein
formloses Schaf und ändert noch dies und das. Dann treten
wir wieder an. Diesmal stimmen wir alle für A.
Max rauft sich die Haare.
Zum Schluß können wir Wert und äußeren Eindruck überhaupt nicht mehr beurteilen.
Unterdessen herrscht fieberhafte Betriebsamkeit. Buckel
und Mac zeichnen wie die Verrückten, sie eilen zum Hügel,
um Grundrisse von Häusern und Gebäuden anzufertigen.
Und der Obrist bleibt bis tief in die Nacht auf, da er die noch
unerledigten Objekte klassifizieren und etikettieren muß.
Ich helfe ihm. Dabei geraten wir über die Nomenklatur aneinander.
Obrist: »Pferdekopf, Speckstein, 3 cm.«
Ich: »Das ist ein Widder.«
Obrist: »Nein, nein, sehen Sie doch den Zaum.«
Ich: »Das ist ein *Horn*.«
Obrist: »He, Mac, was ist das?«
Mac: »Eine Gazelle.«
Obrist: »Buckel, was sagen Sie dazu?«
Ich: »Widder!«
Buckel: »Sieht aus wie ein Kamel.«
Max: »Damals gab's keine Kamele. Das sind ganz moderne
Tiere.«
Obrist: »Was ist es denn nach Ihrer Ansicht?«
Max: »Stilisiertes Bukranion!«
Und so geht's weiter bei verschiedenen kleinen nierenförmigen Amuletten, über die wir uns den Kopf zerbrechen,
während wir die vieldeutigen, uns unverständlichen Gegenstände taktvoll als »Kultobjekt« etikettieren, eine sehr
bequeme Bezeichnung.
Ich entwickle und kopiere und suche obendrein das Wasser
kühlzuhalten. Meistens arbeite ich ab sechs Uhr morgens,
denn mittags wird es jetzt glutheiß.
Jeden Tag verkrümeln sich ein paar Arbeiter. »Es ist Erntezeit, Khwaja. Wir müssen gehen.«

Schon lange sind alle Blumen verschwunden, die Herden
haben sie abgeweidet. Der Hügel ist mit einem gleichmäßigen Dunkelgelb überzogen, um ihn herum stehen in der
Ebene der Weizen und der Hafer – dieses Jahr bringt eine
gute Ernte.

Heute ist der schicksalsschwere Tag – das Ehepaar Dunand
soll abends eintreffen. Es sind alte Freunde von uns, die wir
während unserer Beiruter Zeit in Byblos besucht haben.
Der Abend senkt sich herab. Ein köstliches Essen (zumindest halten wir es dafür) wartet. Hiyou ist frisch gebadet.
Max wirft einen letzten schmerzlichen Blick auf die beiden
Kollektionen, die auf langen Tischen ausgestellt sind.
»Ich glaube fast, sie sind gleichwertig. Wenn wir das bezaubernde kleine Pferdekopfamulett hergeben und dies doch
sehr seltene Rollsiegel (ein wahnsinnig interessantes Objekt!), dann sichern wir uns die schönste Tchârher-Muttergöttin, das Doppelaxt-Amulett und dieses herrliche ritzverzierte Gefäß ... Auf der anderen Seite steht dieser frühe
bemalte Topf – zum Kuckuck – machen wir jetzt Schluß
damit. Welche Seite würdet *ihr* denn wählen?«
Aus reiner Menschlichkeit weigern wir uns geschlossen,
weiter mitzuspielen – wir könnten uns einfach nicht entscheiden. Betrübt murmelt Max: »Dunand ist ein gewitzter
Kenner, er wählt auf jeden Fall den besseren Teil.«
Entschlossen führen wir Max weg.
Die Stunden verstreichen, es wird Nacht. Von den Dunands
ist nichts zu sehen. »Ob ihnen etwas zugestoßen ist?«, sinniert Max, »natürlich fahren sie, wie alle hier draußen, ihre
140 Stundenkilometer. Hoffentlich hatten die beiden keinen Unfall.«
Zehn Uhr. Elf Uhr. Keine Dunands.
Max fragt zweifelnd: »Vielleicht sind sie in Brak eingetroffen statt in Tchârher.«
»Bestimmt nicht. Sie wissen ja, daß wir hier wohnen.«
Um Mitternacht geben wir auf und legen uns schlafen. In

dieser Gegend ist man nachts nur ungern mit dem Wagen unterwegs.
Zwei Stunden später ertönt Motorengeräusch. Die Boys rennen hinaus, aufgeregt rufen sie nach uns. Wir taumeln aus dem Bett, werfen uns etwas über und erscheinen im Wohnzimmer.
Dort stehen die Dunands, die irrtümlich in Brak gewesen sind.
Bei der Abfahrt von Hassetché erkundigten sie sich, in welcher Richtung das »Grabungsfeld der Altertümer« liege, und ein Mann, der bei uns in Brak gearbeitet hatte, schickte sie dorthin. Dann hatten sie sich noch verfahren und brauchten einige Zeit, bis sie sich zurechtfanden. In Brak nahmen sie einen Führer mit, der ihnen dann einen Weg querfeldein nach Tchârher zeigte.
Die Dunands sind den ganzen Tag gefahren, dennoch strahlen sie heitere Ruhe aus.
»Jetzt müssen Sie zuerst sich stärken«, meint Max.
Madame Dunand lehnt höflich ab. »Ein Biscuit und ein Glas Wein, das reicht.«
In diesem Augenblick tritt Mansur ein, gefolgt von Subri, und ein Diner mit vier Gängen wird aufgetragen. Wie die Dienstboten das hier zustandebringen, bleibt ein Rätsel. Es erinnert an ein Wunder. Wir stellen fest, daß die Dunands den ganzen Tag noch nichts gegessen haben und vor Hunger umkommen. Wir essen und trinken bis zu weit vorgerückter Stunde, während Mansur und Subri uns beglückt aufwarten.
Vor dem Einschlafen bemerkt Max träumerisch: »Subri und Mansur würde ich schrecklich gerne nach England mitnehmen. Die beiden sind so nützlich.«
»Subri hätte ich auch gerne bei mir.«
Stille. Ich male mir aus, wie schlecht Subri in einen englischen Haushalt paßt mit seinem riesigen Messer, dem ölbefleckten Pullover, dem unrasierten Kinn und seinem lauten, widerhallenden Lachen. Und wie einfallsreich er ein Glä-

sertuch verwendet! Im Orient gleichen die Dienstboten Geistern, die aus dem Nichts heraus auftauchen und dich bei deiner Ankunft erwarten.
Nie melden wir unser Kommen – doch unfehlbar finden wir bei unserer Ankunft Dimitri vor. Er ist den weiten Weg von der Küste herübergereist, um für uns bereit zu stehen.
»Woher wußtest du, daß wir kommen?«
»Es war bekannt, daß in diesem Jahr wieder gegraben wird.«
Ruhig fährt er fort: »Und das ist ein Segen. Ich muß jetzt die Familien von zwei Brüdern unterstützen, die eine hat acht, die andere zehn Kinder. Die essen viel. Da ist es gut, Geld zu verdienen. ›Sieh‹, habe ich zu der Frau meines Bruders gesagt, ›Gott ist gütig. Wir müssen in diesem Jahr nicht verhungern. Die Khwajas kommen und graben.‹«
Auf nackten Sohlen entfernt er sich mit seinen wehenden Hosen aus geblümtem Musselin. Neben seinem sanften, nachdenklichen Gesicht verblaßt die Mütterlichkeit der Tchârher-Madonna zu einem Schatten. Er liebt junge Hunde, junge Katzen und Kinder. Er ist der einzige von unserem Personal, der nie Händel anfängt, er besitzt nicht einmal ein Messer, außer einem Küchenmesser.

Wir haben es überstanden! Die Teilung ist vorbei. Monsieur und Madame Dunand haben geprüft, untersucht und bedacht, während wir, wie immer, gequält zuschauten. Nach ungefähr einer Stunde steht M. Dunands Entschluß fest: In einer raschen, typisch französischen Geste schießt seine Hand vor. »*Eh bien*, ich nehme das hier.« Wie menschlich ist es doch, daß wir uns, unabhängig von der Wahl, sofort wünschen, wäre nur der andere Teil bevorzugt worden!
Die Spannung verflüchtigt sich, es herrscht gehobene Stimmung. Zusammen gehen wir, eine fröhliche Party, hinüber zur Ausgrabung, um uns die Pläne und Zeichnungen der Architekten anzusehen, fahren nach Brak und besprechen, was wir in der nächsten Kampagne vorhaben.

Max und M. Dunand fachsimpeln über Datierungen und Sequenzen. Madame Dunand erquickt alle mit ihrem trokkenen Witz. Wir unterhalten uns französisch, obwohl sie vermutlich recht gut englisch spricht. Sie amüsiert sich höchlich über Macs Eigensinn und seine auf »Oui« und »Non« beschränkte Konversation. »*Ah, votre petit architecte, il ne sait pas parler? Il a tout de même l'air intelligent.*«
Wir übersetzen dem »kleinen Architekten«, daß er auch ohne Sprachkenntnisse intelligent aussehe, was Mac nicht weiter krumm nimmt. Am nächsten Tag machen sich die Dunands für die Abreise fertig. Nicht daß es sehr viel fertig zu machen gibt, da sie keinen Proviant einpacken. »Aber Sie nehmen doch Wasser mit«, meint Max, der mit der Maxime aufwuchs, in diesen Breiten nie ohne Wasser zu reisen. Sorglos schütteln beide den Kopf. »Und wenn Sie eine Panne haben?«
M. Dunand lacht. »Das passiert uns nicht.«
Er legt den Gang ein, und der Wagen rast im normalen französischen Wüstenstil davon. 100 Stundenkilometer.
Wir wundern uns nicht länger über die hohe Todesrate aus dem Wagen geschleuderter Archäologen in Syrien.
Und wieder wird gepackt, tagelang. Wir füllen Kiste um Kiste, nageln sie zu, beschriften sie. Dann bereiten wir unsere Abreise vor. Wir wollen über Hassetché auf einem wenig befahrenen Weg durch unberührte Wüste nach Raqqa am Euphrat und dort den Fluß überqueren.
»Und wir können noch einen Blick auf El Balîkh werfen«, bemerkt Max. Er spricht El Balîkh in einem Ton aus, den er früher für den Jarh Jarh aufgespart hat, und mir wird klar, daß er sich noch ein bißchen in der Balîkh-Gegend verlustieren möchte, bevor er seine Grabungen in Syrien endgültig abbricht.
»El Balîkh?« wiederhole ich unschuldsvoll.
»Dort wimmelt es von enormen Tulul«, sagt Max ehrfürchtig.

10 Abstecher nach Raqqa

~~~~~~

Auf geht's! Los! Das Haus ist schon rundherum verschalt, und Serkis nagelt die letzten Bretter vor Fenster und Türen. Daneben steht der Scheich, von Wichtigkeit geschwellt. Bis zu unserer Rückkehr wird alles auf das Beste behütet. Der vertrauenswürdigste Mann des Dorfes ist als Wachmann bestellt. Er soll das Haus Tag und Nacht hüten, beschließt der Scheich. »Hab keine Angst, Bruder«, ruft er. »Und sollte ich den Mann aus meiner eigenen Tasche bezahlen müssen, das Haus wird bewacht.«
Max lächelt, er weiß, daß das mit dem Wachmann vereinbarte üppige Honorar als Tribut wohl hauptsächlich in die Tasche des Scheichs fließt.
»Gewiß, unter deinem Auge steht das Haus in sicherem Schutz. Das Innere zerfällt ja nicht so leicht, und mit wieviel Freude werden wir dir das Haus auch äußerlich in gutem Zustand übergeben, wenn der Tag kommt.«
»Möge dieser Tag in weiter Ferne liegen«, erwidert der Scheich, »denn wenn er anbricht, kehrst du nie wieder und das erfüllt mich mit Trauer. Vielleicht grabt ihr hier nur noch ein einziges Mal?« erkundigt er sich hoffnungsfroh.
»Ein- oder zweimal, wer weiß? Das hängt vom Ergebnis ab.«
»Es ist bedauerlich, daß kein Gold gefunden wurde, nur Töpfe und Steine.«
»Diese Dinge interessieren uns nicht weniger.«
»Doch Gold bleibt Gold.« Die Augen des Scheichs glitzern vor Gier. »Damals, als El Baron . . .«

Gewandt unterbricht ihn Max: »Wenn wir das nächste Jahr wiederkommen, was für ein persönliches Geschenk darf ich dir mitbringen aus der großen Stadt London?«
»Nichts, nein, gar nichts. Ich brauche nichts. Eine goldene Uhr ist ein angenehmer Besitz.«
»Ich werde daran denken.«
»Unter Brüdern soll nicht von Geschenken die Rede sein! Ich habe nur den einen Wunsch, dir und der Regierung zu dienen. Und wenn dabei der Beutel leer wird – nun, es ist ehrenvoll, so sein Geld zu verlieren.«
»Der Frieden unseres Herzens wäre dahin, wenn wir nicht ohne Zweifel wüßten, daß dir durch unsere Grabung Gewinn und nicht Verlust winkt.«
Michel trabt von seinem Standplatz herüber, wo er alle herumkommandierte und kritisierte. »Wir können starten!«
Max überprüft den Benzin- und Ölstand und vergewissert sich, daß Michel die vorgeschriebenen Kanister mitführt und keine unvermutete Anwandlung von *economia* ihn überkommen hat. Essensvorräte, Wasservorräte, unser Gepäck, das Gepäck des Personals – alles vorhanden. Mary ist bis zum Platzen vollgeladen, es türmt sich auf dem Dach und im Wageninneren, dort thronen inmitten des Wirrwarrs Mansur, Ali und Dimitri. Subri und Ferhid kehren in das heimatliche Qamichlîyé zurück, während die Vorarbeiter mit dem Zug nach Djérâbloûs reisen.
»Leb wohl, Bruder!«, brüllt der Scheich, wirft jäh seine Arme um den Obristen und küßt ihn auf beide Wangen.
Riesiger Jubel bei der ganzen Expedition. Der Obrist läuft pflaumenblau an.
Der Scheich verabschiedet sich in gleicher Weise von Max und schüttelt den »Ingenieuren« herzlich die Hand.
Max, der Obrist, Mac und ich steigen in Poilu ein, während Buckel sich in Mary setzt, um alle »guten Ideen« zu zügeln, die Michel *en route* produzieren könnte. Zum letzten Mal hämmert Max Michel ein, uns nachzufahren, aber nicht im Abstand von bloß einem Meter. Falls er alte Frauen und Esel

auf der Straße zu überrollen gedenke, werde ihm der halbe Lohn gestrichen.
Michel brummt: »Mohammedaner!«, salutiert jedoch und schmettert: »*Très bien!*«
»Gut, wir fahren. Sind alle da?«
Dimitri hat zwei junge Hündchen bei sich, Hiyou begleitet Subri.
»Nächstes Jahr habe ich sie in bester Verfassung. Für euch!« verspricht Subri.
»Wo ist Mansur?«, brüllt Max. »Wo ist denn dieser Erztrottel? Wenn er nicht kommt, fahren wir ohne ihn los. Mansur!«
»*Présent*«, keucht Mansur außer Atem, als er auftaucht. Er schleift zwei riesige, scheußlich stinkende Schaffelle hinter sich her.
»Die kannst du nicht mitnehmen. Puh!«
»In Damaskus bringen sie mir Geld.«
»Was für ein Gestank.«
»Wenn man sie auf Marys Dach aufspannt, trocknen sie in der Sonne und stinken nicht mehr.«
»Sie sind scheußlich. Laß sie da.«
»Er hat recht, sie bringen ihm Geld«, unterstützt ihn Michel, klettert auf das Dach des Kombi und bindet die Felle mit einer Schnur lose an.
»Da der Kombi hinter uns fährt, werden wir nichts riechen.« Max ergibt sich in das Unvermeidliche. »Und vor Raqqa fallen sie ohnedies runter. Mansur hat ja einen Knoten selber gemacht.«
»Ha, ha«, lacht Subri mit zurückgeworfenem Kopf und bleckt seine weißen und goldenen Zähne, »vielleicht möchte Mansur lieber nach Raqqa reiten.«
Mansur läßt den Kopf hängen. Mit diesem Ritt von Qamichlîyé nach Tchârher zieht ihn das Personal ständig auf.
»Zwei goldene Uhren«, sagt der Scheich nachdenklich, »sind ein erstrebenswerter Besitz. Dann kann man eine seinem Freund ausleihen.«

Eilig gibt Max das Zeichen zum Aufbruch. Wir rollen langsam durch das Häuflein Häuser zu der Straße, die Qamichlîyé mit Hassetché verbindet. Viele kleine Jungen rufen und winken herüber.
Im nächsten Dorf, Hanzir, rennen Männer aus den Häusern, auch sie rufen und winken, es sind unsere alten Arbeiter.
»Kommt nächstes Jahr wieder!«
»*Inschallah*«, erwidert Max.
Von der Straße nach Hassetché werfen wir einen letzten Blick zurück auf den Hügel von Tchârher Bâzâr.
Wir unterbrechen die Fahrt in Hassetché, kaufen Brot und Obst und verabschieden uns von den französischen Offizieren. Einer von ihnen, eben erst von Deïr-Ez-Zor hierher versetzt, interessiert sich sehr für unsere Route.
»Sie wollen nach Raqqa? Da kann ich Ihnen helfen. Richten Sie sich ja nicht nach dem Wegweiser! Biegen Sie dort rechts ab und bei der nächsten Abzweigung links, dann können Sie einfach geradeaus weiterfahren. Die andere Strecke ist ganz unübersichtlich.«
Nun mischt sich der *Capitaine* ein, der alles mit angehört hat. Er empfiehlt uns nachdrücklich, nach Norden bis Râs el Aïn zu fahren, dann Richtung Tell Abiab abzubiegen und dort die belebte Straße nach Raqqa zu nehmen.
»Aber das ist doch ein fürchterlicher Umweg!«
»Am Ende mag er doch kürzer sein.«
Wir bedanken uns, wollen aber unseren ursprünglichen Plan beibehalten. Michel hat unterdessen die notwendigen Besorgungen erledigt, wir brechen auf und passieren die Brücke über den Khâboûr.
Als wir zu der Kreuzung kommen, folgen wir dem Rat des jungen Offiziers. Ein Wegweiser gibt Tell Abiab an, der andere Raqqa, der mittlere gar nichts – das muß der richtige sein.
Kurz darauf gabelt sich unser Weg in drei Richtungen.
»Wahrscheinlich links«, sagt Max, »oder meinte er den mittleren?«

Wir biegen nach links ab, kurz darauf teilt sich der Weg in vier Fortsetzungen. Der Boden ist jetzt übersät mit Buschwerk und Geröll.

Max fährt wieder links. »Wir hätten uns ganz rechts halten sollen!«, sagt Michel. Niemand beachtet ihn, da er uns schon auf zahllose falsche Fährten gelotst hat.

Über die nächsten fünf Stunden decke ich den Schleier der Vergessenheit. Wir haben uns verirrt, verirrt in einer Gegend, wo es keine Dörfer gibt, keine Äcker, keine weidenden Beduinen – nichts.

Die Wege werden immer schlechter, bis sie kaum noch zu erkennen sind. Wohl sucht Max unsere Richtung, nämlich Westsüdwest, einzuhalten, doch die Wege verlaufen ganz pervers, mit Kurven und Windungen krümmen sie sich eigensinnig immer wieder nach Norden.

Mittags steigen wir aus und picknicken, Michel kocht Tee. Durch die drückende Hitze, das gleißende Licht und das Geholper bekomme ich scheußliche Kopfschmerzen. Und alle sind doch recht beunruhigt.

»Immerhin«, tröstet uns Max, »haben wir noch reichlich Wasser. Was macht denn der Trottel da?«

Wir drehen uns um. Mansur gießt sich genußvoll das kostbare Wasser über Gesicht und Hände. Maxens Flüche sind nicht wiederzugeben, Mansur nimmt sie überrascht und leicht gekränkt hin. Er seufzt. Wie schwer ist es, denkt er wohl, diesen Leuten alles recht zu machen. Sie ärgern sich noch über die harmloseste Verrichtung.

Wir fahren weiter, die Wege kurven und winden sich schlimmer als vorher, manchmal enden sie im Nichts.

Mit bekümmertem Stirnrunzeln meint Max: »Wir kommen viel zu weit nach Norden. Bei jeder Gabelung führen alle Wege offenbar nur nach Norden oder Nordost. Sollen wir lieber umkehren?«

Allmählich wird es Abend. Mit einem Mal scheint der Boden glatter, mit weniger Steinen bedeckt, und das Buschwerk verschwindet.

»Wir müssen irgendwo rauskommen«, sagt Max, »wir können jetzt über Land fahren.«
»Wohin denn?« fragt der Obrist.
»Westlich, an El Balîkh. Wenn wir einmal am Fluß sind, finden wir die Hauptstraße Tell Abiab – Raqqa.«
Weiter geht's. Mary hat einen Platten, was uns wertvolle Zeit kostet.
Die Sonne sinkt.
Welch ein erfreulicher Anblick! Vor uns marschieren Männer mühselig ihres Wegs. Max hupt und hält neben ihnen, grüßt, zieht Erkundigungen ein.
El Balîkh? El Balîkh liegt direkt vor uns. Mit unserem Auto erreichen wir den Fluß in zehn Minuten. Raqqa? Wir sind näher bei Tell Abiab als bei Raqqa.
Fünf Minuten später liegt ein Grünstreifen vor uns – es ist die Vegetation entlang dem Flußufer. Ein riesiges Tell ragt empor.
Max ruft hingerissen: »El Balîkh! Sieh nur! Überall Tulul.«
Die Tulul sind wirklich eindrucksvoll, massig, schreckenerregend und sehr solid.
»Enorme Tulul«, findet Max.
Kratzbürstig erwidere ich, da Kopf und Augen nachgerade fast unerträglich schmerzen: »*Min Ziman er Rum.*«
»Das mag zutreffen«, sagt Max, »das ist der Haken. Dieser massive Bau weist auf römisches Mauerwerk hin – eine Kette von Forts. Zweifellos liegen die richtigen Schichten darunter, aber es braucht zuviel Zeit und Geld, um so tief zu kommen.«
Mir bedeutet Archäologie wirklich nichts mehr, ich wünsche mir ein Bett, viele Aspirin-Tabletten und eine Tasse Tee.
Wir erreichen eine breite Straße von Norden nach Süden und biegen nach Raqqa ab Richtung Süden.
Wir hatten uns gründlich verfahren und brauchen jetzt anderthalb Stunden, bis Raqqa vor uns in der Nacht auftaucht.

Wir rollen durch die Außenbezirke: eine rein syrische Stadt, ohne den geringsten europäischen Einfluß. Wir erkundigen uns nach den Services Spéciaux. Dort ist ein freundlicher Offizier, dem unser Komfort sehr am Herzen liegt. Eine Unterkunft für Touristen gibt es hier nicht. »Möchten Sie nicht bis Tell Abiab im Norden...?« Bei zügiger Fahrt könnten wir es in zwei Stunden schaffen, und dort wären wir gut aufgehoben.

Doch niemand, ich Häuflein Elend am allerwenigsten, kann dem Gedanken eines zweistündigen Gerüttels und Geschüttels etwas abgewinnen. Der freundliche Offizier erwähnt zwei Zimmer, welche in ihrer Dürftigkeit keinesfalls mit europäischen Maßstäben zu messen sind. Doch mit unserem Bettzeug? Und dem eigenen Personal?

Es ist pechschwarze Nacht, als wir vor dem Haus halten. Mansur und Ali rennen mit Fackeln hin und her, zünden den Spirituskocher an, breiten Decken aus und stolpern übereinander. Ich sehne mich nach unserem raschen und geschickten Subri. Mansur ist so fürchterlich langsam und plump. Und jetzt nörgelt noch Michel an Mansur herum; dieser läßt alles liegen, und sie streiten miteinander. Ich schleudere ihnen mein gesamtes Arabisch an den Kopf. Erschrocken nimmt Mansur seine Arbeit wieder auf.

Bettzeug und Wolldecken werden hereingetragen, endlich kann ich mich verkriechen. Plötzlich steht Max mit der Tasse Tee aus meinen Träumen neben mir und fragt aufmunternd, ob ich mich nicht wohlfühle. Ich bejahe es, schlucke vier Aspirin und schlürfe den Tee. Nektar! Nie, nie, nie habe ich etwas so genossen. Mir fallen die Augen zu, ich lege mich hin.

»Madame Jacquot«, murmele ich.

»Wie?« Max schaut verdutzt drein. Er beugt sich herab. »Was hast du gesagt?«

»Madame Jacquot«, wiederhole ich.

Diese Assoziation – *ich* weiß, was sie bedeutet, doch die Worte sind mir entfallen. Max gleicht jetzt einer Kranken-

schwester – unter keinen Umständen soll dem Patienten widersprochen werden! Beruhigend flüstert er: »Madame Jacquot ist im Augenblick nicht da.«
Ich werfe ihm einen verzweifelten Blick zu, dann schließe ich trotz dem rührigen Treiben um mich herum die Augen. Ein Essen wird gekocht – wen kümmert's? Ich werde schlafen, schlafen . . .
Beim Eindusen fallen mir die Worte ein. Natürlich! »*Complètement knock out*«, brumme ich befriedigt.
»Wie?«
»Madame Jacquot«, sage ich, und schon bin ich weg.

Wer ausgelaugt und schmerzgeplagt einschläft, genießt vor allem die herrliche Überraschung, wohl und energiestrotzend in der Frühe aufzuwachen. Ich berste vor Vitalität und habe nagenden Hunger.
»Weißt du, Agatha«, beginnt Max, »nach meiner Ansicht hattest du gestern Abend Fieber. Du fantasiertest. Immer wieder hast du von Madame Jacquot gesprochen.«
Ich schaue ihn verächtlich an mit vollem Mund. Sobald ich das lederne Spiegelei heruntergeschluckt habe, knurre ich: »Unsinn! Wenn du dir die Mühe gemacht hättest, mir zuzuhören, hättest du mich auch verstanden. Wahrscheinlich hattest du lauter Balîkh-Tulul im Kopf.«
»Es wäre hochinteressant«, hakt Max begeistert ein, »ein paar von diesen Tulul zu untersuchen und ein oder zwei Suchgräben zu ziehen . . .«
Mansur strahlt über sein dummes, doch ehrliches Gesicht, als er sich nach dem Befinden der Khatūn erkundigt. »Blendend«, sage ich.
Mansur ist unglücklich, weil ich gestern zur Zeit des Abendessens so fest schlief, daß niemand mich wecken mochte. Ob ich jetzt zum Frühstück noch ein Ei will?
»Ja!« sage ich, mit vier Eiern bereits im Magen. Und wenn Mansur das Spiegelei knapp fünf Minuten brät, reicht das bestimmt!

Um elf Uhr fahren wir an den Euphrat. Der Strom ist hier sehr breit, die Ufer sind flach, mit einem fahlen Glanz, Dunst liegt in der Luft – wir erleben eine Farbsymphonie, die Max, wenn er von Keramik späche, mit »rot getöntem Gelb« bezeichnen würde.

Bei Raqqa kann man mit einer primitiven Fähre über den Euphrat setzen. Wir parken bei den anderen Wagen und richten uns auf eine ein- bis zweistündige Wartezeit ein, bis die Fähre uns holt.

Ein paar Frauen füllen ihre Benzinkanister mit Wasser, andere waschen Wäsche. Sie erinnern mich an einen Fries: große, schwarz gekleidete Gestalten, die untere Gesichtshälfte ist verschleiert, der Kopf stolz erhoben, dazu die wassertriefenden Kanister. Die Frauen bewegen sich langsam, ohne Eile.

Voll Neid denke ich, wie schön doch ein Schleier ist. Da fühlst du dich geheim und verborgen. Deine Augen blicken in die Welt, du siehst sie wohl, ohne von ihr gesehen zu werden.

Aus der Handtasche hole ich einen Spiegel hervor und öffne die Puderdose. Ja, es wäre wunderschön, dieses Gesicht mit einem Schleier zu bedecken!

Wir nähern uns der Zivilisation, und davon angesteckt fällt mir dies und jenes ein: Shampoo, ein Prachtstück von Föhn, Maniküre, eine Badewanne aus Porzellan mit Wasserhähnen, Badesalz, elektrisches Licht – viele neue Schuhe . . .

»Was ist los mit dir?«, weckt mich Max, »jetzt habe ich dich schon zweimal gefragt, ob du gestern abend vom Wagen aus das zweite Tell beachtet hast, das nach Tell Abiab kam?«

»Nein.«

»Nein?«

»Nein. Gestern abend habe ich *nichts* beachtet.«

»Es war nicht so massiv wie die anderen. Keine Abtragung auf der Ostseite. Obwohl . . .«

Ich erkläre laut und deutlich: »Ich habe alle Tulul satt.«

»Was?« Max schaut mich mit dem gleichen Entsetzen an,

das im Mittelalter den Inquisitor bei einer schamlosen Gotteslästerung erschütterte.
Er murmelt: »Das kann nicht sein.«
»Ich habe anderes im Kopf.« Und schon leiere ich die ganze Liste herunter, beginnend mit dem elektrischen Licht. Max fährt sich an den Nacken und sagt: »Ich habe schließlich auch nichts gegen einen anständigen Haarschnitt.«
Wir bedauern alle miteinander, daß wir von Tchârher aus nicht direkt zum Beispiel im Londoner Savoy-Hotel absteigen können. In der Wirklichkeit wird das scharfe Vergnügen an den Extremen durch ein Zwischenstadium mit mittelmäßigen Mahlzeiten und partiellem Komfort verwässert, und das Lustgefühl, ein Licht anzuknipsen oder den Wasserhahn aufzudrehen, hält sich in Grenzen.
Die Fähre ist da! Sorgsam wird Mary auf die Schiffsbretter gelenkt. Poilu fährt hinterher.
Wir schwimmen auf dem breiten Euphrat, und Raqqa entschwindet, es ist wunderschön mit seinen Lehmziegeln und den orientalischen Formen.
»O rot getöntes Gelb«, flüstere ich zärtlich.
»Du meinst diesen gestreiften Topf?«
»Nein, ich meine Raqqa.«
Und wie ein Lebewohl wiederhole ich sanft diesen Namen, bevor die vom elektrischen Schalter beherrschte Welt mich wieder hat.
Raqqa ...

11 ›Nie mehr wird Jusuf Daoud seinen Bauch füllen‹

Neue Gesichter, alte Gesichter – zum letzten Mal graben wir in Syrien, in Tell Brak. Tchârher haben wir endgültig aufgegeben.
Unser Haus, Macs Haus, wurde mit einer hochfeierlichen Zeremonie dem Scheich übereignet. Der Scheich hat darauf schon dreimal mehr Geld aufgenommen, als das Gebäude wert ist, dennoch sonnt er sich im Stolz des Eigentümers. Der Besitz des Hauses wird seine »Ehre« festigen. »Wahrscheinlich bricht er sich den Hals damit«, meint Max gedankenvoll. Er hat den Scheich mit Nachdruck und ausführlich darauf hingewiesen, daß das Dach jedes Jahr überprüft und rechtzeitig repariert werden muß.
»Natürlich, natürlich«, verspricht der Scheich. »*Inschallah*, nichts wird schiefgehen.«
»Ein bißchen viel *Inschallah*«, sagt Max, »nur *Inschallah* und keine Reparaturen, so wird es herauskommen.«
Das Haus, eine kitschige goldene Uhr und ein Pferd erhielt der Scheich zum Geschenk, abgesehen vom Pachtgeld und der Entschädigung für die Ernte.
Ob er zufrieden oder enttäuscht ist, läßt sich nicht ausmachen. Überschwenglich bezeugt er uns seine Zuneigung und lächelt. Gleichzeitig versucht er entschlossen, noch eine Vergütung herauszuschinden für »Beschädigungen im Garten«.
»Was heißt denn hier Garten?« fragt der französische Offizier amüsiert.
Ja, was denn wohl? Als wir den Scheich auffordern, nur ei-

nen winzigen Beweis von der Existenz dieses Gartens vorzulegen – weiß er überhaupt, was ein Garten ist? –, gibt er klein bei. »Ich wollte einen Garten anlegen«, sagt er verdrossen, »und die Ausgrabungen haben es verhindert.«
Wir haben noch lange unseren Spaß am »Garten des Scheichs«.
Dieses Jahr haben wir in Brak bei uns: Den unvermeidlichen Michel, Subri, munter wie immer, Hiyou mit einem Wurf von vier sündhäßlichen Welpen, Dimitri, der diese Hündchen zärtlich umsorgt, und Ali. Mansur, unsere Nummer 1, der Chefboy, auf europäische Feinheiten gedrillt, ist, *El hamdu lillah*, Polizist geworden. Er besucht uns einmal im Glanz der Uniform und mit breitem Grinsen.
Guilford hat uns schon im Frühjahr als Architekt begleitet und ist jetzt wieder mitgekommen. Ich habe enorm viel Respekt vor ihm, da er einem Pferd die Hufe beschneiden kann. Er hat ein langes, hellhäutiges, ernstes Gesicht, und während seines ersten Aufenthaltes nahm er es anfangs bei der Behandlung der Einheimischen sehr genau; er desinfizierte die Wunden sorgfältig und legte immer einen Verband an. Seit er jedoch merkte, was die Männer zu Hause mit ihren Verbänden anstellten, wie irgendein Jusuf Abdullah gar eine elegante Bandage wegriß, sich in den schmutzigsten Winkel unseres Grabungsfeldes legte und Sand in die Wunde rieseln ließ, beschränkt sich Guilford auf Permanganatlösung in großen Mengen (beliebt wegen ihrer satten Farbe) und auf mahnende Hinweise, was äußerlich angewendet wird und was man gefahrlos schluckt.
Der Sohn eines hiesigen Scheichs, der seinen Wagen wie ein junges Pferd zuritt und damit in ein Wadi kollerte, läßt seine klaffende Kopfwunde von Guilford behandeln. Entsetzt füllt Guilford das Loch mit Jod sozusagen auf, und der junge Mann taumelt vor Schmerz.
»Ah!« japst er, sobald er sprechen kann, »das ist ein Feuer! Ein herrliches Feuer. In Zukunft gehe ich immer zu Euch, nie mehr zu einem Arzt. Ja, Feuer ist es, Feuer!«

Auf Guilfords Drängen empfiehlt ihm Max, mit dieser schweren Verletzung doch einen Arzt aufzusuchen.
»Was? Das hier?«, meint der Sohn des Scheichs verächtlich. »Das sind doch bloß Kopfschmerzen. Es ist zwar interessant«, fügt er nachdenklich hinzu, »wenn ich mir die Nase zuhalte und schnaufe, so, dann kommt aus der Wunde Spucke.«
Guilford wird grün im Gesicht, während der Sohn des Scheichs sich lachend entfernt.
Nach vier Tagen steht er wieder da, zur Nachbehandlung. Die Wunde heilt unglaublich rasch. Zu seinem großen Kummer wird nicht mehr Jod aufgetragen, sondern nur noch eine desinfizierende Lösung.
»Das brennt überhaupt nicht«, murrt er unzufrieden.
Eine Frau bringt Guilford ihr Kind wegen seines aufgetriebenen Bauches. Woran es auch leiden mag – die Mutter ist begeistert von der Wirkung der ihr ausgehändigten milden Arzneien. Sie sucht Guilford noch einmal auf, um ihn zu segnen, »weil er das Leben meines Sohnes gerettet hat«. Dafür soll er dann auch die älteste Tochter bekommen, sobald sie alt genug ist. Guilford errötet, worauf die Frau herzhaft lachend heimgeht; ihre Bemerkungen eignen sich keinesfalls zur Wiedergabe. Muß erwähnt werden, daß es eine Kurdin war und keine Araberin?
Mit dieser Grabung im Herbst wollen wir unsere Arbeit [in Syrien] abschließen. Nach dem Frühling in Tchârher haben wir uns auf Brak mit zahlreichen interessanten Funden konzentriert, und nach Brak werden wir zum Ende unserer Kampagne vier bis sechs Wochen am Tell Djidle graben, einem Hügel am El Balîkh!
Ein Scheich aus der Umgebung – er hat sein Lager am Jarh Jarh aufgeschlagen – lädt uns zu einem Festbankett ein, und wir sagen zu. An dem großen Tag erscheint Subri in der ganzen Pracht seines engen dunkelroten Anzugs mit blinkenden Schuhen und Melone. Er wurde als unser Begleiter mit eingeladen und spielt erst Reporter, der über die Zuberei-

tung des Festmahls berichtet und den richtigen Augenblick unserer Ankunft auskundschaftet.
Der Scheich begrüßt uns mit Würde unter dem breiten braunen Vordach seines offenen Zeltes. Ein imponierendes Gefolge von Freunden, Verwandten und Schmarotzern schart sich um ihn.
Nach den höflichen Grußformen setzen sich die Vornehmen (wir, die Vorarbeiter Alawi und Jahja, der Scheich und seine engsten Freunde) in einen Kreis. Ein stattlich gekleideter Greis bringt eine Kaffeekanne mit drei Täßchen und in jedes gießt er ein winziges Tröpfchen rabenschwarzen Mokkas. Das erste Täßchen wird mir gereicht – ein Beweis, daß der Scheich die (ausgefallene) europäische Sitte kennt, den Damen zuerst zu servieren. Max und der Scheich erhalten die beiden anderen Täßchen. Wir sitzen und nippen, in angemessener Frist wird ein winziges Tröpfchen nachgegossen und wir nippen weiter. Dann sammelt man die Täßchen ein, füllt sie aufs neue, und Guilford und die Vorarbeiter kommen dran. So wandern die Täßchen reihum. Nicht weit entfernt drängen sich die zahlreichen zweitrangigen Gäste. Aus dem Zelt direkt neben mir dringt unterdrücktes Gekicher und Rascheln. Die Frauen des Scheichs spähen und lauschen. Der Scheich erteilt einen Befehl, ein Gefolgsmann verschwindet und kehrt mit einer Stange zurück, auf der ein herrlicher Falke sitzt. Man installiert sie mitten im Zelt. Max gratuliert dem Scheich zu dem kostbaren Vogel.
Dann tragen drei Männer einen riesigen Kupferkessel herein und stellen ihn in unseren Kreis. Er ist mit Reis gefüllt, obenauf liegt Lammfleisch; gut gewürzt und dampfend heiß riecht das Gericht verlockend. Man bittet uns liebenswürdig, zuzugreifen. Mit unseren Stückchen arabischen Brots und den Fingern langen wir zu.
Es verstreicht viel Zeit, das muß ich sagen, bis dem Hunger und der Höflichkeit Genüge getan ist. Der Riesenkessel wird ohne seine besten Stücke, doch immerhin mehr als

halb voll, etwas weiter weg abgesetzt, wo sich ein neuer Kreis (mit Subri) niederläßt, um zu essen.
Uns wird Konfekt und noch einmal Kaffee gereicht.
Nachdem die zweitfeinsten Gäste satt sind, stellt man den Kessel an einen dritten Platz. Nun sammeln sich die Geringsten um ihn und jene Notleidenden, die gekommen sind, um »im Schatten des Scheichs zu sitzen«. Sie stürzen sich auf den Rest – hauptsächlich Reis und Knochen –, und als der Kessel hinausgetragen wird, ist er völlig leer.
Wir bleiben noch ein bißchen da, Max und der Scheich tauschen in Abständen bedeutende Worte. Dann erheben wir uns, danken dem Scheich für seine Gastfreundschaft und brechen auf. Den Kaffeekellner belohnt Max mit einem üppigen Trinkgeld, und die Vorarbeiter wählen noch ein paar mysteriöse Personen aus, bei denen Großzügigkeit angebracht ist.
In der Hitze wandern wir heimwärts, von Reis und Lamm satt und schläfrig. Subri ist sehr zufrieden mit diesem Fest, denn alles lief in strenger Schicklichkeit ab.

Eine Woche danach haben auch wir einen Gast bewirtet, und zwar keinen geringeren als den Scheich der Schammars, einen überaus mächtigen Mann. Die hiesigen Scheichs machten ihm ihre Aufwartung, und er fuhr in einem eleganten grauen Wagen vor. Er ist ein schöner und gescheiter Mann mit schmalem, dunklem Gesicht und anmutigen Händen.
Wir hatten für ihn nach besten Kräften ein europäisches Mahl zubereitet. Die Aufregung des Personals über einen derart wichtigen Gast kannte allerdings keine Grenzen.
Als er schließlich ging, war uns zumute, als hätten wir zumindest die königliche Familie zu Besuch gehabt.
Heute war der Tag der Katastrophe.
Max fuhr mit Subri nach Qamichlîyé, um Besorgungen und Bankgeschäfte zu erledigen. Guilford blieb zurück, um auf dem Hügel Pläne von den Baulichkeiten anzufertigen, den

Vorarbeitern war die Verantwortung für die Leute übertragen.

Guilford kommt zum Lunch nach Hause. Als wir fertig sind und er in Poilu einsteigt, sehen wir unsere Vorarbeiter mit allen Zeichen verzweifelten Entsetzens eilig herbeirennen. Sie stürmen in den Hof und überschütten uns mit einem Schwall von aufgeregtem Arabisch.

Guilford versteht kein Wort, ich erfaße ungefähr jedes siebente. »Jemand ist tot«, erkläre ich ihm.

Eindringlich wiederholt Alawi seine Geschichte, und ich errate, daß es vier Tote gibt. Ich vermute, daß sich die Männer bei einem Streit gegenseitig umbrachten, doch Jahja schüttelt mit großer Bestimmtheit den Kopf.

Ich könnte mir die Haar raufen, daß ich die Sprache nicht richtig gelernt habe, bis auf ein paar Sätzchen aus dem häuslichen Bereich wie »Das ist nicht sauber. Du mußt es so machen. Nimm nicht dieses Leintuch. Bring den Tee«. Dieser Bericht von Gewalt und Tod übersteigt meine Kenntnisse. Dimitri, der Boy und Serkis haben sich eingefunden und hören zu. Sie verstehen gut, was vorgefallen ist, doch da sie keine europäische Sprache sprechen, hilft das Guilford und mir nicht weiter. Guilford erklärt: »Ich schau dort oben einmal nach«, und geht zu Poilu hinüber.

Da packt ihn Alawi am Ärmel und spricht hitzig auf ihn ein, offensichtlich möchte er ihn davon abbringen. Er deutet mit einer dramatischen Geste auf die Hänge von Brak. In etwa anderthalb Kilometer Entfernung strömt eine Meute bunt und weiß gekleideter Gestalten herab, gefährlich wild und mit böser Absicht, scheint es. Die Vorarbeiter packt die Angst.

»Diese Burschen da haben sich verdrückt«, sagt Guilford streng. »Wenn ich nur wüßte, was überhaupt los ist.«

Haben der jähzornige Alawi oder Jahja einen Arbeiter mit der Hacke erschlagen? Das kommt mir absurd vor und unwahrscheinlich, und ganz gewiß konnten sie nicht vier Leute umbringen.

Stockend frage ich noch einmal, ob ein Streit stattgefunden hat. Ich verdeutliche meine Worte mit einer Pantomime.
»Nein! Nein!«, heißt es nachdrücklich.
Alawi drückt gebärdenreich aus, daß etwas über seinem Kopf herunterfällt.
Ich schaue zum Himmel empor. Wurden die Opfer vom Blitz erschlagen?
Guilford öffnet die Wagentür. »Ich sehe dort oben nach dem Rechten, und die beiden Burschen da kommen mit.« Er winkt sie gebieterisch in Poilu. Prompt und entschlossen lehnen sie ab. Sie kommen nicht mit.
Guilford reckt kampflüstern sein australisches Kinn. »Sie *müssen* mit!« Dimitri schüttelt sanft seinen großen Kopf. »Nein, nein«, bestätigt er, »es ist ganz schlimm.«
Was, um Himmels willen, ist ganz schlimm?
»Da oben ist etwas schief gelaufen«, meint Guilford und steigt hastig in Poilu ein. Doch als er die rasch sich nähernde Menge sieht, wendet er mit einem Ruck den Kopf und starrt mich bestürzt an. In seinen Augen glimmt der »Rettet-Frauen-und-Kinder-zuerst«-Blick auf.
Er steigt wieder aus mit sorgfältig bemessener Gemächlichkeit und fragt mich betont leger: »Wie wär's mit einer kleinen Ausfahrt? Wir könnten unterwegs Max treffen. Die Arbeit ist sowieso eingestellt. Holen Sie Ihren Hut oder was Sie sonst noch brauchen.«
Der gute Guilford schauspielert ausgezeichnet. Und wie besorgt er ist, mich nicht zu beunruhigen.
Ich sage langsam: »Ja, das könnten wir. Soll ich das Geld mitnehmen?«
Die Barschaft der Expedition wird in einer Schatulle unter Maxens Bett aufbewahrt. Wenn der wutentbrannte Haufen wirklich unser Haus stürmt, wäre es doch schade um unser Geld.
Da Guilford mich noch immer nicht »beunruhigen« möchte, akzeptiert er gelassen meinen Vorschlag als ganz alltäglich.

»Würden Sie sich bitte beeilen?«
Ich hole im Schlafzimmer meinen Filzhut, ziehe die Schatulle unter dem Bett hervor und hieve sie mit Guilford in den Wagen. Dann steigen wir ein und geben Dimitri, Serkis und dem Boy ein Zeichen, sich auf den Rücksitz zu setzen.
»Wir nehmen die mit, nicht die Vorarbeiter«, knurrt Guilford, da er den beiden wegen Drückebergerei weiterhin grollt.
Mir tut Guilford leid, der sich so schrecklich gerne – das sehe ich doch – der Meute gestellt hätte und statt dessen mich in Sicherheit bringen muß. Was für ein Glück, daß er nicht zu den Arbeitern fährt. Ihm fehlt die Autorität, und er versteht ohnedies kein Wort und würde den Schlamassel höchstens noch vergrößern. Jetzt brauchen wir Max, der der Sache auf den Grund geht.
Im Nu vereiteln Alawi und Jahja Guilfords Plan, Dimitri und Serkis zu retten und die beiden Vorarbeiter ihrer Verantwortung zu überlassen. Sie stoßen Dimitri beiseite und klettern in den Wagen. Voll Zorn will Guilford sie an die Luft setzen, doch sie rühren sich nicht.
Versöhnlich nickt Dimitri, während er auf die Küche weist. Er geht dorthin zurück, und Serkis zuckelt hinterdrein mit einem wenig glücklichen Gesicht.
»Ich sehe nicht ein, warum diese Burschen da ...«, legt Guilford los.
Ich unterbreche: »Wir haben im Wagen nur vier Plätze, und da die Leute anscheinend bloß hinter Alawi und Jahja her sind, nehmen wir eben die beiden mit. Ich glaube nicht, daß die Leute etwas gegen Dimitri und Serkis haben.«
Guilford mustert den Hügel: Die Meute nähert sich bedrohlich, so daß für weitere Diskussionen keine Zeit bleibt. Er wirft Jahja und Alawi einen finsteren Blick zu und braust eilig durch das Hoftor, rund um das Dorf auf die Zufahrt zur Straße nach Qamichlîyé.
Max muß schon auf dem Rückweg sein, er wollte am frühen

Nachmittag auf der Grabung eintreffen. Wir hoffen, ihm bald zu begegnen.
Guilford seufzt erleichtert auf und ich gratuliere ihm.
»Wozu?«
»Zu Ihrem lässigen Vorschlag, ein Fährtchen zu machen und Max zu treffen. Und auch zu Ihrer schonenden Rücksichtnahme.«
»Sie haben also gemerkt, daß ich Sie weglotsen wollte?«, fragt er. Mitleidig schaue ich zu ihm hinüber.
Wir fahren mit Höchstgeschwindigkeit, und nach einer Viertelstunde kommt uns Mary entgegen mit Max und Subri. Sie bremsen verdutzt. Alawi und Jahja krabbeln aus Poilu, stürzen auf Max zu und überschütten ihn mit einem arabischen Schwall, während er knappe Stakkatofragen stellt. Endlich erfahren wir, was vorgefallen ist.
Seit ein paar Tagen wurden an einer Stelle unserer Grabung zahlreiche auffallend schöne Tieramulette aus Stein oder Elfenbein gefunden, die den Männern hohes Bakschisch einbrachten. Um möglichst viele Amulette auszubuddeln, haben die Arbeiter den betreffenden Schacht ausgehöhlt und in der tieferen Schicht nach weiteren Funden gegraben.
Gestern hat Max dem ein Ende gesetzt – es wurde nachgerade gefährlich – und die verschiedenen Teams wieder nach oben geschickt; sie sollten von dort aus abtragen. Die Männer murrten, denn so mußten sie einen oder zwei Tage uninteressante Schichten wegräumen, bevor sie wieder die Amulettfundlage erreichten.
Die Vorarbeiter waren von Max angewiesen, auf die Durchführung seiner Vorschrift zu achten, und obwohl es die Männer verdroß, gehorchten sie und gruben wie die Verrückten von oben nach unten.
Das war also die Situation, als die Mittagspause begann. Und nun folgt ein Bericht von Habgier und niedrigem Verrat. Die Arbeiter hatten sich am Hang neben den Wasserkrügen ausgestreckt, doch ein Trupp, der auf der anderen

Seite eingesetzt war, schlich sich um den Hügel herum zu der ergiebigen Stelle und hackte auf die schon unterhöhlte Wand wuchtig ein. Sie wollten den Platz ihrer Kameraden ausrauben und nachher die gestohlenen Objekte als Funde aus ihrem Gebiet hervorholen.

Doch Nemesis rächte sich. Der Überhang brach ab und begrub den ganzen Trupp unter sich. Die gellenden Schreie des einen, der sich retten konnte, riefen das ganze Volk herbei. Die Vorarbeiter wie alle anderen erkannten sofort, was passiert war, und drei Arbeiter gruben mit der Spitzhacke eilends ihre Kameraden aus. Ein Mann überlebte, vier waren tot. Wilde Erregung – Schreie, Klagen schallten zum Himmel. Und ein Sündenbock mußte gefunden werden. Ob die Vorarbeiter in Panik davonrannten oder ob man sie wirklich angriff, läßt sich nicht mehr feststellen. Jedenfalls verfolgten die Männer sie mit bedrohlichen Absichten.

Max meint, daß die Vorarbeiter den Kopf verloren, was die Leute erst auf die Idee brachte, sie zu attackieren, aber er vergeudet keine Zeit mit Vorwürfen. Er wendet, mit beiden Wagen brausen wir, was der Motor hergibt, Richtung Qamichlîyé. Dort unterbreitet Max die ganze Angelegenheit sofort dem Sicherheitsoffizier der Services Spéciaux.

Der Leutnant begreift und handelt rasch. Mit vier Soldaten in seinem Wagen folgt er uns nach Brak. Die Männer sind wieder auf dem Hügel, es summt und schwirrt wie in einem Bienenschwarm. Alles beruhigt sich, sobald die Obrigkeit naht. In einer feierlichen Prozession steigen wir den Hang hinauf. Der Leutnant schickt einen Soldaten mit einem Wagen weg und betritt den Schauplatz der Tragödie.

Er läßt sich den Hergang berichten. Die Arbeiter, die an dieser Stelle eingesetzt sind, verweisen auf ihre Unschuld und das konkurrierende Team, das ihnen die Ausbeute vor der Nase wegschnappen wollte. Der Überlebende bestätigt auf Befragen diese Aussage. Ist der Trupp vollzählig mit einem Unverletzten, einem Verletzten und vier Toten? Ist bestimmt niemand mehr verschüttet? Nein.

Jetzt bringt der Wagen des Leutnants den Scheich, zu dessen Stamm die toten Arbeiter gehörten. Er und der Leutnant führen die Untersuchung gemeinsam weiter. Frage und Antwort gehen hin und her. Endlich wendet sich der Scheich mit erhobener Stimme an die versammelten Arbeiter. Er spricht die Expedition von jeder Schuld frei. Die Männer haben außerhalb der Arbeitszeit gegraben und überdies mit dem Vorsatz, ihre Kameraden zu bestehlen. Sie erhielten den gerechten Lohn für Ungehorsam und Habsucht. Und jetzt sollen alle nach Hause gehen.
Die Sonne ist bereits untergegangen, und die Nacht bricht herein. Der Scheich, der Leutnant und Max fahren zu unserem Haus herab, wo zu unserer Erleichterung Dimitri seelenruhig das Abendessen kocht und Serkis uns erwartet.
Die Lagebesprechung dauert ungefähr eine Stunde. Der Vorfall wird natürlich von allen bedauert. Der Leutnant erwähnt die betroffenen Familien und daß eine Spende zweifellos geschätzt würde – eine Verpflichtung dazu besteht allerdings nicht. Der Scheich findet Generosität das Kennzeichen echter Vornehmheit – sie fördere unser Ansehen in diesem Land gewaltig.
Max ist zu einem Geldgeschenk an die Familien bereit unter der Voraussetzung, daß es ein Geschenk und in keiner Weise eine Entschädigung bedeutet. Der Scheich grunzt in ernstem Einverständnis: Der französische Offizier möge dies schriftlich festhalten, er selber werde es mündlich allgemein bekanntmachen. Die Höhe der Summe wird festgesetzt. Erfrischungen werden serviert, dann brechen der Scheich und der Leutnant auf. Zwei Soldaten bleiben zurück, um die Unglücksstelle auf dem Hügel zu sichern.
»Und denkt daran«, sagt Max, als wir alle todmüde zu Bett gehen, »daß morgen in der Mittagspause einer diesen Platz überwachen muß, sonst haben wir dasselbe noch einmal.«
Guilford kann es nicht glauben. Grimmig brummt Max: »Wart's ab.«

Am nächsten Tag postiert er sich selber unauffällig hinter einer Mauer aus Lehmziegeln. Und richtig, während die anderen noch essen, schleichen sich drei Mann von der Rückseite des Hügels an und scharren wie wild kaum fünfzig Zentimeter von der Stelle entfernt, wo ihre Kameraden verschüttet wurden.

Max tritt vor und donnert sie fürchterlich an. Merken sie denn nicht, daß sie sich dem sicheren Tod ausliefern?

Einer von den Dreien murmelt: »*Inschallah!*«

Sie werden unverzüglich wegen Kameradendiebstahls entlassen.

Der Platz wird dann nach *Fidos* bewacht, bis am folgenden Nachmittag die Oberschichten abgetragen sind.

Guilford ist entsetzt. »Die Burschen haben überhaupt kein Gefühl für den Wert des Lebens. Und gemütsroh sind sie auch. Heute morgen haben sie während der Arbeit sich geschüttelt vor Lachen über die Toten und noch eine Pantomime daraus gemacht.«

Max sagt: »Der Tod wiegt hier leicht.«

Die Vorarbeiter pfeifen *Fidos*, die Männer rennen singend den Hügel herab: »Gestern noch sprang Jusuf Daoud, heute ist er tot. Nie mehr wird er seinen Bauch füllen, ha, ha, ha.«

Guilford ist zutiefst schockiert.

12 Abschied von Syrien

Umzug von Brak an El Balîkh.
An unserem letzten Abend spazieren wir noch einmal –
leicht melancholisch gestimmt – an den Jarh Jarh hinunter.
Ich habe den Jarh Jarh sehr liebgewonnen, den engen Strom
mit seinem trüben braunen Wasser. Doch Brak hat mein
Herz nie in dem Maße erobert wie Tchârher. Brak ist ein
trostloses Dorf, halb verlassen und zerfallen, und die Armenier in ihren schäbigen europäischen Kleidern passen nicht
in diese Umgebung. Hier herrscht nicht die satte, kurdische
oder auch arabische Lebensfreude, man hört bloß lautes Gezeter. Ich vermisse die über Land ziehenden Kurdinnen –
diese großen, heiteren Blumen –, ich vermisse ihre weißen
Zähne, die lachenden Gesichter und ihre stolze, anmutige
Haltung.
Wir haben einen klapprigen Lastwagen gemietet, um die
Möbel, die wir noch brauchen, transportieren zu können.
Der Lastwagen gehört zu jener Sorte, die uns zwingt, alles
mit einer Schnur einzeln festzubinden. Mir schwant, daß
fast alles einzeln heruntergefallen ist, bis wir in Râsel Ain
eintreffen. Endlich ist Sack und Pack eingeladen und wir
starten, Max, Guilford und ich fahren in Mary, Michel und
unser Hauspersonal mit Hiyou in Poilu.
Auf halbem Wege machen wir Halt, um zu picknicken.
Subri und Dimitri brüllen vor Lachen. »Hiyou mußte die
ganze Zeit kotzen«, erzählen sie, »und Subri hat ihr den
Kopf gehalten.« Das Wageninnere legt davon Zeugnis ab.
Ein Glück, daß sie die Sache komisch finden!

Zum ersten Mal seit unserer Bekanntschaft erlebte Hiyou eine Niederlage. »Ich kann einer uns Hunden feindseligen Welt die Stirne bieten«, scheint sie zu sagen, »mit dem Haß der Moslems, mit Mordversuchen durch Ertränken, mit drohendem Hungertod und Schlägen, Tritten, Steinen werde ich fertig, doch was ist das für ein neues, sonderbares Leiden, das mir allen Selbstrespekt raubt?« Traurig wandern ihre bernsteingelben Augen von einem zum anderen. Der Glaube an ihre Kraft, dem Schlimmsten dieser Welt gewachsen zu sein, wurde ihr zerstört. Fünf Minuten später hat Hiyou zu unserer Freude ihr altes Selbst wiedergefunden und verschlingt Riesenportionen von Subris und Dimitris Lunch. Ich frage die beiden: »Ist das klug, wir fahren doch gleich weiter?«

»Ha«, schreit Subri, »dann kotzt Hiyou noch viel mehr!« Wenn es ihnen Spaß macht ...

Am frühen Nachmittag halten wir vor unserem Haus, das in Tell Abiab an einer der Hauptstraßen liegt. Es ist ein geradezu städtisches Gebäude, das der Bankdirektor »*une construction en pierre*« nennen würde. Der ganzen Straße entlang stehen Bäume, deren Blätter in bunten Herbstfarben prächtig leuchten. Das Haus, das unter dem Straßenniveau liegt, ist leider sehr feucht, denn durch das Dorf fließen noch allenthalben Bäche. Am Morgen ist die oberste Wolldecke zum Auswringen, und was man in die Hand nimmt, ist kalt und feucht. Ich werde hier so steif, daß ich mich kaum bewegen kann.

Ein reizendes Gärtchen liegt hinter dem Haus, das überhaupt feudaler ist als unsere Behausungen in der letzten Zeit.

Als der Lastwagen ankommt, fehlen drei Stühle, ein Tisch und meine Klobrille – sehr viel weniger, als ich erwartet habe.

Tell Djidle erhebt sich neben einem großen, blauen See, den eine der Quellen von El Balîkh speist. Rund um den See

wachsen Bäume – es ist ein lieblicher Fleck, nach der Überlieferung sollen sich hier Isaak und Rebekka begegnet sein. Mir ist das alles neu und ungewohnt, dieser reizvolle melancholische Zauber, der so anders wirkt als die unberührte Frische Tchârhers mit seinen Hügelwellen.
Hier herrscht Wohlstand. Auf der Straße trifft man gut gekleidete Leute, vor allem Armenier, und es gibt Häuser und Gärten die Fülle.

Wir sind eine Woche da, als Hiyou Schande über uns bringt. Alle Hunde von Ain el Arus erscheinen als Freier, und da bei uns keine Türe gut schließt, ist es unmöglich, die Hunde auszuschließen oder Hiyou einzuschließen. Jaulen, Bellen, Kämpfe. Hiyou, eine nachdenkliche, bernsteinäugige Schöne, fördert das Höllenspektakel nach Kräften.
Die Szene erinnert an alte Pantomimen, wo durch Falltüren und Fenster böse Geister auftauchen. Während des Abendessens fliegt ein Fenster auf, ein riesiger Hund springt herein, ihm nach jagt ein zweiter.
Krach! Die Schlafzimmertüre öffnet sich und noch ein Hund stürmt herein. Zu dritt rasen sie wie verrückt um den Tisch, rempeln gegen Guilfords Türe, sprengen sie auf und verschwinden, um wie durch Hexerei aus der Küche wieder hereinzufegen. Subri schleudert eine Bratpfanne hinterher.
Guilford verbringt eine schlaflose Nacht, da Hunde seine Tür einrammen, über sein Bett setzen und aus dem Fenster flüchten. Zwischendurch steht Guilford auf und wirft mit Gegenständen nach ihnen. Heulen, Jaulen: die Hundesaturnalien sind angebrochen.
Hiyou aber ist unbezweifelbar ein Snob. Sie bevorzugt jenen Hund, der als einziger in Ain el Arus ein Halsband trägt. »Hier beweist sich gute Herkunft«, scheint sie zu sagen. Der Auserwählte ist schwarz, stumpfnasig und hat einen gewaltigen Schwanz wie ein Pferd im Leichenzug.

Subri verbringt mehrere schlaflose Nächte mit Zahnweh. Dann bittet er um Urlaub, da er mit dem Zug nach Aleppo zum Zahnarzt fahren möchte. Zwei Tage später kehrt er strahlend wieder und gibt einen ausführlichen Bericht.
»Ich gehe zum Zahnarzt. Ich setze mich in seinen Stuhl. Ich zeige ihm den Zahn. Ja, sagt er, der muß gezogen werden. Wieviel? frage ich. Zwanzig Francs, sagt er. Das ist verrückt, sage ich und verschwinde. Am Nachmittag komme ich wieder. Wieviel? Achtzehn Francs. Wieder sage ich: verrückt. Unterdessen schmerzt der Zahn immer mehr, doch man darf sich nicht ausplündern lassen. Am nächsten Morgen stehe ich wieder da. Wieviel? Immer noch achtzehn Francs. Und mittags? Achtzehn Francs. Er glaubt, daß ich wegen der Schmerzen nachgebe, aber ich feilsche weiter. Und zum Schluß, Khwaja, gewinne *ich*.«
»Er verlangt weniger?«
Subri schüttelt den Kopf. »Nein, das nicht. Aber ich mache ein ausgezeichnetes Geschäft. Gut, sage ich, achtzehn Francs. Doch zu diesem Preis müssen Sie nicht nur einen Zahn ziehen, sondern vier.«
Subri lacht mit ungeheurem Behagen und entblößt dabei diverse Lücken.
»Taten dir die anderen Zähne auch weh?«
»Nein, nicht die Spur. Aber eines Tages tun sie es bestimmt. Jetzt geht das nicht mehr. Sie sind alle raus, zum Preis von einem!«
Michel, der auf der Türschwelle zuhörte, nickt anerkennend. »*Beaucoup economia!*«
Subri war so nett, für Hiyou eine rote Perlenkette mitzubringen. Als er sie ihr um den Hals legt, erklärt er: »Das ziehen die Mädchen an, wenn sie geheiratet haben. Als Zeichen ihres neuen Standes. Und Hiyou hat doch kürzlich geheiratet.«
Das hat sie in der Tat: sämtliche Hunde von Ain el Arus, nach meiner Ansicht.

Heute Morgen – es ist Sonntag und unser Feiertag – etikettiere ich Funde, und Max trägt die Gehaltsliste nach. Ali führt eine Besucherin herein, eine höchst ehrbar aussehende Frau, adrett in Schwarz gekleidet, mit einem massiven goldenen Kreuz auf dem Busen. Sie preßt die Lippen zusammen und wirkt sehr erregt.
Max begrüßt sie höflich, und sofort überschüttet sie ihn mit einer langen, anscheinend traurigen Geschichte. Gelegentlich taucht Subris Name auf. Max runzelt ernst die Stirn, während die Geschichte noch an Feuer gewinnt.
Ich reime mir zusammen, daß es sich um das uralte, wohlbekannte Thema der Verführung einer Dorfschönen handelt. Sicher ist die Frau hier die Mutter und unser lustiger Subri der treulose Betrüger.
Die Frau hebt ihre Stimme in gerechtem Zorn, mit der einen Hand umklammert sie das Kreuz auf der Brust, hebt es empor und beschwört irgend etwas, wie ich annehme.
Max läßt Subri holen. Taktvoll möchte ich mich zurückziehen und suche eben unauffällig hinauszuwitschen, als Max mir zu bleiben befiehlt. Ich setze mich wieder, und da ich wohl als Zeuge dienen soll, schaue ich äußerst verständig drein, als wüßte ich, worum es geht.
Wie eine würdevolle Statue wartet die Frau schweigend, bis Subri eintritt. Dann weist sie anklagend auf ihn und wiederholt offenbar ihre Beschuldigungen.
Subri verteidigt sich ganz saftlos. Er zuckt die Schultern, hebt die Hände und bestreitet offenbar nichts.
Das Drama schreitet voran – Beschuldigung, Gegenbeschuldigung –, Max setzt sich allmählich in Richterpose. Subri läßt immer mehr nach. Meinetwegen, drückt seine Haltung aus, macht, was ihr wollt.
Plötzlich nimmt Max ein Blatt Papier und schreibt. Er legt es der Frau vor, die ein Kreuz darunter malt und auf ihr goldenes Kreuz nochmals einen feierlichen Eid schwört. Dann unterschreibt Max und als letzter kritzelt Subri sein Zeichen und schwört anscheinend einen eigenen Eid. Max

zählt Geld ab, überreicht es der Frau, die es mit würdigem Neigen des Kopfes dankend entgegennimmt und geht. Max tadelt Subri scharf, worauf dieser, klein und häßlich geworden, verschwindet.

Dann lehnt sich Max in seinen Stuhl zurück, fährt mit seinem Taschentuch über das Gesicht und seufzt: »Puh!«

Ich platze heraus: »Um was geht es eigentlich? Um ein Mädchen? Die Tochter jener Frau?«

»Nicht genau. Die Frau ist die Bordellbesitzerin von Ain el Arus.«

»Was?!«

Max wiederholt mir so genau wie möglich die Worte dieser Frau.

Sie verlange Genugtuung, sagte sie, für ein schweres Unrecht, das unser Diener Subri an ihr begangen hat.

»Was hat Subri angestellt?« fragte Max.

»Ich bin eine Frau von Ehre und Ansehen. Im ganzen Distrikt werde ich geachtet. Jeder spricht nur Gutes von mir. Und mein Haus führe ich in der Furcht des Herrn. Da kommt dieser Taugenichts, dieser Subri, und findet in meinem Haus ein Mädchen, das er von Qamichlîyé her kennt. Frischt er etwa diese Bekanntschaft in gefälliger und schicklicher Manier wieder auf? O nein, er benimmt sich rüpelhaft und zügellos – er bringt Schande über mich. Er wirft einen türkischen Herrn die Treppe hinunter, wirft ihn aus dem Haus – einen reichen Herrn, einen meiner besten Kunden. Er führt sich wild und ungebührlich auf und überzeugt dann noch das Mädchen, das mir Geld schuldet, mein Haus zu verlassen. Dabei hat sie viel Freundlichkeit von mir empfangen. Er kauft ihr eine Fahrkarte und setzt sie in den Zug. Zu alledem nimmt sie 110 Francs mit, die mir gehören: das ist Diebstahl. Khwaja, es ist nicht recht, daß solche Missetaten geschehen. Ich bin immer eine rechtschaffene, tugendsame Frau gewesen, eine gottesfürchtige Witwe, die sich nichts zuschulden kommen ließ. Hart und lange habe ich gegen die Armut gekämpft und mich mit ehrlichem Bemühen in dieser Welt emporgerackert. Das gibt es doch nicht, daß Ihr für Unrecht und Gewalt Partei ergreift. Ich fordere Bestrafung, und ich schwöre Euch (hier kam das goldene Kreuz ins Spiel), daß ich die reine Wahrheit gesagt habe, ich werde auch alles Eurem Diener Subri ins Gesicht wiederholen. Fragt die Behörde, den Priester, die französischen Offiziere aus der Garnison – alle werden es bestätigen: ich bin eine geachtete, anständige Frau.«

Subri wurde herbeizitiert – er leugnete nichts. Ja, er kannte dieses Mädchen von Qamichlîyé her, sie waren befreundet. Er fand den Türken lästig und warf ihn die Treppe hinunter. Er hat dem Mädchen vorgeschlagen, nach Qamichlîyé zurückzukehren, das ihr auch besser gefiel als Ain el Arus. Sie hatte sich eine kleine Summe geliehen, die würde sie ohne Zweifel einmal zurückzahlen.

Und dann war es an Max, das Urteil zu sprechen.

»Was man in diesem Land alles besorgen muß«, stöhnt Max. »Was kommt wohl als nächstes auf mich zu?«

Ich frage ihn, wie sein Richterspruch ausfiel.

Max räuspert sich, bevor er weiter erzählt. »Ich bin unangenehm überrascht, daß einer meiner Diener Ihr Haus betreten hat, denn das läßt sich mit unserer Ehre, der Ehre der Expedition, nicht vereinbaren. Und ich verlange ausdrücklich, daß kein Angehöriger des Personals in Zukunft Ihr Haus mehr betreten wird. Ist das klar?«

Trübe antwortete Subri: »Ja, es ist klar.«

»Ich nehme keine Stellung zu Ihrer Klage, daß das Mädchen Ihr Haus verließ, dafür bin ich nicht zuständig. Das entwendete Geld aber sollte nach meiner Überlegung ersetzt werden. Ich will es Ihnen jetzt zurückzahlen, damit auf die Ehre der Expedition kein Flecken fällt. Die Summe wird Subri vom Lohn abgezogen. Ich halte in unserem Abkommen schriftlich fest – und lese es Ihnen vor –, daß Sie mir den Betrag quittieren und keine weiteren Forderungen geltend machen. Sie setzen Ihr Zeichen darunter und schwören, daß diese Angelegenheit damit begraben ist.«

Mir fällt wieder die Würde ein und das biblische Feuer, mit dem die Frau das Kreuz umklammerte.
»Sagte sie sonst noch etwas?«
»Ich danke Euch, Khwaja. Wahrheit und Gerechtigkeit haben wie immer gesiegt – das Böse durfte nicht triumphieren.«
»Na«, äußere ich ziemlich beeindruckt, »na!«
Am Fenster vorbei huscht mit leichtem Schritt unser Gast. Sie besucht mit einem voluminösen Gebet- oder Gesangbuch noch die Kirche. Ihr Gesicht spiegelt gesammelten Ernst und Anstand. Auf ihrem Busen wippt das massive Kreuz auf und ab.
Ich hole mir die Bibel aus dem Regal und schlage die Geschichte von der Hure Rahab auf. So ungefähr vermag ich mir jetzt vorzustellen, wie sie war, die Hure, die Rahab hieß. Jene Frau könnte ohne weiteres diese Rolle übernehmen – eifernd, fanatisch, mutig, tief fromm und dennoch: Rahab, die Hure.

Dezember naht und mit ihm das Ende unseres Aufenthaltes. Ein Hauch von Trauer liegt in der Luft; vielleicht trägt der Herbst die Schuld, wir sind sonst immer im Frühling da gewesen, vielleicht bedrücken uns auch die umherschwirrenden Gerüchte, die vor Unruhen in Europa warnen. Wir spüren diesmal, daß wir möglicherweise nicht wiederkommen werden ... Aber unser Haus in Brak haben wir weiter gemietet, unsere Möbel sind dort eingelagert, und der Hügel bleibt ergiebig. Die Pachtzeit geht noch zwei Jahre. Bestimmt kommen wir wieder ... Mary und Poilu brausen über Djérâbloûs nach Aleppo. Und von Aleppo fahren wir nach Ras Schamra, um mit unseren archäologischen Freunden, dem Ehepaar Professor Schaeffer und seinen entzückenden Kindern, Weihnachten zu feiern. Ras Schamra ist der lieblichste Fleck Erde, den man sich denken kann: Eine reizende kleine Bucht mit tiefblauem Wasser, von weißem Sand und niedrigen weißen Felsen umsäumt. Wir verbrin-

gen gemütliche Festtage und sprechen auch vom nächsten Jahr – oder später. Die Ungewißheit wächst. Wir verabschieden uns: »Also dann, in Paris!«
Ach, Paris!
Beirut. Diesmal reisen wir mit dem Schiff. Ich lehne mich über das Geländer. Wie anmutig ist diese Küste mit dem Libanon, der sich in dunstigem Blau vom Himmel abhebt. Nichts beeinträchtigt die Romantik dieser Landschaft, mir ist poetisch, fast sentimental zumute ...
Ein vertrautes Getümmel bricht los, aufgeregte Rufe dringen von dem Frachter herüber, an dem wir eben vorbeigleiten. Der Kran hat seine Last ins Meer fallen lassen, die Kiste platzt auf –
Das Wasser ist übersät mit Klobrillen.
Max kommt auf Deck und fragt: »Was soll dieser Lärm?«
Ich zeige ihm die Bescherung. Mein romantischer Abschied von Syrien ist verhagelt, die ganze Stimmung dahin.
Max sagt: »Ich wußte gar nicht, daß wir diese Dinger in solchen Quantitäten exportieren. Ob die Klempner sie auch alle unterbringen?«
Ich schweige. Er fragt: »Was denkst du?«
Ich denke an den Schreiner in Aâmoûda, wie er meine Klobrille stolz neben die Haustüre plaziert hat, als uns die Nonnen und der französische Hauptmann zum Tee besuchten; ich denke an den Handtuchständer, dessen Füße »Schönheit ausdrücken sollten«. An die Profikatze. An Mac, wie er mit glücklichem, doch reserviertem Gesicht auf dem Dach den Sonnenuntergang betrachtete ...
Ich denke an meine Kurdinnen in Tchârher, die buntgestreiften Tulpen glichen. An den hennaroten Rauschebart des Scheichs. An den Obristen, wie er mit seinem schwarzen Köfferchen neben einem Grab kniete und bei dessen Freilegung half, worauf ein Witzbold unter den Arbeitern bemerkte: »Der Doktor wartet auf seinen Patienten.« Von da an hatte der Obrist seinen Spitznamen weg: *M. le docteur*. Ich denke an Buckel und seinen widerspenstigen

Helm, an dessen Kinnriemen Michel mit dem Schrei »*Forca!*« kräftig zog. Ich denke auch an den winzigen Hügel voll goldener Ringelblumen, dort haben wir an einem Feiertag unser Picknick gegessen, und wenn ich die Augen schließe, kann ich um mich her den lieblichen Blumenduft riechen und die fruchtbare Steppe ...
»Ich denke daran«, sage ich zu Max, »daß es vollkommen glückliche Tage waren.«

Epilog

Dieser lockere Bericht wurde vor dem Krieg begonnen — darüber habe ich im Vorwort geschrieben.
Dann habe ich ihn beiseite gelegt. Nach vier Jahren Krieg merkte ich, wie meine Gedanken sich mehr und mehr jenen Tagen in Syrien zuwandten, und es trieb mich, meine Entwürfe und Tagebuchnotizen hervorzuholen und das begonnene, in die Schublade gesteckte Manuskript abzuschließen.
Denn es tut gut, sich an jene Tage, an jene Gegend zu erinnern. Es tut gut, sich zu erinnern, daß in diesem Augenblick mein Hügelchen mit blühenden Ringelblumen bedeckt ist und weißbärtige Greise, die mühsam hinter ihrem kleinen Esel herziehen, von einem Krieg nichts wissen. »Das berührt uns hier nicht...«
Denn nach vier Kriegsjahren in London weiß ich, wie unsäglich schön das Leben dort gewesen ist.
Welch ein Glück, welch eine Ermutigung, diese Tage als Gegenwart heraufzubeschwören.
Die Niederschrift dieses einfachen Berichtes war für mich keine Pflicht, sondern ein Werk der Liebe.
Ich wollte nicht in die Vergangenheit flüchten, sondern in die Mühsal und das Leid von Heute etwas Unzerstörbares einbringen, das wir nicht nur besaßen, sondern noch immer besitzen.
Ich liebe dieses sanfte, fruchtbare Land und seine einfachen Bewohner, die zu lachen verstehen und das Leben genießen können; die mit Fröhlichkeit faul sind, Würde, Stil und ge-

waltig viel Humor besitzen und die den Tod nicht fürchten. *Inschallah*, ich werde wiederkommen, und was ich liebe, wird nicht untergehen auf dieser Erde.

Frühling 1944

Finis

El hamdu lillah

HEITERES

In dieser Taschenbuchreihe erscheint als Band mit der Bestellnummer 18 023:

Gabriel Laub

ALLE MACHT DEN SPIONEN!

Spione und Wanzen, intellektuelle Frauen und beleibte Männer, Chefs und Witwen nimmt Gabriel Laub aufs Korn. Er philosophiert über die Rolle des Bartes in der Entwicklung des Marxismus, polemisiert gegen eine Schönheitssteuer für Frauen, behauptet rundheraus, daß das Fernsehen wie eine Ehe sei, weist spitzfindig nach, weshalb kein oder doch ein Zusammenhang besteht zwischen Rauchen und Runzeln und wundert sich, warum Schriftsteller immer noch schreiben, obwohl es so viele Bücher gibt.

»Mit Gabriel Laub, dem ›Denker gegen den Strom‹, im Rücken fällt es leicht, im Strom des Alltäglichen mitzuschwimmen, und doppelt leicht, weil Manfred Limmroth, einer der besten deutschen Karikaturisten, ihn mit genießerischer Feder kommentiert.« FAZ